本著作系国家社会科学基金项目《民间资本支持中小企业发展路径与对策研究，批准号：10BJY105》阶段性研究成果。

2010年度宁波市社会科学学术著作出版资助项目

民间金融发展的理论与实证

——基于宁波中小企业和农户的视角

燕小青/著

中国社会科学出版社

图书在版编目（CIP）数据

民间金融发展的理论与实证：基于宁波中小企业和农户的视角/燕小青著．—北京：中国社会科学出版社，2012.11

ISBN 978－7－5161－1933－4

Ⅰ．①民…　Ⅱ．①燕…　Ⅲ．①民间经济团体—金融机构—经济发展—研究—宁波市　Ⅳ．①F832.755.3

中国版本图书馆 CIP 数据核字（2012）第 307986 号

出 版 人　赵剑英
责任编辑　冯春凤
特约编辑　陈文伟
责任校对　徐　楠
责任印制　王炳图

出版发行　中国社会科学出版社
社　　址　北京鼓楼西大街甲 158 号（邮编 100720）
网　　址　http://www.csspw.cn
　　　　　中文域名：中国社科网　010－64070619
发 行 部　010－84083685
门 市 部　010－84029450（邮购）
经　　销　新华书店

印　　刷　北京君升印刷有限公司
装　　订　廊坊市广阳区广增装订厂
版　　次　2012 年 11 月第 1 版
印　　次　2012 年 11 月第 1 次印刷

开　　本　710×1000　1/16
印　　张　17.75
字　　数　263 千字
定　　价　55.00 元

凡购买中国社会科学出版社图书，如有质量问题请与本社发行部联系调换

目　录

序

为实践总结经验　为理论添砖加瓦

燕小青博士是我在宁波大学商学院工作时的同事，她多年来一直主要从事区域金融、民间金融领域的研究与教学，先后主持国家哲学社会科学基金项目1项、农业部软课题1项、浙江省科技厅重点软课题及其他项目20余项；在《世界经济文汇》、《当代经济研究》、《农村经济》等核心杂志发表学术论文20余篇。最近，她在多年研究的基础上，撰写了《民间金融发展的理论与实证——基于宁波中小企业和农户的视角》一书。我有幸为之作序。

主流金融理论一般认为，金融发展是经济增长的重要前提，它与经济增长成正相关关系。但改革开放以来，中国出现了“农村金融之谜”，即在正规金融供给不足的情况下，农村地区通过民间金融，民营经济以农民创业和农村工业化为特征，实现了令人注目的高速增长。这种独特的现象在浙江宁波地区更加显著。

燕小青博士的《民间金融发展的理论与实证——基于宁波中小企业和农户的视角》一书，力求对这一独特现象做出分析和解说。该书从民间金融的视角探讨宁波地区民营经济增长之谜，以发展经济学与数理经济学为基本理论分析框架，研究了宁波地区民间金融（它是为了克服正规金融抑制导致的资金短缺而由民间自发创造旨在改变原有资金流动格局并促进经济发展的一项制度供给）内生形成及其运行机制和效率。通过定性分析，确认了宁波地区民间金融作为诱致性制度变迁是为了获取正规金融无法实现的潜在收益而进行的制度创新，并将民间金融作为解释宁波地区民营经济增长之谜的重要变量。同时，运用定量分析方法，从农户、中小企业信贷需求的角度对宁波地区民间金融运行机制及其效率进行实证检验，通过大样本问卷调查及实地访谈，在运用描述性统计分析和计量分析进行定量分析的基础上，结合案例研究和比较借鉴研究，检验宁波民间资本金融深化程度与中小企业发展绩效之间的相关性。

研究发现资本推动型增长是宁波地区经济增长的主要模式，有效的民间借贷是宁波经济增长的重要源泉，资本配置的高效直接促进了资本形成和经济增长。

对宁波地区民间金融和民间经济增长之间关系的实证分析，验证了在麦金农—肖的分析框架下的一种观点，即民间金融是一种低效率的融资安排，无论在成熟的市场经济国家还是在发展中国家都不重要，并不完全符合宁波地区的现实。宁波地区民间金融发展不仅是高效的，而且充分改善了交易各方的福利及实现经济增长。宁波民间金融以其独特的优势与正规金融形成了强烈的互补效应，实现了金融市场的多元化和竞争性，形成了多层次和多种所有制金融机构共存的格局。

农村金融是中国整个金融体系中最薄弱的环节。从本书可以看到，宁波地区民间金融这种正规体制外的制度安排如何获得增长，如何冲破城乡分割二元结构，促进生产要素向城镇聚集参与工业化进程并实现经济增长，并为改善中国农村金融的落后状况，提供了有益的宝贵经验。

最后，也希望燕小青博士能够沿着这条研究道路继续走下去，取得更多的成果。

张旭昆
2011 年 12 月 19 日

摘　要

一般金融理论认为，金融发展与经济增长呈正相关关系，金融发展是经济增长的重要前提。但民间金融是中国整个金融体系中最薄弱的环节，尤其是金融发展中存在独特的“中国农村金融之谜”。这种现象在以农民创业和农村工业化为特征，通过民营经济得以发展的宁波地区更加显著，在正规金融供给不足的情况下，宁波地区民营经济实现了高速增长。宁波地区民营经济这种体制外产出究竟如何获得增长，如何打破城乡分割二元结构，促进生产要素向城镇聚集参与工业化进程并实现经济增长的，是值得探究的问题。

本研究将民间金融作为解释宁波地区民营经济增长之谜的一个视角，从农户、中小企业信贷需求的角度对宁波地区民间金融运行及效率进行以下实证检验：（1）在一定的秩序框架下，宁波地区民间金融深化程度与宁波地区中小企业产出增加具有正向之关联性；（2）在一定的秩序框架下，宁波地区民间金融深化程度与宁波地区农户收入增长具有正向之关联性。由此推断宁波地区民间金融与民营经济具有正向之关联性。

通过研究发现资本推动型增长模式是宁波地区经济增长的主要模式，有效的民间借贷是宁波经济增长的重要源泉，资本配置的高效直接促进了经济发展中资本的形成和经济增长。研究验证了麦金农—肖的分析框架下，民间金融是一种效率低下的融资安排，无论是在成熟的市场经济国家还是在发展中国家都不重要的观点并不完全符合宁波地区民间金融及民营经济状况。基于上述结论，研究者提出了如下观点：（1）民间金融作为诱致性制度变迁是为了获得正规金融无法实现的潜在收益而进行的制度创新，民间金融在中国不应该是过渡性的制度安排；（2）民间金融市场在农村金融结构演进的过程中，充当着不可或缺的角色并有着不可替代的作用；（3）民间金融作用并非简单的拾遗补缺，实际上是与正规金融并存的必要的融资方式；（4）在一定秩序框架下必须给予民间金融应有的合法地位。

目前民间金融市场还不是一个充分竞争和有效运行的市场，应该加以规范和引导，以便更快更好地促进经济的发展。

Abstract

Ordinary financial theories state that there exists positive correlation between financial development and economic growth, and financial development in rural area is an important premise of agricultural economy growth. However, rural finance is the weakest link in the whole financial system in China, there exists unique phenomenon in Chinese financial development termed as "mystery of Chinese rural finance", this phenomenon is especially remarkable in Ningbo prefecture which is characterized by farmer entrepreneurship and rural industrialization and whose development mainly relies on private economy. Private economy in Ningbo prefecture grows rapidly without sufficient formal finance supply. It is a puzzle worthy of probe how Ningbo's private economy obtains growth, and the puzzle how Ningbo's private economy breaks urban-rural dual structure and impels productive factors to gather to cities and towns for participating in industrialization and thus attains economic growth also deserves probe.

This research takes informal finance as the visual angle to explain the mystery of private economy growth in Ningbo prefecture, and this research makes empirical test with regard to informal finance and its efficiency in Ningbo prefecture from the angle of credit demand of farmers and minor enterprises. The Findings of empirical research include: (1) Under certain framework for rules, the extent of financial deepening of informal finance has positive correlation with output of minor enterprises in Ningbo prefecture. (2) Under certain framework for rules, the extent of financial deepening of informal finance has positive correlation with increase of farmers' income. And therefore it is deduced that informal finance has positive correlation with private economy in Ningbo prefecture.

By means of this research, the author realizes that capital-push growth mode is the major mode of economic growth in Ningbo prefecture, effective folk borrowing and lending is the important source of Ningbo's economic growth, and high efficiency of capital distribution directly promotes formation of capital and economic growth. Under the framework for theory of "Mackinnon-Shaw", informal finance is considered as an inefficient arrangement for financing, and it is thought unimportant in both mature market-oriented economy countries and developing countries. Nevertheless, analysis of this thesis shows that the above viewpoint doesn't completely conform to the reality of informal finance and private economy in Ningbo prefecture. Based on conclusion of empirical analysis, the following viewpoints are pointed out: (1) Informal finance as induced institutional transition is a system innovation in order to gain potential profit which can not be achieved under formal finance, informal finance should not be a transitional system arrangement in China. (2) Informal finance market plays an indispensable role and its function is not replaceable in the process of evolution of agricultural financial structure. (3) Informal finance should not be simply a supplement for formal finance, but should be a necessary financing pattern that is compatible with formal finance. (4) Under certain framework for rules, informal finance should be granted legal status.

At present, informal finance market is still not completely competitive or efficient, it needs normalization and guidance.

Key Words: Informal Finance, Minor Enterprises, Farmers, Ningbo Prefecture

第一章 绪 论

爱德华·肖[①]认为：民间金融是一种效率低下的金融安排，其组织化程度低，因而无论对发达的国家还是发展中国家，它都不重要，应将其融入有组织的金融体系中去。但民间金融作为一种世界各地存在的金融现象，在发展中国家，特别是发展中国家的农村地区，广泛存在并起着巨大作用。Allen 等人[②]也指出，由于繁荣的非正规金融市场的存在，使得中国经济增长并未被一个功能不完善的正规金融投资所拖累。改革开放以来，民间金融的活力和效率在宁波经济发展的实践中已经得到了充分的证明，对宁波经济的成长和发展起着至关重要的支持作用，尤其是对民营经济（指国有国营之外的经济形态，即包括私营经济、个体经济、集体合作经济、外资经济，但本研究外资经济除外）的发展。宁波地区民间金融市场以其独特的优势与正规金融形成了强烈的互补效应，实现着金融市场的多元化和竞争性，形成了多层次和多种所有制金融机构共存的格局。在《放贷人条例》即将推出之际，作为不可或缺的典型案例的深入分析与探讨，可以成为民间金融未来发展组织化与制度化的研究前提，对我国构建多层次、广覆盖的金融体系尤其是农村金融体系具有示范意义。目前除私募基金、合会或抬会、“地下钱庄”外，小额贷款公司等机构大量参与民间借贷，组织化程度有所提高，更应该关注民间金融制度安排，谢平认为，应正视民间借贷作为一种自然的金融合约安排不可消失的现实。尤其是当前保增长压力不减，而社会投资相对不足的背景下更应重视民间金融的作用。

---

① 爱德华·肖：《经济发展中的金融深化》，中国社会科学出版社 1989 年版，第 128—131 页。

② Allen F. and A. M. Samtomer，1997. The Theory of Financial Intermediation. *Journal of BanKing and Finance.*

第一节 研究背景与研究意义

一 研究背景

金融制度作为经济发展中最为重要的资本要素配置制度，是一国经济发展的焦点。麦金农—肖的金融深化理论表明，金融体系与经济增长之间存在着非常强的相互依存和相互影响的关系。农村金融体系的基本功能是满足有利于农户增收、农业发展和农村经济增长的金融需求，但长期以来中国农村金融改革没有取得较大进展的一个重要原因就是农户和中小企业①主的信贷需求没有得到应有的重视和满足。由于中国现行的金融体制改革，实质上只是正规金融机构的商业化过程，这种倾向于建立商业银行治理机制的制度安排，结果必然导致农村金融发展滞后的矛盾日益突出，一方面农户和中小企业面临着资金供给不足融资难的问题，另一方面则是资金“被抽血”通过正规金融大量向农村地区之外流出，加剧了资金短缺状况。金融对农业和农村经济发展的支援持续减弱，资金短缺严重困扰着中国农村经济的可持续发展，农村金融资源供给不足问题成为一个反复探讨的命题。

自20世纪50年代实行赶超战略和重化工业优先发展战略以来，我国金融制度变迁的内在逻辑在于为渐进式改革中的体制内产出提供稳定的金融支持，国家通过信贷配给政策使得农村地区的资金大量转移到城市，用以支援工业发展，保证了体制内产出的稳定，但牺牲了金融效率，导致中国农村金融改革市场化非均衡推进。供给不足与农村金融需求严重不匹配，广大的农户及中小企业得不到必要的发展资金，有组织的、合法的正规金融和无组织的、非法的民间金融同时存在所形成的金融二元结构，显

① 指按照《中华人民共和国大中小企业行业标准》中的中小企业规模，符合国家的相关产业政策，但由于受到现有的金融体系和金融制度安排所限，企业的融资受到其规模制约严重，而对其发展产生严重影响的企业。

示了发展中国家普遍存在的金融抑制现象。这种二元结构面临着市场失灵和政府失灵的双重约束，农村金融市场表现为“被约束的帕累托效率”。目前在中国农村地区发挥更大资金融通作用的是占据了70%农村金融市场份额的民间借贷而非正规金融[①]，金融二元结构的存在导致正规金融体系在中介功能上正被民间金融所取代[②]，民间金融成为事实上的垄断，承担了大部分的融资功能，对我国农业经济的发展和农民收入的增加作出了较大的贡献。据2005年中央银行发布的《2004年中国区域金融运行报告》推算，“我国民间融资规模为9500亿元，占中国GDP的6.96%左右”。但长期以来这种内生金融不是被政府“升级”，就是被打压而处于“地下”和“非法”状态，受到严厉的制度限制[③]。但民间金融活动的活跃，民间金融对农村经济尤其是我国沿海发达地区经济增长的作用是显而易见的。姚耀军、陈德付则通过实证研究表明，民间金融是有效率的。同时，民间金融的活力和效率在宁波经济尤其是民营经济的发展实践中也得到了充分的验证。始于20世纪70年代末期的经济体制改革为农村生产力的解放提供了难得的机会，以宁波为代表的东部地区充分发挥自身区位和资源优势，冲破了“大一统”金融安排束缚，采用多种融资方式，摆脱了“低水准均衡”，经济取得高速发展。但“三七错位”现象在宁波民营经济发展中十分突出，即国有企业利用社会资金的70%，实现对社会贡献的30%，而民营中小企业恰恰相反，使用社会资金不足30%，却为社会发展贡献了70%。在宁波中小企业与大企业贷款余额比为8.2∶1.8[④]。2006年宁波银行对小企业贷款做了市场调研，结果显示，在当时34万户

---

① 柳松、程昆：《中国农村非正规金融：绩效、缺陷和治理》，载《农业经济问题》2005年第8期，第35—38页。

② 姚耀军：《中国农村金融发展状况分析》，载《财经研究》2006年第4期，第11—14页。

③ 张杰：《中国农村金融制度：结构、变迁与政策》，中国人民大学出版社2003年版，第68—89页。

④ 谢行恒：《宁波民营中小企业金融与对策分析》，载《商场现代化》2008年第4期，第5—7页。

小企业（包括个体工商户）中，从宁波的各家商业银行贷到过款的企业只占到9.1%，连10%都不到。可以看到，金融对民营经济的金融支持与民营经济对经济增长的贡献严重不对称。经济增长是需要成本的，民营经济这种体制外产出是如何获得增长的，即在大部分金融资源被国家控制并配置给国有经济的情况下，体制外产出究竟是依靠什么获得增长的？如果体制外产出增长也要依赖于某种金融支持，那么，在国家控制的情况下是如何获得这种支持的?[①] 大量的调研事实证明，农村经济主体（农户和中小企业）在产生金融需求的时候，更多的是依赖民间金融[②]。民间金融是体制内的金融所提供的信贷不能适应体制外产出增加的金融需求而不断内生出来的，因此只有分析宁波经济快速成长的经济现实背后的原因及民间金融的贡献，阐明民间金融是内生于民营经济的金融形式，说明宁波经济增长的资本源泉，才能更好地理解宁波经济增长及经济增长的原因，才能更好地诠释金融对经济的贡献。

世界银行坚信，消除贫困和经济增长取决于一国金融体系的有效运行。一个有效率的金融系统可以减少资讯和交易成本，从而保证高效率的经济发展。虽然爱德华·肖认为：民间金融是一种效率低下的金融安排，但民间金融作为一种金融现象因拥有正规金融所缺乏的某些特征而具有效率，其作用是正规金融无法完全替代的。20世纪80年代开始，在农村当传统的农村金融政策普遍失败后，农村经济发展的新方法（The New Approach）随着国际范围内一些具有影响力的成功案例的出现，而逐渐成为新古典经济学的主流。新方法认为，农村经济增长和减贫目标的实现需要一个包含农村金融在内的系统解决方案，内容包括有利而稳定的政策环境、有活力的农村金融机构和有效的农村金融市场、适当的农村金融监管框架以及政府旨在强化市场力量的直接干预。新方法重拾新古典主义的市场中心理念，在微观层面上，将希望寄托给有活力的农村金融机构，民间

① 张杰：《中国农村金融制度：结构、变迁与政策》，北京：中国人民大学出版社2003年版，第266—267页。

② 韩俊：《中国农村金融调查》，载《农业经济导刊》2008年第3期，第87—97页。

金融的作用开始被重视①。2005 年 12 月 27 日，中国两家面向农村的民间合法金融机构——“日升隆”和“晋源泰”小额信贷公司率先在北部省份山西挂牌营业，这是我国首家面向农村的非政府性合法金融机构，也是中国政府对农村金融的首次政策松动。从 2004 年到 2009 年，中共中央、国务院连续颁发 6 个一号文件，不断强调农村金融改革的必要性，分别对发展农村金融体系提出了要思想解放、操作性很强的要求，并逐渐形成了农村金融市场可以向内、外资同时开放的政策导向。2008 年 5 月央行首次表态建议给予民间借贷合法地位，并准备开始实施《放贷人条例》。浙江省政府从 2008 年 7 月份起启动小额贷款公司试点，这是国内首次有省份公开提出试点民间金融合法化。2009 年 9 月 22 日，《国务院关于进一步促进中小企业发展的若干意见》发布，其中扩大市场准入范围，降低中小企业准入门槛，鼓励民间资本参与发起设立村镇银行等支持中小企业发展具有突破性意义。这些具有明显导向意义的政策，对规范和引导民间金融具有巨大的推动作用。

国务院发展研究中心金融研究所夏斌2004 年表示：“地下金融及卖地现在已经成为支撑中国经济增长的两大因素。”② 据人民银行杭州中心支行测算，浙江省“十五”期间民间资本总额可达 8300 亿元，民间借贷规模在 1500 亿—2000 亿元，其中宁波的民间资本在 800 亿左右。周其仁指出：浙江下一步发展的优势在金融，尤其是民间金融，结合浙商的力量，让浙江变成一个规范化、合法化的民间金融的领头羊，甚至变成中国民间金融的一个中心。因此，如何规范民间金融发展，整合民间资本力量是十分关键和必要的。

---

① 焦瑾璞：《小额信贷和农村金融》，中国金融出版社 2006 年版，第 6 页。

② 2004 年我国城镇固定资产投资 5.86 万亿元，流动资产增加 1.7 万亿元，实体经济合计投入 7.56 万亿元，主要来自于：全年银行贷款、发行债券、股票等正规金融管道筹资共 2.9 万亿元，外商投资 606 亿美元，约折合人民币 5000 亿元，企业利润投资约 2.5 万亿元，合计 5.9 万亿元。与 7.56 万亿元相比较，还有 1.66 万亿元，其中有 9000 亿元是从非正规金融体系管道来的，而另外数千亿元的收入来自各级地方政府的土地经营。

二 研究意义

张五常认为，中国的经济制度是个奇迹，正是县际经济的竞争，才产生了中国的经济奇迹。本研究就是试图以民间金融视角探讨宁波地区民营经济增长之谜。近几年学术界对民间金融的研究日益增多，并取得了一定的研究成果。但中国已有的研究大多是从民间金融的产生、利率等方面以及从对正规金融形成有益的补充的角度分析民间金融发展、存在空间、优势、劣势、规模估算等。对中小企业和农户的信贷需求研究更多的是探讨原因及类别。两者之间关系的探讨，学者们基本立足于对民间金融满足中小企业和农户信贷需求的定性描述，研究内容相对比较零散，缺乏系统深入探讨，同时较规范的实证研究中文献不足，而较多较好的对策研究中实证又相对缺乏。以某一地区典型案例为基础，从制度的供给与需求角度研究判别融资制度均衡性的成果并不多见，而以某一地区做样本，从民间金融对中小企业和农户影响的实证分析，这类研究也几近空白。本研究从设计调查问卷入手，通过宁波地区样本实证分析民间金融与中小企业、农户发展的相关关系，以资料试图解释宁波地区民营经济增长之谜，使得研究思路与内容更拓展，研究解释力更强。研究不仅可能弥补实证研究中文献和理论不足，及理论和政策研究中实证文献不足的研究遗憾与缺陷，而且可以弥补由于民间金融特殊的群体，“地下金融”、“草根金融”的非法阴影，从而消除不易获得资料的研究障碍。本研究克服障碍通过问卷与访谈等方式使得研究建立在第一手资料的基础上，通过建立理论模型及研究假设，采用资料分析方法，得到样本相关系数验证了假设，采用 OLS 方法得到样本的回归方程，从而增强了研究说服力及结论的可信度。另外，研究结论可以对宁波地区乃至全国民间金融发展以及政府对民间金融态度提供准确判断的依据。

实践与政策倾向无不例外的暗示着民间金融发展趋势，构建多层次、广覆盖、可持续发展的农村金融体系，以破解长期制约其落后农村发展的金融难题。因此，作为一种底层改革，民间金融的兴起对中国整个金融制度的变迁意义重大。民间金融是内生金融的体现，应该从考虑内生金融需求的角度构建新的金融体系，强调内在的演进逻辑要比外在的架构或者重组更为重要①。本研究试图通过揭示宁波民间金融发展过程中内生的金融需求和供给的规律，并结合民间金融发展过程中运行机制及效率，寻求民间金融在金融体系发展中充分发挥作用的现实途径。其意义在于：（1）农村民间金融的兴起作为一种底层改革，对中国整个农村金融制度的变迁有着重要的意义。目前由于明显的金融二元结构特征，农村金融对“三农”的支持乏力，已经成为社会主义新农村建设的重要掣肘。但实践证明，民间金融在宁波地区经济增长中举足轻重，因此，有必要对诱致性制度变迁下产生的宁波民间金融资源配置进行实证探讨。（2）农村金融市场资源配置研究，对于促进农村经济可持续发展意义重大。由于中国农村金融改革市场化非均衡推进，农村发展面临资金投入不足和资金配置效率的双重瓶颈，正规金融体系在中介功能上正被民间金融所取代。因此，以宁波农村民间金融为例，在制度与效率的基础上更深入的探讨民间金融中介功能与内在的生成机制及风险控制对农村经济可持续发展的意义更为深远。（3）多元化和竞争性中国农村金融市场、农村金融市场体系的构建对金融改革意义重大。改变农村金融边缘化，必须重构农村金融体系。重构后的农村金融组织体系，应该是多种形式金融机构并存、合理分工、功能互补、有序竞争的多层次体系。而宁波地区金融市场以其独特的优势与正规金融形成了强烈的互补效应，实现着金融市场的多元化和竞争性，形成了多层次和多种所有制金融机构共存的格局，作为不可或缺的典型案例的深入分析与探讨，不仅是民间金融未来发展组织化与制度化的前提，而且对改善民间金融发展的市场环境和制度环境，具有示范意义。（4）农村民间金融合理发展对支援中小企业与民营经济生存与发展意义重大。正规金融机构由于选择信贷配给从而降低了配置效率，而对选择市场进行的

① 赵会玉：《农户金融需求、二元金融与农村金融：一个理论综述》，载《山西财经大学学报》2000年第6期，第21—27页。

宁波民间金融与中小企业和农户关联性探讨，把握民间金融对民营经济金融支持效应使本研究更具现实指导意义。同时，民间金融虽然具有对农村经济发展内生性，但由于政府的压制呈现出非规范性，两方面的综合作用导致民间金融内部运营风险的生成、积聚和扩散，存在风险隐患，通过对民间金融深入调研有助于规范、引导和促进其健康发展。

第二节　研究的起点与研究目的

一　研究起点

林毅夫认为，中国应努力改革当前过度集中的金融体系，以适应农村和中小企业相对分散的、小规模的金融需求，提高金融体系效率。正规金融机构由于选择信贷配给而实现正规金融市场的“被约束的帕累托效率”。（Constrained Pareto Efficiency）而民间金融选择了市场，因此拥有正规金融所缺乏的某些特征而具有效率，从经济学的角度对民间金融高效率原因的解释是民间金融按照市场运行机制配置金融资源，具有很高的效率[①]。但民间金融中介功能发挥及内生成长之间的内在关系究竟怎样导致了其独特的运行机制及资本配置效率？大多数研究都认为由于正规金融约束和缺失，导致民间金融对其进行替代和补充。但正规金融与民间金融的关系是简单的替代与竞争的关系吗？为什么许多政府试图提供低利率贷款想将民间金融挤出市场却没有成功。发展中国家普遍存在的金融压抑使得民间金融在这些国家发展很快，但这并不意味着只有金融压制时期才能产生和发展民间金融，金融自由化程度很高的发达国家民间金融广泛存在并健康发展[②]。

① 张德强：《农村民间金融运行机理的内因——基于非正式制度视角》，载《农业经济导刊》2008 年第 1 期，第 129—133 页。

② 任森春：《非正规金融的研究与思考》，载《金融理论与实践》2004 年第 9 期，第 9—12 页。

民间金融在发展中国家、经济转轨国家甚至在发达国家广泛存在，表明了其存在不受体制因素的制约，也与经济发展的阶段性没有直接联系，民间金融不应该是一种可有可无的融资安排，也非简单的是对中国金融的拾遗补缺，而是与正规金融并存的必要的融资方式。既然民营经济不断发展内生出对民间金融制度需求，因此，作为一种制度供给，体制外也就自然会不断产生并存在下去。所以从既有的金融改革过程来看，这些体制外金融制度安排（或金融产权形式）的兴起本身对中国金融制度结构变迁具有特殊意义。

改革开放以来，宁波经济保持持续快速增长，成为中国民营经济最发达、市场经济发育最成熟的地区之一，以中小企业为主的民营经济已成为宁波国民经济的主体力量，实现了宁波经济和社会的稳定发展，中小企业的发展也成为中国民营经济发展的缩影。从 1978 年到 2008 年，宁波地区生产总值从 20 亿元飞跃至 3964 亿元，财政收入从 5 亿元陡增至 810.9 亿元，分别增长了 197 倍和 161 倍，综合竞争力跻身全国 10 强，所辖县（市）全部跨入全国百强行列，确立长三角南翼经济中心的地位。从 1978 年到 2008 年，农民人均纯收入从 100 余元增加到 11450 元，居副省级城市第 1 位，农村全面小康实现程度超过 80%①。这一切源于宁波民营中小企业旺盛的生命力及贡献。截至 2008 年底，除去 16 家规模以上大型工业企业外，宁波市共有 94029 家中小型工业企业，占全市工业企业总数的 99.99%，创造的 GDP 接近全市总量的 80%，利税占全市 70%，就业岗位达 85%，95 个企业 114 个产品销售量在全国排列第一。在经济基础薄弱、国家投入很少、面临融资困境下，宁波打破了计划经济体制下形成的城乡分割的二元结构，通过生产要素的流动与重组，促进了劳动力、资金等向城镇聚集参与工业化进程，实现了经济快速增长。因此本研究以宁波地区中小企业和农户为样本实证分析在正规金融缺失的情况下，民间金融怎样促进经济发展。同时，在制度与效率的基础上深入探讨民间金融中介

① 中国宁波网（www.cnnb.com.cn/nbzfxwfbh/system/2009/09/17/006263138.shtml.）。

功能效应与内在的生成机制成为本研究的初衷。

二 研究目的

根据上述研究动机，本研究针对克服金融抑制下的资金短缺而由民间自发创造的、旨在改变原有资金流动格局并促进农村经济发展的一项制度供给——民间金融及运行效率进行有益探讨，分析民间金融的兴起作为底层改革对于中国农村金融体制改革以及金融制度变迁的参考意义，为建立健全符合东部沿海发达地区特点和发展趋势的金融体系及部分民间金融规范化提供依据。因此，本研究试图以民间金融制度比较发达的宁波为样本，从宁波地区民间金融资金配置分析框架研究资金配置与经济增长的相互关系，从农户信贷需求、民营中小企业信贷需求的视角实证探讨民间金融对企业产出、农户收入增长的关联性，阐述民间金融内生成长性及中介功能的有效性，论证金融市场的分割和民间金融的市场效率是各自优化行为相互影响的结果，从而为我国构建多元化和竞争性的金融市场提供理论与实践依据。

殷玉润认为，中国农村金融体制改革是中国经济体制转轨中主导思想最模糊、涉及对象最复杂和难度最大的一项改革。由于中国农村金融体制改革基本上是撤并农村金融机构，构建所谓合理分工的农村金融体系探索过程，试图寻找一个单一的一体化模式构建农村的金融机制，采用的是由政府完全主导、控制农村金融市场的改革思路，而忽视了农村金融体系到底应该承担何种功能等基本问题。然而，许多国家的经验都表明，这样一种改革思路是行不通的。中国金融市场体系具有典型的双重二元金融结构特征。作为金融体系的重要组成部分的民间金融是伴随着金融抑制与正规金融有效供给不足而逐渐产生的，因此从金融抑制及金融体系的角度探讨源于二元经济结构的复杂性下长期存在二元金融下的民间金融发展，解释宁波民营经济发展壮大及农户收入增长中的民间金融微观运行基础及制度演化，根据民间金融的外在制度约束与内在缺陷，探讨民间金融如何在制度非均衡中实现诱致性制度变迁及制度创新。因为体制外金融安排作为一种全新的金融产权形式，它的出现是对国家垄断金融产权形式的挑战。这种金融形式得到迅速扩展之后，将出现一个多元金融产权形式竞争的局面。而多元金融产权形式之间的竞争是金融制度变迁的要害所在①。因此本研究更宽泛的意义还在于探讨民间金融如何在制度非均衡中实现诱致性制度变迁及制度创新，通过对民间金融制度变迁的研究，以期实现民间金融未来制度安排与金融制度变迁。

中国现代民间金融是中国经济体制改革的产物，是民营经济的飞速发展和个人、企业或政府为满足自身经济发展目标的策略选择的结果。2008年5月央行首次表态建议给予民间借贷合法地位，发布了《关于小额贷款公司试点的指导意见》，而《放贷人条例》也进入了国务院审批程序，作为不可或缺的典型案例，从更深层次角度对中国的民间金融进行理论与实证的剖析是必要和及时的。

第三节 研究思路与本书结构体系

一 研究思路

从20世纪八九十年代民间金融开始受到越来越多的关注。许多国家的实证研究表明：民间金融之所以能够产生并长期存在，原因就在于它能解决许多正规金融系统难以解决的重要问题，如中小企业和弱势群体的融资问题，即使在美国、英国等这样现代金融相当发达的市场经济国家，民间金融业依然存在。斯蒂格利茨指出，发展中国家的信贷市场尤其是农村信贷市场是典型的二元市场。中国经济的最大特征是二元经济，陈军指出农村金融问题的特殊性和复杂性不仅源于“风险、成本和可持续性”的

① 张杰：《中国农村金融制度：结构、变迁与政策》，中国人民大学出版社2003年版，第87—89页。

挑战，还与发展中国家的工业化战略紧密地联系在一起。如何从源于二元经济结构的复杂性探讨长期存在二元金融状态下民间金融的发展，成为了本研究的现实背景。作为金融体系重要组成部分的民间金融，是伴随着金融抑制与正规金融有效供给不足而产生的，从金融抑制及金融体系的角度探讨成为本研究的切入点，而运用新制度经济学的制度及其变迁与经济增长理论极强的解释力则成为本研究主要理论根据与理论框架。因此本研究从民间金融内在演进逻辑入手，在二元金融结构制度框架下从定性与实证的角度，采用静态和动态的方法验证民间金融中介功能如何导致了其独特的运行机制及资本配置效率。

20 世纪末人们对发展中国家金融体制转轨有了共识：市场是配置资源最基本、最有效率的机制，然而由于市场也会失灵，政府介入也是必需，但与以往不同的是，必须限定这种活动的规模和范围以避免再次失败。因此曹远征提出，设计有效的制度和机制就成了农村金融体制转轨的关键。本书针对宁波地区民间金融内生性及运行机制与效率进行有益探讨，研究不仅通过定性分析宁波地区民间金融作为诱致性制度变迁是正规金融无法实现的潜在收益而进行的制度创新，分析来自“草根金融”市场的运行基础和合约治理机制；而且从农户、中小企业信贷需求的角度实证检验宁波民间金融与经济发展相关关系及绩效。通过研究解释宁波民营经济发展壮大及中小企业发展和农户收入增长中的民间金融微观运行基础及制度演化，验证在麦金农—肖的分析框架下，民间金融是一种效率低下的融资安排，无论是在成熟的市场经济国家还是在发展中国家都不重要的观点并不完全符合宁波地区民间金融及民营经济发展态势，并结合民间金融发展过程中运行机制，寻求民间金融在金融体系发展中充分发挥作用的现实途径。

二　本书结构体系

依据新制度经济学的分析框架，民间金融与金融制度变迁以及相互关系的不断发展，必然表现为现实金融与经济发展关系的数量特征。本研究通过分析宁波地区民间金融深化程度与金融、经济发展绩效之间的相关性，分析各变量之间的关系，尝试对民间金融与金融制度变迁、经济发展及其相互关系绩效进行检验，基于以上考虑，本研究将运用大样本的调查问卷方法及统计分析软件，对宁波地区民间金融与经济发展关系状态进行实证和判断。

根据研究结构体系，本书共分为五章，内容详述如下：

第一章，绪论。此章阐述论文研究的主体，提出研究背景、意义与动机，在此基础上界定研究范围，提出研究目的、流程与研究框架。

第二章，相关理论与文献综述。此章主要是理论回顾与文献综述，基于理论研究与文献综述的梳理与讨论，围绕金融发展理论、农村金融发展理论、新制度经济学发展理论以及对国内外相关理论和研究文献进行回顾、分析和评述，为研究提供理论借鉴方向，并为构建论文的研究模型与假设提供理论支援，以确立研究视角、逻辑起点和分析范式。

第三章，以宁波为例探讨民间金融生成逻辑与体制动因。作为金融体系的重要组成部分的民间金融是伴随着金融抑制与正规金融有效供给不足而产生的，从金融抑制及金融体系的角度探讨源于二元经济结构的复杂性而长期存在二元金融状态下的民间金融发展，解释宁波民营经济发展壮大及农户收入增长中的民间金融微观运行基础及制度演化，根据民间金融的外在制度约束与内在缺陷，探讨民间金融如何在制度非均衡中实现诱致性制度变迁及制度创新。

第四章，确立研究架构与研究假设，并说明资料来源、收集方法与样本选取原则，针对研究变数进行操作性定义，最后采用实证分析方法。

第五章，实证结果分析。从农户和中小企业信贷需求的视角实证分析宁波地区民间金融与两者发展的相互关系。

第六章，结论与政策建议框架。根据资料统计分析结果，对提出的假设进行验证；并将结果归纳整理，对研究假设与实证分析结果进行综合性讨论，得出结论。并对我国民间金融发展提出政策建议，指出研究不足之处，以及后续研究方向。

第二章　民间金融发展理论及文献探讨

第一节　概念界定与研究范畴界定

一　民间金融含义界定

国内外对民间金融研究由来已久，关于民间金融的定义，学术界一直存在着多种观点。目前，对正规金融和民间金融尚无一致公认的定义，一般来讲，经济运行中的金融活动可以分为正规（formal）金融和非正规（informal）金融，也称民间金融。正规金融是指由政府批准成立并进行监管的金融机构（即一国的中央银行、政策银行、商业银行、合作银行、保险公司、证券公司、典当业等正规金融部门）所进行的交易活动，这部分交易受到政府法律和法规等正规制度的规制。非正规金融则是指非法定的金融机构（即民间金融部门）所提供的间接融资以及个人之间或个人与企业主之间的直接融资。

虽然对民间金融没有统一的定义，但对民间金融的界定基本上是从监管者的角度、组织与发起人的角度、所有者的角度等方面进行讨论的。国外多将民间金融界定为“非正规金融”，（informal finance）是指在政府批准并进行监管的金融活动（正规金融）之外所存在的游离于现行制度法规边缘的金融行为。非正规金融也被称为民间借贷、民间金融、体制外金融、非制度金融等。非正规金融就是指那些没有被官方监管和控制的金融活动。依据亚洲发展银行的定义，即民间金融是不受政府对于资本金、储备和流动性、存贷、利率限制、强制性信贷目标以及审计报告等要求约束的金融部门。世界银行认为，非正式金融可以被定义为那些没有被中央银行监管当局所控制的金融活动，大多可分为三类：（1）既非信贷机构，也称非储蓄机构；（2）专门处理个人或企业关系的金融交易机构；（3）在借贷双方之间提供完全中介服务。国内对民间金融的研究大多赞同国外的基本定义，国内学术界常常也将非正规金融称为民间金融，认为非正规金融是与正规金融相对的一个概念，指金融体系中没有受到国家信用控制和中央银行管制的部分，包括非正规的金融中介（如货币经纪人、货币贷款人、私人储蓄协会等）和民间金融市场（如场外市场、平行市场、地下市场、被分割的市场等）。谈儒勇①引用 Cole 和 Slade 的划分方法，把金融体系分为两部分：一是正式的、被登记的、被管制的和被记录的部分，简称正式部分，这一部分被称为正式金融，受国家金融机构的监管；二是非正式的、未被登记的、未被监管和未被记录的部分，简称非正式部分，这一部分被称为非正式金融，处于国家金融机构的监管之外。易秋霖、郭慧认为，非正规金融指金融业中未被登记、未被管制、未被记录的部分，包括非正式金融中介（如货币经纪人、货币贷款人、私人储蓄协会等）和非正式金融市场（如场外市场、平行市场、地下市场、被分割的市场等），而且，他们认为民间金融是非正规金融的一种。江曙霞、秦国楼②认为，民间金融活动（或组织）是一种复杂的现象，它既包括直接融资类型的活动，也包括金融中介类型的组织；既包括保障性质的互济互助，也包括商业性质的资金融通；既是一种提供资金融通服务的经济制度，又是促进社会进步的社会制度（就像孟加拉乡村那样）。中国人民银行广州课题组认为，民间金融是指游离于经各级权力机构依法批准设立的金融机构之外的所有以盈利为目的的，个人与个人、个人与企业、企业与企业之间的资金筹措活动。民间金融的第一阶段，表现为临时的无组织融资，主要是跨期的私人契约——民间借贷；民间金融的第二阶段表现为有

---

① 谈儒勇：《金融发展与中国金融发展》，中国经济出版社 2000 年版，第 9 页。

② 江曙霞：《中国“地下金融”》，福建人民出版社 2001 年版，第 3—4 页。

组织、具备专业化经营素质的融资形式。张宁[①]指出，非正规金融是指未得到法律法规及其他正式认可或直接认可的金融，包括犯罪金融、违法金融、非公开或秘密金融、局部半公开金融、正式金融主体的未被法律法规正式或直接认可的金融、民间及官方非正式金融主体的未被法律法规正式或直接认可的金融，以及暂未被法律法规认可的金融创新等，并且认为正规金融和非正规金融在一定条件下可以通过一定形式的相互转化。这个定义包括了金融监管角度和发起人角度。

张军从组织和发起者的角度对正规和非正规金融进行了划分，他认为，一个非正规的部门是指相对于官方正规金融制度和银行组织而言自发形成的民间信用部门。这一定义指明了民间金融的非正规性，但是并未明确民间的含义，同时官方定义也很模糊。张建军等认为，民间金融是指游离于经国家权力机关依法批准设立的金融机构之外的所有以盈利为目的的个人与个人、个人与企业、企业与企业之间的资金筹措活动，也是从发起者角度得到的。姜旭朝在其《中国民间金融问题研究》中从所有制角度出发，认为民间金融"就是为民间经济融通资金的所有非公有制经济成分的资金活动"。姜旭朝、丁昌锋从其发展路径角度认为，民间金融是指非法定的金融机构（即民间金融部门）所提供的间接融资以及个人之间或个人与企业主之间的直接融资，其存在表明已构建的正规金融无法满足现实与潜在需求。民间金融是基于未来现金承诺而制定的不依法定体系为依据并可追索的合同或契约。

中国人民银行在2005年发布的《2004年中国区域金融运行报告》中用专栏的形式给我国的民间金融"正名"。其认为：相对于国家依法批准设立的金融机构而言的，民间金融泛指非金融机构的自然人，企业以及其他经济主体（财政除外）之间以货币资金为标的的价值转移及本息支付。民间金融是与官方金融相对而言的，官方金融是属于正式金融体制范围内

① 张宁：《试论中国的非正规金融状况以及对主流观点的重大纠正》，载《管理世界》2003年第3期，第3—6页。

的，纳入我国金融监管机关管理的金融活动。因此，民间金融主要指在我国银行保险机构、证券市场、农村信用社以外的经济主体所从事的融资活动，属于非正规金融范畴（未观测金融）。

上述定义的不同主要是由于分析角度不同所导致的，但大多都是从监管的角度来加以界定，即认为其是与正规金融相对立的，不受法律认可和监管。但还是存在着是金融机构还是金融活动的区别，机构的性质及业务的性质的区别。而根据内生金融的特点，一些学者认为，民间金融往往被称为“内生金融”，它是指在客观供求刺激下民间自发形成的为民间经济融通资金的所有非公有制经济成分的资金运动，对民间金融的解释则更加宽泛。对经济欠发达国家而言，民间金融的主要表现形式为资金供求者之间直接完成或通过民间金融中介机构间接完成的债权融资；对经济发达国家而言，目前民间金融主要表现为天使融资和风险投资等股权融资，货币借贷性债权融资所占比例较小。

本书所用民间金融的概念采用世界银行的定义：那些未被中央银行监管当局所控制的金融活动。这种活动可以理解为在正规金融之外的，有组织或无组织、隐蔽或半隐蔽地存在于广大农村地区的，以盈利为目的的筹融资活动，其筹融资既包括个人间、个人对企业、企业间借贷等民间借贷形式，也包括各种集资活动以及基金会、标会及地下钱庄等地下或半地下的金融活动等。所讨论的民间金融应具备以下含义：（1）从交易活动的主体来看，交易的对手基本上是从正式金融部门得不到融资安排的经济行为人，比如发生相互借贷行为的农民，获得创业资本的企业主。（2）交易对象不是被正式金融所认可的非标准化合同性的金融工具。（3）正式的金融中介具有规范的机构和固定的经营场所，而目前的民间金融一般不具备这些特征。（4）民间金融一般处于在金融监管当局的监管范围之外。另外，强调区域性是民间金融的一个重要特点，也是它区别于正规金融的一个重要特征。在这里强调民间金融的区域性，主要根据是因为，民间金融主要是为区域内的民营中小企业和居民户提供一定资金服务的金融组织或一定的金融活动方式，这主要是针对本研究中以宁波地区为例的区域特征而言。同时根据宁波地区民间金融的特点，有学者将民间金融界定“内生金融”，认为在客观供求刺激下民间自发形成的为民间经济融通资金的所有非公有制经济成分的资金运动的表述更贴近本文研究对象，同时认为世界银行的定义更规范。

有学者认为，非正规金融与民间金融之间是包含与被包含的关系（如魏晓丽、易秋霖、郭慧等），但大量的文献也显示“民间金融”和“非正规金融”这两个概念是可以相互替换的，如任森春①、胡金焱和卢立香，等等。由于本研究讨论的民间金融定义已界定，按照世界银行的划分，两者的含义大致相同。因此，在本研究中，对民间金融和非正规金融不再做具体的内涵与外延的区分与界定，统一表述为民间金融。

二 民间金融范畴界定

世界各国的经验表明，在正规金融无法提供信贷支援的领域，存在着民间金融组织形式发展的空间，这些形式在正规金融缺位的情况下，有效改善了交易各方的福利。Chandavarkar 认为，正规金融是一种倾向于城市的、制度化和组织化的体系，而非正规金融本身就是一种非制度化和非组织化的体系，适应于农村的、传统的、固有的经济模式。

（一）民间金融讨论范围的界定

中国小农家庭的生存经济决定了大部分农贷只能由熟人或国家来提供。小农家庭的生存经济与其资金的非生产性需求，两者之间具有某种内在逻辑联系。对于这种非生产性资金缺口和农贷需求，不能指望由正规的或商业性的金融来满足②。同时农村经济主体的微观活动及其融资需求具有分散化、规模小、周期长、监控难、风险大等特点，难以进入商业化正规金融。温铁军因此认为，小农经济天然、长期地与民间借贷相结合，而

① 任森春：《非正规金融的研究与思考》，载《金融理论与实践》2004 年第 9 期，第 9—12 页。

② 张杰：《农户、国家和中国农贷制度：一个长期视角》，载《货币金融评论》第 6 期，第 8—27 页。

农村正规金融的退出导致农村民间金融的迅速扩展。

由于正规金融利润最大化诉求与农业发展之间的天然矛盾，加之农村人口相对贫困，储蓄不足，大规模的金融中介和金融市场缺乏存在的基础，正规金融在农村无利可图，制度供给的错位与不足，正规金融供给短缺即金融缺口最容易发生在农村地区，导致农村金融抑制并出现金融缺口最为显著。与金融缺口相伴随的是普遍存在的民间金融，这样就出现了在金融支援的需求不能通过正规金融体系得到满足而内生出来的处在正规金融体系之外的一种民间性金融安排。因此，一般民间金融泛指在农村地区的民间金融，文章中讨论的也是存在于广大农村乡镇的民间金融。

由于宁波地区经济已经处于后工业化阶段，城市化进程发展很快，非农化比率高。2007 年，第一产业实现增加值 153.6 亿元，增长 3.9%，增幅同比回落 0.5%，第一产业占 GDP 比重为 4.47%，同比回落 0.4%。农民向第二、三产业转移的趋势加快，农村的非农化率已近 80%。农村居民人均纯收入 11450 元，与城镇居民收入的比例为 1∶2.219，差距进一步缩小。宁波地区农户的收入绝大部分来自中小企业工资收入，工资收入占收入的 79.3%。农村居民的恩格尔系数为 40.1%，属于小康水准。从以上指标可以看出，宁波地区的农村及农户与一般意义上的农村及农户还是有区别的。对农户不同类型的区分和判断是研究农户借贷行为的基础，以往对农户的研究多建立在经营耕地规模上，而本研究讨论农户并不是传统意义上的农户，更多的是小企业主或“雇工”含义，就是从事农业活动的也是承包经营种植蔬菜、果园等种植大户，在宁波地区已经没有真正意义上的农户，仅有的土地也都承包给外地人耕种。此时的农村金融不再是服务于农业的金融活动，而是为满足整个地区经济生活与经济发展的金融需求。

（二）民间金融存在形式的界定

民间金融主要表现为资金供求者之间直接完成或通过民间金融中介机构间接完成的债权融资。由于存在多种多样的融资需求，民间金融的发展也呈现多样化形式。广义上分为两类：一类为合理不合法的“灰色金融”，主要包括民间集资、合会、私人钱庄等民间金融。二是不合理也不合法的“黑色金融”，主要指那些高利贷、金融诈骗和洗钱等违法犯罪活动。为使研究更具有讨论价值，本书只对民间金融中的民间借贷、中小企业融资行为、农户融资行为进行研究，而对那些打着合会等民间金融形式的旗号从事洗钱、非法集资、非法炒汇、赌博等犯罪活动的地下金融，即“黑色金融”则不属于本书研究的范围，且非法集资等民间金融形式也排除在研究之外。另外，在本书中所涉及的民间金融主要是从整体角度进行分析，对包含具体形式的微观问题也不在考察与讨论之列。

第二节　理论发展与借鉴

由于民间金融的特殊性，对民间金融无论是理论还是实践意义上的讨论都颇具研究价值，相关理论与研究也层出不穷，形成了众多宝贵的文献资料，无论是金融发展理论及农村金融发展理论、新制度经济学发展理论还是国内外众多相关文献均给本研究提供了重要研究视角、逻辑起点和分析范式，对本研究给予了太多启示。因此，本节主要围绕民间金融的角度着重从金融发展理论、农村金融理论、新制度经济学理论与文献进行梳理与回顾，为研究提供理论借鉴方向，并为构建论文的研究模型与假设提供理论支持。

一　金融发展理论

金融发展理论主要是研究金融发展与经济增长之间的因果关系和内在作用机制，说明各种金融变数的变化及金融制度对经济发展的长期影响。在20世纪50年代之前，传统的经济理论中，普遍强调的是经济中的真实变数，如资本、土地、人力资源等，金融要素被视为既定的，它对经济发展的贡献也被视为一个常量。20世纪50年代以后，经济学家开始深入研究金融在经济发展中的作用，强调了金融在经济发展中的核心地位，并逐渐形成了较为完整的金融发展理论。

（一）早期的金融发展理论

在现代经济增长理论中，对经济增长影响因素的分析大多集中在技术进步率、人口增长率、储蓄率、资本折旧率等因素上，对资金的流动及其配置机制在经济增长过程中的作用却没有更多的考虑。第二次世界大战后，在追求经济发展的过程中，许多国家不同程度地都受到储蓄不足和资金短缺的制约，而金融发展滞后和金融体系运行的低效是抑制经济发展的深层次原因。20 世纪 60 年代末至 70 年代初，一些西方经济学家开始从事金融与经济发展关系方面的研究工作，以雷蒙德 · W. 戈德史密斯、格利和爱德华 · 肖、罗奈尔得 · I. 麦金农等为代表的一批经济学家先后出版了以研究经济发展与金融发展为主要内容的专著，开始研究金融发展与经济增长的关系，从而创立了金融发展理论。

1955 年和 1956 年格利和肖发表《经济发展中的金融深化》和《金融中介机构与储蓄——投资》两篇论文，揭开了金融发展理论研究的序幕。其后，两人在共同发表的《金融理论中的货币》一书中首次通过建立基本模型，分析了金融在经济发展中的作用，为后续研究者指明了方向。在这两篇论文中，他们阐述了金融和经济的关系、各种金融中介体［特别是非货币金融中介体（non-monetary intermediaries），即除了货币体系以外的其他各种金融中介体］在储蓄—投资过程中的重要作用。休 · T. 派翠克（Hugh T. Patrick）1966 年在《欠发达国家的金融发展和经济增长》一文中从“需求追随”和“供给引导”两个方面论证了金融体系在提高存量资本和新增资本配置效率、加速资本积累中的作用，提出了金融与经济关系的“需求追随”和“供给引导”模式，并认为二者在经济发展的不同阶段扮演不同的角色，需求型金融的本质在于主张或强调政府放松甚至放弃对金融经济的管制，让市场机制发挥对经济社会储蓄—金融资源的动员与配置的基础性作用。他认为，在经济发展的早期阶段，供给领先型金融居于主导地位，而随着经济的发展，需求追随型金融逐渐居于主导地位。但即便是在早期的供给领先模式中，对金融机构的放松管制、尤其是允许真正市场主体的准入仍是相当重要的。H. W.萨密兹（Sametz. H. W.）

和加尔比斯（Galbis）再次验证了该理论。派翠克还着重考察了金融发展和经济增长的关系。派翠克指出，金融体系对资本存量的影响体现在三个方面：第一，提高了既定数量的有形财富或资本的配置效率，因为金融中介促使其所有权和构成发生变化。第二，提高了新资本的配置效率，因为金融中介促使新资本从生产性较低的用途转向生产性较高的用途。第三，加快了资本积累的速度，因为金融中介促使人们更加愿意储蓄、投资和工作。

（二）金融结构理论

美国著名经济学家雷蒙德·W. 戈德史密斯的杰出贡献是奠定了金融发展理论的基础，1969 年，他出版了《金融结构与金融发展》一书。在该书中，戈德史密斯运用翔实的统计资料，讨论了不同经济发展阶段的金融结构和金融发展模式，开创了比较金融学研究的先河[①]。戈德史密斯通过对 35 个国家近 100 年的资料研究和统计分析，总结了金融结构和金融发展两者和经济增长之间的关系，得出了金融相关率与经济发展水平正相关的基本结论，建立了一个新的金融发展理论体系，并强调了金融结构与金融发展对经济增长的引致效应。其研究为此后的金融研究提供了重要的方法论参考和分析基础，也成为 70 年代以后产生和发展起来的各种金融发展理论的重要渊源。他在《金融结构与金融发展》中指出："金融理论的职责就在于找出决定一国金融结构、金融工具存量和金融交易流量的主要经济因素，并阐明这些因素怎样通过相互作用，从而形成金融发展。"[②]他认为：经济增长与金融发展是同步进行的，经济快速增长的时期一般都伴随着金融发展的超前水准，戈德史密斯的实证研究表明，金融发展是经济增长的必要条件，揭示出金融发展中带有规律性的结论。可以说，正是自戈德史密斯开创性地提出金融发展理论以来，金融体系的效率问题才得

---

① 杨德勇、吕素香、汪增群、张鹏：《区域金融发展问题研究》，中国金融出版社 2006 年版，第 33 页。

② 雷蒙德·W. 戈德史密斯：《金融结构与金融发展》，周朔等译，上海三联书店 1990 年版，第 44 页。

以系统地研究。

戈德史密斯认为，虽然各国金融发展呈现出两条不同的轨迹，第一条是私有金融形式占主体，第二条是国有金融占主体，但是它们的发展趋势是相同的，发展中国家的金融深化与发达国家的金融发展道路可以实现对接。在现实中表现为，沿第二条轨迹发展的国家，政府对金融的参与程度在削弱，私有化趋势明显增强。这对处于体制转轨中的中国，具有重要的启迪意义。当前发展非国有金融将成为我国金融制度变迁的必然选择①。

（三）金融深化理论

1973 年前的货币金融理论为以后现代金融发展理论的形成和发展提供了理论基础与研究视角，但所研究是以金融发展对经济的影响作为重点，并不以或不专门以发展中国家的情况作为分析对象。而 1973 年，罗奈尔得·I. 麦金农的《经济发展中的货币与资本》和爱德华·肖的《经济发展中的金融深化》两本书的出版，标志着以发展中国家或地区的情况为研究对象的金融发展理论的真正诞生。两人都以发展中国家的货币问题作为研究对象，从一个全新的角度对发展中国家的经济发展和经济增长的关系进行了开创性研究，对金融和经济发展之间的相互关系及发展中国家或地区的金融发展提出了精辟的见解，分别从“金融抑制”和“金融深化”两个角度论证了金融发展与经济发展的辩证关系。他们认为，发展中国家存在着严重的“金融抑制”是制约储蓄积累和经济发展的主要障碍，解决这类问题只能靠“金融深化”，即政府放弃对金融业的过多干预，允许非国有化、非银行金融机构进入，培育一个有竞争性的金融体系，让市场发挥资源配置的作用。

麦金农和肖提出的“金融抑制”（Financial Repression）和“金融深化”（Financial Deepening）理论被认为是发展经济学和货币金融理论的重大突破，被归结为麦金农—肖理论体系，标志着金融发展理论的正式形

① 胡德官：《我国民间金融问题研究述译》，载《中国农村观察》2005 年第 5 期，第 69—74 页。

成。许多发展中国家货币金融政策的制定及货币金融改革的实践都深受该理论的影响。其中有一个问题：发展中国家为什么发展迟缓？过去经济学家简单地将其归结为“资本匮乏”。因此，发展中国家若要实现经济腾飞，要么提高储蓄率，要么引进外资，以加速资本形成。但是，这些理论难以解释实践。麦金农开创性地提出，发展中国家的贫困，不仅在于资本的稀缺，更重要的是，金融市场的扭曲造成了资本利用效率低下，抑制了经济增长。在此之前，传统的货币理论假定：（1）金融市场极为发达，信用工具非常丰富；（2）生产要素特别是资本具有“无限可分割性”，即各生产单位都能使用相同的技术；（3）货币和实际资本可以相互替代等等。而麦金农和肖认为，这些假定只适用于发达国家，对于发展中国家是不能适用的。他们认为，发展中国家的货币金融有其特殊性，包括：（1）经济的货币化程度较低。所谓经济的货币化程度，是指一个国家（或地区）社会产品和劳务中用货币支付部分所占的比率，或国民生产总值中货币交易总值所占的比例。发展中国家经济发展水准和市场发育程度都较低，货币经济所占的比重小，这也意味着货币在经济中所起的作用相当有限。（2）“金融二元性”现象。麦金农和肖认为，在发展中国家，存在明显的“金融二元性”现象：一方面，国内存在着现代化管理的国外大银行的分支行和一些国有银行；另一方面，传统金融市场中，规模小且落后的金融机构，如钱庄、当铺和高利贷组织等，也占有一定的比重。（3）金融抑制严重。麦金农认为，在发展中国家，普遍存在着实际利率偏低甚至为负的现象，麦金农称之为“金融抑制”。在金融抑制经济中，由于实际利率偏低，人们不愿意储蓄，从而使得投资机会减少，经济增长受阻。从金融效率的角度来看，也就是金融资源的配置效率偏低阻碍了经济的增长。麦金农从发展中国家货币与资本间的关系入手提出了如下货币需求函数：$(M/P) = L(Y, I/Y, d-P^*)$。他认为，发展中国家的市场“割裂”，即大量的经济单位被互相隔绝，金融市场尤为如此。大量小企业和住户被排斥在有组织的资金市场之外，如果它们要投资，不是依赖于外部融资，而是依靠内源融资，必须要有一个时期的内部积累。因此，金融抑制一方面损害了储蓄者的利益，削弱了金融体系集聚金融资源的能力；另一方面向借款人提供了补贴，刺激后者对金融资源的需求，造成金融资源供小于求的局面，国家往往根据自己的偏好分配金融资源，这损害了金融体系在配置资源中的功能。既然金融抑制是欠发达国家经济发展的一大障碍，要想实现经济的快速增长，就必须取消对金融活动的过多干预，从而形成金融发展与经济发展的良性循环。金融深化论认为：信贷配给、利率管制、限制准入的抑制政策不仅无法将金融资源渗透到农业部门中，而且，还抑制储蓄向投资转化和金融机构的中介效率。通过放松利率的浮动范围，降低准入标准以吸引民间资本进入，取消信贷配给让金融机构按照市场原则配给，必将带来农村经济增长和金融发展的良性循环局面，从而提出了“金融深化”的主张：发展中国家应当实行金融自由化政策。麦金农指出：有组织的银行业在向欠发达国家的经济的渗透中，在一般的农村地区，特别是在小额借款人服务方面是很不成功的。经济中其他部门的融资则必须由放款人、当铺老板和合作社的资金来满足。要使落后的经济走上稳定健康的发展道路，政府必须放弃利率限制，消除人为因素对金融市场的分割，打破金融体系内部的行业垄断，大力发展各种形式的金融。

麦金农和肖的理论体系为分析发展中国家的金融深化和经济发展的关系提供了研究框架，第一次探讨了发展中国家经济落后的金融原因，并向发展中国家提出了“金融深化”的对策来解决这一问题，第一次论证了发展中国家通过提高金融效率来促进经济发展的可能性，论述了金融效率的提高对一个国家经济增长的巨大影响（虽然他们并未提出金融效率这个概念）。更为重要的是，麦金农和肖的“金融抑制”假说和“市场分割”假说揭示了民间金融在发展中国家产生的体制性根源。

（四）信贷配给与金融约束理论

传统的金融深化理论对发展中国家的金融改革与实践产生了深远的影响，并确立了坚实的理论地位。金融深化理论提出的以金融深化促进经济增长的论点在20世纪70年代发展中国家的经济实践，尤其是计划经济国家的市场化转轨过程中得到了检验。在麦金农和肖理论体系的影响下，许多发展中国家开始进行以放松利率管制作为主要措施深化金融改革。但由于金融深化理论在资讯完全透明的情况下提供了一种对竞争性信贷市场运行的理性描述，随着金融自由化推进的速度不同，导致了截然不同的政治绩效，金融深化政策效果并不理想。信贷配给理论的提出和发展深刻地动摇了金融深化论的内在合理性，给予了发展中国家金融改革的指导。

信贷配给是信贷市场的一种典型现象，指的是自由竞争市场中的信贷配给现象，可以广泛地理解为由于贷款利率低于瓦尔拉斯均衡水准而导致的市场对信贷资金存在超额需求的情况。其表现为以下基通（Keeton）所指的两种情况：（1）按照银行标明的利率，在对借款人信用评级的基础上，所有贷款申请人中一部分申请人可以得到贷款而另一部分则被拒绝，即使是后者愿意支付更高的利率也将得不到贷款；（2）给定的借款申请人的借款要求只能部分地被满足。20 世纪 60 年代以前，信贷配给一直被看做是一种暂时的非均衡现象，许多经济学家在资讯完全透明的框架下研究信贷配给现象，而信贷配给理论研究的是不对称资讯条件下自由竞争信贷市场运行机制。1960 年霍奇曼（Hodgman）在《经济学季刊》上发表了《信贷风险与信贷配给》一文后，人们开始认识到信贷配给有可能是一种均衡现象。以不对称资讯为假设前提能够对完全竞争市场下的信贷配给现象进行较为完美的解释，这方面的研究得益于 20 世纪六七十年代以来资讯经济学尤其是委托—代理理论的发展。20 世纪 70 年代末以后，资讯经济学在信贷配给理论中的运用使得该理论趋于成熟，根据资讯不对称范式和合约理论，经济学家对于信贷配给有了新的认识，认为均衡信贷配给是当借方的借贷需求即使在满足贷款合约中所有的价格和非价格条件的情况下也得不到满足。斯蒂格利茨和韦斯在 1981 年《美国经济评论》上发表的《不完美资讯市场中的信贷配给》一文对微观经济学中的信贷配给理论做了全面的阐述，根据事前和事后不对称资讯，提出并论证了逆向选择效应假说和激励效应假说。在信贷市场上，作为贷者的银行不仅关心贷款利率，而且关注贷款的风险程度。然而信贷市场上关于贷款专案的风险程度的资讯在借、贷双方之间的分布是不对称的，这两种效应在借贷市场上是普遍存在的，这一问题的本质其实就是合约双方之间的委托—代理问题。配给现象一般不会出现在运转良好的商品与服务市场上，因为需求大于供给会导致价格上升，从而使市场达到均衡状态。但在信贷市场上，决定借贷行为的因素除了利率外，还有诸如贷款用途、贷款抵押等非价格的附加条件，这些附加条件使金融市场上均衡的决定不同于其他市场，银行为实现收益最大化只能实现信贷配给。斯蒂格利茨和韦斯（1981）证明，在存在资讯不对称的情况下，利率本身可以通过筛选潜在的借款人（即逆向选择效应）和影响借款人的行为（即激励效应）来影响贷款专案的风险程度。他们认为，当“价格（即利率）影响交易性质时，价格可能不会出清市场。”

信贷配给理论表明，即使没有外生性的限制条件，在资讯不对称的情况下，缺乏抵押的农户和农村中小企业仍然会被正规金融机构拒之门外。与大企业相比，中小企业与银行间的资讯不对称更严重，更容易受到以后信贷配给的约束。在信贷市场中，相对于大型企业来讲，民营中小型企业属于高风险借款人：一方面，民营企业缺乏资产储备，一个项目的失败往往会直接导致企业破产，所以违约风险通常高于大型企业；另一方面，民营企业通常存在管理不规范，企业资讯透明度低的问题，比大型企业更倾向于向贷款人隐瞒实情改变贷款用途或者隐瞒专案收入情况。所以小企业很容易因为金融机构实行信贷配给而难以获得贷款。金融机构为了自身的盈利和降低风险，不得不采取信贷配给政策，而农户由于自身的问题加之缺乏抵押等原因也会被拒之门外。

这方面的最终发展是金融约束理论，20 世纪 90 年代后半期以来赫尔曼（Thomas Hellman）、莫尔多克（Kevin Murdock）和斯蒂格利茨（Joseph Stiglitz）等新凯恩斯主义者依据金融发展的事实，运用“有效需求理论”和资讯经济学工具，根据发展中国家金融自由化的经验和教训，提出了一种不同于金融自由化也不同于金融抑制的主张——金融约束论。该理论集中体现在赫尔曼、莫尔多克和斯蒂格利茨发表的《金融约束：一个新的分析框架》一文中。所谓金融约束，是指政府通过一系列的金融政策，在金融部门和生产部门创造租金机会，来诱使私人金融机构采取一些具有社会效益的行动。该分析框架在信贷配给理论的基础上，对发展中国家的金融深化问题进行了探讨，对信贷配给理论作出了里程碑式的贡献。其核心思想是政府通过存款监督、限制竞争和资产替代等一整套金融措施，给银行创造“特许权价值”而获得“租金机会”，即将存款利率控制在竞争性均衡水准之下（但要保证实际存款利率为正值），使之有动力吸收存款，对贷款企业进行严密监督，发挥其资讯优势来克服由于严重的资讯不对称引起的市场失灵。金融约束的目标就是政府通过积极政策引导为民间部门创造租金机会，特别是金融部门通过租金效应和激励作用规避潜在的逆向选择和道德风险，以提高金融市场的效率。从这一角度看，也可以说民间金融产生的根本原因之一就是它内生于中小企业摆脱信贷配给困境的经济行为过程中。如林毅夫等人构建了一个包括异质中小企业借款者和异质的贷款者（具有不同资讯结构的非正规金融和正规金融部门）的金融市场模型，证明了金融市场的分割和非正规金融的市场特征是经济主体各自优化行为相互影响的结果。根据林毅夫的模型，由于金融交易的特征、资讯不对称造成的事先的逆向选择和事后的道德风险问题可能是民间金融广泛存在的根本原因，否则无法解释发达国家和那些已经实行了金融自由化的国家和地区为什么会有大量的民间金融活动。

由此可见，实行金融抑制的发展中国家在某些方面不具备实行金融自由化的条件，而这也是金融约束论产生的原因。金融约束论可以认为是对“金融深化论”、“金融抑制论”的反思，也是对其推动金融自由化的一种矫正，形成了被认为是适合农村金融发展的“金融约束论”。这一理论认为，政府对金融部门选择性地干预有助于金融深化，强调在市场“失灵”情况下发挥政府的作用。这对于处于发展中的国家具有实际意义，可以减少金融深化或金融自由化产生的风险，政府有必要实施干预与控制，但金融约束在实际中很难适度把握，过度的干预也许会使“金融约束”变为“金融抑制”。可以说，金融约束是处在金融抑制和金融自由化之间的，是为实行金融自由化服务的。金融约束是手段，而金融深化（自由化）是目的，也即金融约束是为提高金融效率而服务的。麦金农和肖的“金融抑制论”和“金融深化论”为金融自由化提供了理论依据和政策立项次序，而斯蒂格利茨等人的“金融约束论”为金融自由化过程中的实施政府干预和控制提供了理论依据和政策框架。如今，从金融抑制理论到金融深化理论到金融约束论已经形成比较成熟、完备的理论体系。

20 世纪 90 年代金融发展新理论突破了麦金农和肖的分析框架中外生给定金融中介和金融市场的限制，把内生增长和内生金融中介或金融市场引入了金融发展模型，将内生增长和内生金融中介体并入模型，对金融中介体的内生形成及金融中介体与经济增长点之间的关系等问题进行全新的论述，揭示了金融中介和金融市场是如何内生形成的，以及金融发展与经济增长之间的关系。代表人物有：戴蒙德·肖、迪布维格、戈德史密斯等。在资讯经济的研究取得重大突破的条件下，他们在模型中考虑了更多与现实颇为接近的因素，如抛开完全竞争的假设，在模型中引入诸如不确定性、不对称资讯、道德风险等因素，从而使得他们的政策主张较麦金农和肖体系更加符合发展中国家的实际。他们主张，只有在具备了相应的宏观经济环境和微观经济基础之后，发展中国家才可考虑是否推行金融自由化，金融受到抑制的国家首先需要塑造适于推行金融自由化的宏观经济环境和微观基础。

由于金融发展理论形成时间不长，理论体系本身尚在不断完善之中。从理论的发展来看，我们发现金融发展同经济增长关系的研究并未取得一致的结论，这表明金融发展同经济增长之间的关系并不能简单的一概而论，各国拥有不同的宏观制度背景、金融体制结构，金融发展同经济增长之间的关系可能并不存在简单的线性关系。金融发展理论承袭了凯恩斯的宏观经济分析思路，从创立之初到现在，一直侧重从宏观层次上研究金融发展和经济增长之间的长期关系，有关金融发展的微观层次研究则略显欠缺，有待于进一步的发展。在相当程度上，中国金融体系的现状与金融抑制基本要素基本相同，中国金融体系明显存在的二元金融结构，有着活跃的民间金融市场，每个理论都从不同的角度为本研究所涉及的民间金融范畴的探讨提供了理论起点与研究视角，因此在借鉴已有的理论基础上结合中国民间金融实践的分析框架下进行深入的探讨更具有实践价值与意义。

二 农村金融发展理论

农村金融作为整体金融发展的一个重要组成部分，不可避免地要受到现代金融发展理论及其政策主张的影响。在上述理论的影响下，在农村金融发展理论上同金融抑制论、金融深化（自由化）论和金融约束论相对应。在农村金融理论的演变过程中，发展中国家的农村金融领域中先后出现了三种不同的理论流派：农业信贷补贴论、农村金融市场理论和近年来兴起的不完全竞争市场理论。农业信贷补贴论、农村金融市场理论是农村金融领域一直存在的两种观点，目前学界也关注斯蒂格里茨不完全竞争市场理论（1981），该理论与国际干预论相呼应。

（一）农业信贷补贴论

从农村金融理论的发展来看，强调政府作用的传统发展经济学逐渐被以强调市场力量的新古典发展经济学所取代。20 世纪 80 年代以前，农业信贷补贴论一直是农村金融理论中占主流地位的传统学说。该理论的前提是：农村居民、特别是农村贫困阶层没有储蓄能力，农村面临的是慢性资金不足问题。由于农业的产业特性（收入的不确定性、投资的长期性、低收益性等），商业银行出于利润动机不可能为其提供所需资金。因此，该理论认为，应当从外部向农业注入政策性资金，建立非营利性的专门金融机构来进行资金的分配，以增加农业生产投入，缓解农村贫困。为缩小农业与其他产业之间的收入差距，农业的融资利率必须较其他产业的利率低。同时，学者还提出国家应该提供以贫困阶层为目标的专项贷款。根据这一理论，发展中国家广泛实行了相应的农村金融政策，扩大了向农业部门的融资，促进了农业生产增长。但由于储蓄动员不足，过分依赖外部资金、资金回收率低下，而且由于贷款用途的可替换性，所以低息贷款政策也难以实现促进农业生产和向穷人倾斜的收入再分配目标，偏好向中、上层融资等方面的问题十分严重，许多国家同时也陷入了严重的困境。亚当斯（Adams）指出该理论虽然支持一种（信贷）供给先行的农村金融战略，但由于贷款的用途的可替代性，低息贷款不太可能促进特定的农业活动。总体来看，单纯地从这一理论出发，很难构建一个有效率的农村金融体系。这种农村金融政策实践证明并不成功，它引发了资金回收率低、使用效率低下等一系列矛盾，加之对农村金融市场机制的忽视，致使农村金融回圈发展的长效机制难以建立。

农业信贷补贴理论虽然支持一种（信贷）供给先行的农村金融战略，但其假设前提本身是错误的。事实上，即使是贫困农户，也有储蓄需求。许多亚洲国家的经验表明，如果存在储蓄的机会和激励机制，大多数贫困者会进行储蓄。许多经验表明，低息贷款政策很难实现其促进农业生产和向穷人倾斜的收入再分配目标，由于贷款的用途是可替换的，低息贷款不太可能促进特定的农业活动，其主要受益人不是农村穷人，补贴可能被集中并转移到使用大笔贷款的较富有的农民身上（沃格尔）。

可以说，这一理论和金融发展理论中的金融抑制是相对应的，都是主张国家力量强制干预金融市场的运行。这一理论的结果也像金融抑制论一样，遭到了后继理论的强烈驳斥。对消除贫困贡献最大的，可能既不是贷款也不是储蓄，而是建立一种可持续发展的金融机制。而农业信贷补贴政策会逐渐损害金融市场的可持续发展能力，导致信贷机构活力的衰退，这最终使得农业信贷补贴政策代价高昂，但收效甚微。实践表明，农业信贷补贴论下的专门农业贷款机构，从未发展成为净储户与净借款者之间真正的、有活力的金融中介。

（二）农村金融市场论

正是由于农业信贷补贴论的不足，20 世纪 80 年代开始，农村金融市场论代替了农业信贷补贴论。农村金融市场论注重市场机制，认为农业信贷补贴论关于农民没有储蓄能力的假设前提是错误的，农村居民是有储蓄能力的，没有必要从外部向农业注入资金。该理论主张：一是农村金融机构的主要功能是作为农村内部的金融中介，动员储蓄是其工作的关键；二是为了动员储蓄，利率必须由市场机制决定，且实际利率不能为负数；三是判断农村金融是否成功，应根据金融机构的成果及其经营的自立性和可持续性来进行。同时，该理论还认为，非正规金融具有一定的合理性，不应一律取消，应当同时利用正规金融和非正规金融市场。该理论完全肯定市场机制，极力反对政策性金融对市场的扭曲，这一理论对应着金融发展理论中的金融深化（自由化）理论，二者都是强调市场机制的作用，认为政府应当放松对金融市场的干预，使市场机制发挥自身的调节作用。与金融深化（自由化）理论另一个相同之处是在实行效果上，这一理论的实际应用也未能获得理论上应有的成果。在世界经济全面向市场经济体制转轨的浪潮下，依靠市场机制，极力排除政策性扭曲的农村金融市场理论，在20世纪80年代受到了人们的普遍接受，有效地改革了低效率的依赖政府的农村金融体系。不过，农村金融市场论的功效或许并没有想象中的那么大。例如，通过利率自由化能否使小农户充分得到正式金融市场的贷款，依然是一个问题①。自由化的利率可能会减少对信贷的总需求，从而可以在一定程度上改善小农户获得资金的状况，但高成本和缺少担保品，可能仍会使它们不能借到所期望的那么多的资金，所以，仍然需要政府介入以照顾小农户的利益。在一定的情况下，如果有适当的体制结构来管理信贷计划的话，其对发展中国家农村金融市场介入仍然是有道理的。

（三）不完全竞争市场理论

20世纪90年代以后，几次金融危机显示合理的政府干预对于稳定金融市场是非常重要的，为培育有效率的金融市场，仍需要一些社会性的、非市场的要素去支持它。在这一背景之下，不完全竞争市场理论逐渐取代了农村金融市场论。不完全竞争市场理论强调，借款人的组织化等非市场要素对解决农村金融问题是相当重要的。其基本框架是：发展中国家的金融市场不是一个完全竞争的市场，尤其是在贷款方（金融机构）对借款

① 姚耀军：《中国农村金融研究的进展》，载《浙江社会科学》2005年第4期，第177—183页。

人的情况根本无法充分掌握（不完全资讯）的情况下，如果完全依靠市场机制就可能无法培育出一个社会所需要的金融市场，为了补救市场的失效部分，有必要采用诸如政府适当介入金融市场以及借款人的组织化等非市场要素（斯蒂格利茨）。因此，不能完全依靠市场机制，而应当以政府的合理干预作为补充。不完全竞争市场理论认为，尽管农村金融市场可能存在的市场缺陷要求政府和提供贷款的机构介入其中，但必须认识到，任何形式的介入，如果要能够有效地克服由于市场缺陷所带来的问题，都必须要求具有完善的体制结构。因此，对发展中国家农村金融市场的非市场要素的介入，首先应该关注改革和加强农村金融机构，排除阻碍农村金融市场有效运行的障碍。这包括消除获得政府优惠贷款方面的垄断局面，随着逐步取消补贴而越来越使优惠贷款集中面向小农户，以及放开利率后使农村金融机构可以完全补偿成本。在此基础上的研究也表明，借款人的组织化等非市场要素对解决农村金融问题相当重要，小组贷款等能够提高信贷市场的效率（Ghatk；Laffont ，N' Guessan），这与金融约束论也是相对应的。金融约束论主张，国家在市场发展的初期应适当干预金融市场，培育实行金融深化（自由化）政策的经济基础以实行金融深化（自由化）政策；不完全竞争市场理论主张，政府在农村金融市场实行适当政策干预，解决农村金融市场不完全竞争特性明显的问题。

哈耶克的局部知识分析范式（local knowledge，Hayak）也可以解释民间金融合理性。哈耶克的局部知识分析论是与农村金融市场论相呼应的，哈耶克认为竞争是一种发现资讯、减少不完全资讯和资讯不对称的过程，因此资讯不完全可以通过促进竞争得以缓解。所以无论是不完全竞争市场理论还是局部知识分析范式都认为，将此理论运用到农村金融领域，得到的启示就是可以通过促进农村金融机构的多样性来解决农村金融的资讯不完全问题。

通过对农村金融理论的分析，我们认为政府对规范、稳定农村金融的作用是重要的，但其介入应该是适度的，农业补贴只应用于农村金融市场机制失灵的地方，如绝对贫困的农户，而竞争有利于对局部知识的利用，多元化的农村金融结构，有利于加强农村金融机构的效率及金融资源的优化配置。完整的农村金融结构应包括：政策性金融机构、商业性金融机构、合作性金融机构，在提供存款、贷款金融工具外，还应有担保、抵押、租赁、农业保险等金融服务形式。我国农村金融已有的经验表明，仅仅靠补贴是解决不了农村金融问题的。目前，农村金融市场理论和不完全竞争市场理论日益受到重视。在实践中，一方面农村利率市场化改革和小额信贷试验正在进行，另一方面对民间金融的探讨更加积极。由此，应该在农村金融市场论和不完全竞争理论指导下，建立一个竞争性和多元化的农村金融市场。

三　制度变迁与制度创新理论

新制度经济学是对新古典经济学忽略的制度变数进行内生化的经济学科。作为20世纪经济理论的主导范式，新古典经济学侧重研究市场稀缺资源的配置问题，将制度作为既定的外生变数，导致了其理论框架的缺陷：制度缺位，无法对市场失灵和外部性的存在以及发展经济学中的一些基本问题进行有效的解释。而新制度经济学则在此基础上将制度作为研究客体，认为制度是重要的，制度影响甚至决定着经济发展的绩效。金融制度设计与金融发展水准与一国的经济增长密切相关。因此制度的产生、制度的功能、制度的演进以及制度的绩效等构成了新制度经济学的基本理论框架。

诺斯认为，在经济增长中制度起决定性作用，并且有效率的经济组织是经济增长的关键。以科斯、诺斯、阿尔钦、德姆塞斯、威廉姆森等人为代表的新制度学派建立了关于制度变迁理论模型，从不同侧面揭示了制度变迁的过程及特征。诺斯认为制度变迁可被理解为“制度的目标模式”对“制度的起点模式”的替代过程，它可能是一种替代原有制度的更有效率的制度，也可能相反。在这一过程中，实际制度需求的约束条件是制度的边际替代成本（机会成本）。诺斯模型认为，现有的制度结构—交易机会—成本收益结构，共同构成一个相对静态的经济系统。而外在性条件的改变随时会打破这种相对静态，并促成潜在利润的形成，诱致一种新的制度安排产生，从而构成制度变迁的动力源。他认为，制度变迁的动因在于潜在利润的存在，制度之所以被创新，是因为有许多外在性变化形成了“潜在利润”，这些外在性包括：规模经济、外部性、风险、交易费用四方面。在现有的制度安排结构下，这些利润是无法获得的，只有通过一种创新性制度成功地将这些外部利润内在化，那么总收入就会增加，即会获得经济增长。

从对潜在利润发现和获得的角度看，诺斯和汤玛斯提出了双层制度安排：基础性制度安排和次级制度安排。前者一般由政府充当制度供给主体，通过引入法律、法规、政令等手段加以实施。由于此类制度安排具有公共物的性质，因而在体制改革进程中具有较大的稳定性，要对之加以改良不可避免地会遇到诸多矛盾和争执，改良的相对成本大，从而决定了这一层次制度安排具有滞后性和欠缺灵活性。后者是个人或个人团体在获利机会诱导下自发宣导实施的，多表现为私人间的契约安排，具有非正式的特征，其供给乃至变迁的成本相对较小。在渐进式的改革进程中，次级制度安排大体上是对现存基础性制度安排的弥补和修正，在某些范畴甚至是一定程度的背离，但“这种背离、修改或者绕开现存基础性制度安排的变化会不断地产生压力，从而导致对基础性制度安排进行更根本性的修改”。次级制度安排之所以存在，根本原因在于基础性制度安排不能满足人们的总体需求，制度供给和客观需求产生了结构性矛盾，出现了缺口。一旦这一矛盾得到顺利解决，作为其产物的次级制度安排就会自然消亡；反之，当矛盾继续存在，次级制度安排也将随之存在，哪怕它遭到政府的极力打压，仍不会被根除，而只能使其以更隐蔽的方式存在。中国民间金融发展说明这一问题，虽然政府不断打压，但依然存在并发展着。

通过总结舒瓦茨、诺斯等学者的研究成果，林毅夫用“需求—供给”这一经典的理论构架将制度变迁方式划分为强制性制度变迁与诱致性制度变迁。强制性制度变迁是由政府主导的，而诱致性制度变迁指的是现行制度安排的变更或替代，或者是新制度安排的创造，它由个人或一群（个）

人，在回应获利机会时自发宣导、组织和实行。制度变迁的动因是制度改变的预期收益大于成本所带来的潜在利润，变迁表现出一定的路径依赖性，是一种自下而上、从局部到整体的制度变迁过程。诱致性制度变迁的发生必须要有某些来自制度不均衡的获利机会，变迁是否发生，主要取决于个别创新者的预期收益和预期成本的比较，对于创新者而言，不同制度安排的预期收益和预期成本是不同的。其特点概括为：（1）盈利性。即只有当制度变迁的预期收益大于预期成本时，有关群体才会推进制度变迁。（2）自发性。诱致性制度变迁是有关群体（初级行动团体）对制度不均衡的一种自发性反应，自发性反应的诱因就是外在利润的存在。（3）渐进性。从初始制度均衡，到制度不均衡，再到制度均衡，周而复始，这个过程就是人类制度变迁的过程。制度的转换、替代、扩散都需要时间，从外在利润的发现到外在利润的内在化，期间要经过许多复杂的环节，非正式制度变迁还要更缓慢一些。诺斯等认为，由于某些因素变化造成了制度的不均衡性，由此产生了潜在的获利机会，从而诱致了制度的变迁。民间金融是因供给不足而内生出的寻求金融支持的一项制度安排，是市场机制诱发的一项制度安排，是由于制度不均衡引致的获利机会时所进行的自发性诱致性制度变迁，其发展壮大的主要诱因是高收益导向的供给和巨大的融资需求，从而为各种类型的农村经济主体提供资金，促进了货币或资本向投资转化，最终产生对正规金融的“挤出”和“侵蚀”效应。强制性制度变迁由政府命令和法律引入和实现，我国农村金融体制改革采取的是自上而下的由政府主导并强制推行的，在制度供给上属于强制性制度变迁。而民间金融根源于正规金融制度供给与制度需求之间的缺口，按照新制度经济学理论制度供需适应时，制度趋于均衡状态，制度变迁的诱因是产品和要素的相对价格等因素发生变化。我国民间金融的产生和发展是一种自发的社会秩序，在制度主体一致同意、自愿、平等互利的基础上自发组织形成的，在制度需求上属于诱致性制度变迁的范畴，其存在与发展农村金融需求的市场表现，是一种诱致性制度创新。

中国金融制度变迁选择的是政府主导的强制性制度变迁模式，最大的特征表现为强制性与渐进性，由此导致了金融制度的非均衡性。从新制度经济学的视角对民间金融进行分析和研究我们认为，民间金融作为需求诱致性制度变迁产物，分析其合理性从金融抑制走向金融深化，无疑是一个制度安排变迁和制度创新的过程，对这种制度安排变迁的分析可以以制度及其变迁与经济增长理论为主要理论根据，探讨制度及其变迁通过什么内在的机制影响经济增长。

第三节　相关研究及文献评述

一　国外文献评述

戈德史密斯 1969 年关于经济增长和金融发展关系的实证研究可以说拉开了经济和金融两者之间相互关系研究的序幕，金融发展与经济增长理论已通过许多发达国家和发展中国家的实证检验加以证实并有相当多文献，分析金融因素在经济增长中的作用的文献也越来越多。金融发展对经济增长有“供给主导”作用，是经济增长的推动力。如 Shumpeter、戈德史密斯等人认为，金融的发展对经济增长具有促进作用。熊彼特在其成名之作《经济发展理论》一书中，强调了金融在经济发展中的重要性，指出只有先成为债务人，才能成为企业家。Levine、Levineand Zervos、Rajan 和 Zingales 等人都持有这一观点，即金融的发展对经济增长具有促进作用。

重视金融力量在发展中国家更具有意义。透过深入研究发展中国家金融发展和经济增长的相互关系，麦金农和肖认为发展中国家的制度安排的主要特征可以概括为金融抑制，指出发展中国家市场不完全的一个重要表现就是存在两个割裂的金融市场。从金融二元结构的角度解释经济二元结构的产生，他们认为信贷获得的不平等就会导致二元经济结构，同时从金融深化的角度指出造成发展中国家金融二元结构的主要原因是由于政府普遍采取金融抑制政策，并提出解决问题的出路就是解除金融抑制，鼓励民营金融业与政府金融业共同发展，将场外活动纳入有组织的金融活动等。霍夫和斯蒂格利茨指出："发展中国家农村存在着典型的二元信贷市场。在正式信贷市场上，金融机构向借贷双方提供中介，并收取很低的利率，而这种利率通常得到政府的资助；在非正式市场上，货币是由私人进行贷放的，包括职业贷放者、交易者、中间人、地主、亲戚和朋友等，一般超出他们自己的资产。"① 从配置实质生产资源的角度，加尔比斯针对不发达国家传统经济部门与现代经济部门分割的特点，假设整个经济体系由两个部门即落后或低效率的传统部门和先进或高效率的信贷部门组成，在存在金融抑制的情况下，实际利率被政府人为地压低则高效率部门投资不足，低效率部门投资增加，资源配置扭曲。金融深化理论解除对实际利率的人为压抑，储蓄全部由投资收益高的企业使用，实现效率与公平的统一。金融资源向更具有效率的民营经济部门配置，因此，民间金融发展是金融深化的过程。斯蒂格利茨和韦斯认为基于资讯不对称以及筛选、监督和合约实施成本差异，可以对发展中国家的二元金融结构进行解释。斯蒂格利茨和韦斯在《不完全资讯市场中的信贷配给》认为，信息不对称是造成中小企业融资约束的最重要的原因，与大企业相比，中小企业与银行间的资讯不对称问题更加严重，更容易受到银行信贷配给的约束，即金融市场上普遍存在资讯不对称问题，银行等正规金融机构无法在众多的贷款申请中甄别出哪些借款者有还款能力，哪些借款者无还款能力，从而导致了逆向选择和道德风险，使得金融机构贷款的品质严重恶化。金融机构为了自身的盈利和降低风险，不得不采取信贷配给政策。农村民间金融较好地解决了借贷市场信息不对称问题，是民间经济主体对政府金融抑制政策所致的信贷配给和金融资源分配的所有制歧视的本能反应。Callier 认为："经济学家开始研究民间金融而使之不再是人类学家和社会学家的专利，其原因在于两方面：第一，在对某些发展中国家的考察中，我们发现民间

① Stiglitz J., and A Weiss, "Gredit Rationing in Markets with Imperfect Information" *American Economic review*, vol. 71, no. 3, June 1983, pp. 393 - 419.

金融在资金募集和配置等方面发挥着显著作用；第二，也是更重要的，民间金融之所以能普遍而长期存在，根本原因在于正规金融在优化资源和推动经济增长的某些方面所体现出的低效率。”Kochar 对印度农村的研究以及 Mohieldin 和 Wright 对埃及农村的研究，都证实农户个体信息影响其与正式、非正式金融的借贷行为与农村二元金融结构经验上存在的合理性。

因此，国外学者对民间金融产生的原因分析大致有两种：一种是民间金融是由政策扭曲和金融抑制所导致，进而提出民间金融不受管制比正规金融更有效率，因此提高正规金融的效率的方法就是金融自由化。Anders Isaksson 指出，民间金融是对政策扭曲和“金融抑制”的理性响应，由于“金融抑制”下的政府信贷配给以及体制内金融机构所有制歧视，导致了民营经济对民间金融市场存在强烈的制度需求。另一种就是即使实现金融自由化，民间金融在市场机制中同样有其存在的优势，正规金融在农村需要支付高额的资讯成本，借贷者缺少抵押时会使得合同缺少有效的保证，民间金融可以利用名誉、群体的责任感以及相互之间的其他交易处理。Meir Kohn 在研究英国工业革命前的金融制度时发现，正规金融的出现都是从非正规金融的行列中逐渐演化而成的。因而非正规金融作为一种诱致性的制度安排，如果没有行政干预，它的发展方向将是由小到大，由非正式到正式的。同时经验研究表明，在发展中国家的农村金融市场，民间金融并没有在政府大规模发展计划下消亡。例如，泰国在 20 世纪 80 年代末，非正式部门的放贷金额仍占总数的 50% 左右，而在菲律宾，到 1981 年，非正规部门的信贷比例也占一半左右的规模。班尼杰等提出了两种假说。一是“长期互动”假说。民间金融一般是地方性金融组织，与当地中小企业有一种天然的合作倾向。通过多次重复交易，民间金融组织对地方中小企业的经营及资信状况了解程度渐增，这有助于解决二者之间的资讯不对称。二是“共同监督”假说。其认为，民间金融组织即使不能真正了解地方中小企业的经营状况，难以对中小企业实施有效监督，但为了合作的共同利益，合作组织中的中小企业之间会实施自我监督，这种监督一般来讲比金融机构的监督更为有效。很多文献也表明，在中国中小企业信贷市场上，民间金融形成了对正规金融的替代。姚耀军认为，实际上在大多数金融发展文献中，民间金融作为企业的一种外部融资管道是被忽视了的，大量研究发现，民间金融在很多发展中国家的工业化进程中发挥着重要作用。80 年代兴起了以布菲、泰勒、科萨克（A. Kohsaka）和范·威金伯根（Van Wijinbergen）等为代表的新结构主义学派的主张。他们认为，发展中国家金融市场具有鲜明的二元经济特征，即现代意义的金融体系与落后的场外金融市场并存，民间借贷市场是“竞争性和灵活性的”，即民间信贷市场是一个充分自由化和有效率的市场。由此，新结构主义引申出政策及政策建议：发展中国家已经存在一个自由化和有效率的中介——民间信贷市场，应该保护它，而不要取消金融自由化。进入 21 世纪以后，政府在农业和农村金融资金配置中的负面效应逐步被越来越多的研究者所发现。Koester 深入研究了功能完善的农村金融市场在实现由计划经济向市场经济转变以及提高农村资源配置效率中的核心作用，他的研究表明，经济转型国家由于缺乏有效的农村金融市场体系，国家的财政、金融部门对农村资金的配置效率是低下的。Jensen（2001）的实证分析表明，发展中国家政府主导的农业信贷投资在促进农业投资方面缺乏效率，而发达国家的市场化融资方式和国家必要的干预措施明显是更有效的。同时在农村当传统的农村金融政策普遍失败后，农村经济发展的新方法（The New Approach）随着国际范围内一些具有影响力的成功案例的出现，而逐渐成为新古典经济学的主流，新方法重拾新古典主义市场中心理念，在微观层面将希望寄托于有活力的农村金融机构，民间金融作用开始被重视。

在对国外有关民间金融理论与文献研究的梳理中发现，国外的相关研究，是建立在其成熟的市场经济基础上形成的金融理论与金融实践，对正在发展中的中国具有十分重要的启迪和借鉴意义。尤其是发达国家的民间金融体系及完善的制度给我国的民间金融发展提供了重要的参考经验，如在成熟市场经济国家，民间金融的发展更趋于互助基金性质的储贷协会，其运作方式相对比较规范、且规模和范围也十分有限，等等。同时在研究中可以看到，他们较为成熟的实证研究方法和研究手段同样值得借鉴。但是，中国的具体国情以及中国农业、农村经济环境的特殊性对借鉴发达国家的模式与经验构成了明显的约束。在他们的研究文献中更多是把市场经济制度下的贫困国家或发展中国家作为研究对象，如泰国、菲律宾、孟加拉及非洲一些国家等，而对像中国这样的长期以计划经济为主的发展中国家则很少涉及，更谈不上对处于经济转轨时期的国家发展民间金融问题。同成熟市场经济国家相比，我国民间金融活动更具复杂性和不规范性，交易组织也非常多样。因此缺少了对中国有关局限条件考察的西方经济理论，对中国民间金融等经济现象的解释力稍显不足。

二　国内文献评述

国内学者对民间金融的关注与研究随着民间金融的发展逐渐展开，并取得了一定的研究成果。研究大多数集中在对民间金融概念的界定、形式、产生的根源、利率、运行机理等方面的定性描述及案例分析上，随着研究的不断深入，更多的学者开始从更深层次对中国的民间金融进行理论与实证的探讨与剖析。

（一）关于农村金融发展的研究文献

许多国内学者运用金融深化理论研究我国经济增长和金融发展的关系，而将经济增长和金融发展引入农村领域的研究此前并不多见。进入20世纪90年代以后，国内随着农村经济的发展，三农问题的凸显，农村金融发展问题逐步成为研究的热点，研究文献逐渐多了起来。如林毅夫、G. Feder、刘遵义和罗小朋的合作论文《中国的农业信贷和农场绩效》、谢平的《中国农村信用合作社体制改革的争论》以及张军的《改革后中国农村的非正规金融部门：温州案例》，以及周小川、张杰、韩俊、何广文、温铁军、谢平等的研究从不同视角提出对农村金融发展的各种观点及政策建议。

安翔[①]通过多元线性回归分析发现，在农村经济增长过程中，金融业的发展对其具有显著的促进作用，证实了在我国农村领域，金融业的发展与农村经济增长是高度正相关的。张兵[②]等人的研究表明：我国农村金融已取得了巨大发展。但是，农村金融深化的进程比全国落后10余年，同时差距在逐渐减小；与全球金融发展水准比，落后20—30年，即我国农村20世纪90年代初金融深化的程度相当于60年代全球金融平均深化程度。董晓玲和王娟建立了农村地区金融发展与经济增长相互影响的内生增长模型，运用相关资料分析表明，金融支援对农村经济增长具有推动作用。姚耀军[③]基于VAR模型及其协整，利用Granger因果关系检验方法，对中国农村1978—2002年金融发展与经济增长之间的关系进行研究后发现，农村金融发展是农村经济增长的Granger原因，得出农村金融发展与农村经济增长之间存在着一种长期的均衡关系，农村金融对农村经济增长具有推动作用。韩正清则是引入了农村金融资源这一概念，从这一角度出发对于我国农村的经济发展和金融增长做出了实证分析，得出的结论是：(1) 农村金融发展水准低下，且与农村经济增长之间不协调。(2) 农村基础性核心金融资源对农村金融资源系统和农村经济系统产生了制约效应。(3) 农村金融制度资源对农村金融资源系统和农村经济系统产生了制约效应。(4) 农村金融资源整体功能对农村金融资源系统和农村经济社会系统产生了制约效应。(5) 农村金融资源约束的成因在于政府失灵和市场失灵及政府与市场交叉失灵。农村金融发展并没有促进农村经济的增长与发展，直接表现是农村金融的规模和效率与农民收入增长之间存在负向关系，农村金融规模的加速扩张通过扩大吸储、大量抽走农村金融资

---

① 安翔：《我国农村金融发展与农村经济增长的相关分析——基于帕加诺模型的实证检验》，载《经济问题》2005年第10期，第49—51页。

② 张兵、朱建华、贾红刚：《我国农村金融深化的实证检验与成本之研究》，载《南京农业大学学报》（社会科学版）2004年第2期，第105—109页。

③ 姚耀军：《中国农村金融发展与经济增大关系的实证分析》，载《经济科学》2004年第5期，第24—31页。

源而使农村金融与农村经济间的不协调持续存在[①]。张建华、卓凯[②]提出我国的经济增长是在现有的金融与增长方面的反例。我国经济增长中存在两个明显的悖论：一是我国经济在持续快速增长的同时，金融体系却是极不完善的；二是非国有经济在高速增长的同时，并没有得到体制内正规金融的支援，恰恰是民间金融在其中起作用。在当前民营经济对我国 GDP 的贡献率已达 2/3 的现实情况下，民间金融资源在支持我国经济增长上是功不可没的[③]。

除了运用金融发展理论来分析中国农村发展和农村金融发展关系以外，熊德平针对农村金融理论和实践中既有“农村金融”与“农村金融发展”的定义上的缺陷，在分析其成因与影响的基础上，运用新制度经济学方法，从交易视角重构了“农村金融”与“农村金融发展”概念的内涵，试图以此深化对“农村金融”与“农村金融发展”的认识，为农村金融可持续发展建立了概念基础。姚耀军从农村货币化程度、农村金融机构财务状况、农村金融市场集中度以及农村金融中介功能四个方面分析了我国农村金融发展的状况。李喜梅[④]通过进一步定性地考察各类金融功能供需现状得出，农村金融的功能并不是静态的，它随着农村经济发展的不同阶段和不同水准而有不同的变化。张健认为，从我国农村的现实情况看，以政府为主导的农村金融服务，在面对农村经济迅速发展所形成的强大而多元化的需求时，却不能提供相应的金融服务。农村金融发展因此受到制约，农村经济发展也难以加速。王重润、卢玉志通过对河北石家庄农村金融状况的调研，认为金融抑制论还不能解释农村金融欠发达的原因，

① 谢琼等：《农村金融发展促进农村经济增长了吗?》，载《农业经济研究》2009 年第 9 期，第 95—103 页。

② 张建华等：《非正规金融、制度变迁与经济增长：一个文献综述》，载《改革》2004 年第 3 期，第 34—37 页。

③ 胡德官：《我国民间金融问题研究述评》，载《中国农村观察》2005 年第 5 期，第 69—74 页。

④ 李喜梅：《农村金融机构与农民间显结构和隐结构的协调发展——破解中国农村金融困境的有效途径》，载《农业经济导刊》2008 年第 7 期，第 110—123 页。

而从市场失灵角度可以提供更好的解释。

林毅夫等人研究进一步揭示，中国改革开放以后，农村正式和非正式的信贷市场都十分狭小，从潜在借款人角度看，彼此之间一般不能有效替代。正式贷款严格限制其生产性用途，且期限接近生产周期长度，非正式贷款几乎都用于突发、大额以及明显的特殊消费如丧葬婚嫁或用于建造新房舍等，贷款提供者一般为亲朋好友，属友情借贷，一般不计息。由于非正式贷款给了贷款人以道义上的权威，因此可以确保贷款仅用于预定目的。结果，非正式贷款几乎总是用于各自的目的，通常不增加农业生产中的净流动资金。这就是中国农村借贷市场上长期延续的供需结构。在正式信贷市场上受到约束的农户也就是那些在生产信贷市场上需求得不到满足的农户，他们不能期望在非正式信贷市场上得到满足，这种市场分割刻画了中国农贷供求结构的最主要特征。李剑阁认为，在中国的一些贫困地区，其经济活动所产生的资金流量和经济效益根本无法支撑任何商业性的金融机构的运行，这些地区的农民的资金需求只能靠政策性的金融机构来解决。宋青峰、刘星、何芳则从农业的基础地位出发，认为农业发展优先于重工业，需要金融的支援，提出了应从农村金融组织、农村金融市场、农村金融工具和农村保险四方面加强金融支持农业和农村发展的力度。姚耀军认为在转轨经济中，国家试图通过对农村金融的管制，来汲取农村的金融资源，从而保证对国有经济的金融资源供给。在国家对农村金融的管制之下，农村金融体系正常的金融功能被异化，这正是多年来的农村金融改革之所以没有产生预期效果的要害。

（二）关于民间金融发展的研究文献

费孝通早在 20 世纪 30 年代就提出的一个命题，即高利贷在农村的普遍存在与中国城乡的特殊结构与联系相关，而归根结底则是由于城镇和农村之间缺乏一个较好的金融组织。我国民间金融发展与演变，已有的结论更多的是在结合具体的案例分析和调查研究中得来，一般体现的是从一种无组织的形式（如民间借贷）到有组织的形式（如标会、钱庄）、从直接融资到间接融资的发展过程。国内学者基本上一致认为，民间金融的存在并不是经济不发达的表现，即使在发达国家，也存在大量的民间金融并发挥作用。

关于民间金融。林毅夫等人的研究认为，与其他欠发达国家相比，中国农村的商业化非正式信贷的交易较少发生，其中一个方面的原因是私人贷款者的地位在法律上一直没有明确，如前所述它们在多数情况下被视为非法；另一方面对大多数农户而言则没有可资抵押的财产，最主要的是土地租约的转让还未得到官方认可。张杰[①]认为，由于友情借贷等非正式信贷占据了绝大部分农贷市场份额，这种信贷又主要用于非生产性用途，因此，认为中国的农村信贷市场长期以来是一种非生产性市场。中国小农经济的性质和小农的行为特征决定了农户的金融缺口的弥补只能是要么依赖非正式借贷（主要针对非生产性用途），要么增加非农收入，从而维持一个几个世纪以来基本未变的小农经济与金融结构。除了国家的正式信贷支持（包括改革开放以来中国农业银行与农村信用合作社提供的信贷以及政府的小额信贷，这些信贷实际上相当于古代国家的赈贷），商业性质的正式借贷在中国小农经济基础上不存在发展的条件与空间。孟凡杰、张扬认为，农村民间金融是农村经济主体为满足融资需求，自发形成的、游离于政府金融监管之外的非官方资金融通的活动和组织。它是相对于政府金融或国有金融而言，民间金融的产权必须是属于民间所有，并由民间经济主体（农民个人或民间金融组织）独立自主开展金融交易活动，具有内生性和非正式性。友情借贷与高利贷统一组成农村社会的非正式金融制度，并且已成为目前农户资金需求的主要提供者。农户的大部分金融服务需求都由这些非正式金融市场提供。王曙光等人[②]认为，农村民间金融是泛指采用非标准化的金融工具，通过正式金融机构以外非官方监管的民间渠道，为农村的生产、经营和消费，提供各种资金借贷或资金融通服务的形式及其活动。

---

① 张杰：《农户、国家与中国农贷制度：一个长期视角》，载《货币金融评论》2005 年第 4 期，第 8—27 页。

② 王曙光：《农村金融与新农村建设》，华夏出版社 2000 年版，第 76—77 页。

关于民间金融的产生及发展。现有文献大多数研究是借助资讯经济学、博弈论、制度经济学结合金融发展理论的研究，主要从金融抑制、微观经济学、制度变迁等角度研究民间金融的产生及发展。

许多研究认为，金融抑制是造成农村金融供给与需求不匹配的最主要的原因。中国农村金融市场上金融供给的短缺和政府对农村金融行为的严格管制与麦金农和肖所描述的金融抑制现象是吻合的①。林毅夫指出，改革开放以后，我国的财政代替金融的制度逐渐被放弃，为了支持改革前遗留下来许多资金密集型的大型的重工业企业，政府担心全国每年创造的储蓄不能进入大银行使得政府没有资金来扶持大的重型企业，因此，就抑制除大银行以外的其他中小银行、互助会、民间借贷、互助基金等金融形式的发展，而多数这些金融形式恰恰是农村所需要的金融供给方式。目前由于担心监管的难度大，我国农村金融抑制的局面至今仍无较大的改善，对于农村民间金融的歧视仍然相当严重，农村金融市场准入不仅没有松动，总体上说，政府对农村金融的管制甚至还有所强化。这使得农村金融供给体系僵化，难以提供各种适合农村金融需求的金融产品和服务。因此，金融抑制是造成农村居民资金借贷行为扭曲的根本原因②。我国的农村金融抑制现象，既有农村金融需求抑制，也有农村金融供给的抑制。对于我国金融抑制的种类存在着三种观点，分别是：供给型金融抑制，导致我国农村金融抑制的主要原因是正规金融部门对农户贷款的资金有限，正规金融机构缺乏金融创新，不能满足农村金融的多样化需求，而且金融总量供给不足，从而形成金融供给抑制，这是农村金融供给的制度性缺陷。供给型与需求型共存；供给型金融抑制为主，需求型金融抑制为辅。从需求的角度来讲，农村经济的落后、较低的农村市场化程度、土地制度的制约、不健全的农村社会保障体系、农村人口的老龄化等都抑制了农户的生产性借

① 鲁靖：《我国农村金融体系中的金融压制与突破》，载《农业经济导导刊》2008 年第 3 期，第 102—105 页。

② 何广文：《中国农村金融供求特征及均衡供求的路径选择》，载《中国农村经济》1999 年第 10 期，第 42—48 页。

贷资金需求；同时，农户的潜在金融需求不能得到农村正规金融机构的满足，这些都使得农户对正规金融部门的资金需求相对有限，从而形成了金融需求抑制。小农经济天然、长期地与民间借贷相结合，但更为主要的是还没有真正出现以农村居民融资需求为导向的农村金融体系，即使名义上是合作制的农村信用社，其覆盖面也很小。张杰①认为，非正规金融的产生、存在和发展是利率管制条件下的理性产物。政府为增加资本形成，刺激经济增长，实行低利率的政策，将利率降低到均衡利率以下，结果是金融需求上升，供给反而下降，产生金融抑制，形成金融缺口。农村地区民间金融组织的存在因为正式金融不能满足农民现实和潜在的金融需求。胡德官②认为，我国民间金融能够生成和发展可以归结为两方面的原因。第一，私人治理机制的有效性。第二，转轨时期国有金融体系的低效率所导致的民营企业融资困境。

史晋川等人则对民间金融的兴起和发展给出了一个博弈论的解释。他们指出：民间金融的兴起是各种利益制衡的结果，是政府部门、原有金融机构以及各种基金成分企业家（在金融业称为金融家）、社会公众相互博弈的结果，其背后体现的仍是人的自利动机与来自各方面的约束条件（包括社会经济制度、意识形态、自然技术等）不断冲突与融合的过程。周天芸③尝试用博弈论的方法对民间借贷的合约基础进行了解释，考察在重复博弈的前提下，借贷者的最优策略是选择偿还，放贷人选择放款，从而实现纳什均衡。

张庆亮④从新制度经济学的角度分析了民间金融的兴起，认为中国体制转轨中产生的民间金融是一种内生性金融制度安排，是内生于民营经济的发展壮大对金融的需求。在我国，由政府主导的外生性金融制度割裂了

① 张杰：《中国农村金融制度、结构、变迁与政策》，中国人民大学出版社 2003 年版，第 300—305 页。

② 胡德官：《我国民间金融问题研究述评》，载《中国农村观察》2005 年第 5 期，第 69—74 页。

③ 周天芸：《中国农村二元金融结构研究》，中山大学出版社 2005 年版，第 54—65 页。

④ 张庆亮：《体制转轨中的中国民间金融研究》，经济科学出版社 2003 年版，第 195 页。

经济发展与金融制度的有机联系，导致金融制度效率下降，资源配置出现“劣化”，金融发展缺乏内在的推动机制。特别是在民营经济已经成为我国经济发展的重要推动力量的情况下，国有金融对民营经济的金融支持与民营经济对经济增长所作的贡献是严重不对称的。因此，民营经济的发展只能依赖于以其为基础的内生性的金融制度安排——民间金融。张杰认为，从金融制度结构变迁的角度看，只有内生于非国有经济内部的金融安排才是有意义的。因为农业部门金融成长的真正要素存在于本部门的经济流程之中。中央政府并不是完全依照制度均衡与否和需求大小来决定金融制度变革，而是在有限理性条件下，追求各种目标偏好统一的政府效用函数最大化①。这种自上而下的政府强制性金融供给在很大程度上难以满足微观金融主体的制度需求，非均衡的制度结构必然导致制度变迁，使得自下而上的民间金融需求诱致性制度变革方式的凸显。宋宏谋②在研究我国农村金融体制的变迁过程中，提出了农村民间金融迅速发展的主要原因在于农村正规金融供给短缺，农村资金需求得不到满足。苏士儒从制度变迁角度揭示农村非正规金融更适合农村金融需求的制度优势，认为农村非正规金融是典型的需求诱致性制度变迁过程。黄燕君和谭静、郭燕枝的研究认为，中国农村金融制度的每次变迁均是政府强制性行为，改革带有明显的强制性制度变迁性质。在转轨经济中，一方面大量的农户存款进入国有正式金融机构而转移到非农部门，另一方面农户的信贷需求（尤其是生产性需求）得不到满足，农村地区非正式金融组织的存在意味着已建立的正式金融不能满足农民现实与潜在的金融需求。邓大才认为，从制度经济学来看，农村民间金融作为一个组织的崛起过程，是一个典型的需求诱导性制度变迁过程，可以用需求诱导性制度变迁的理论框架来解释：农村民间金融的诱因——需求性和逐利性；农村民间金融组织主体——微观性和基层性；农村民间金融的秩序——渐进性和自发性。民间金融的出现其

① 江曙霞等：《中国农村民间信用缓解贫困的有效性分析》，载《农业经济导刊》2007 年第 2 期，第 103—111 页。

② 宋宏谋：《中国农村金融发展问题研究》，山西经济出版社 2003 年版，第 40—56 页。

实就是经济转轨时期为克服相对滞后的金融体制改革的缺陷而由民间自发创造的旨在改变原有资金流动格局、促进非公有制经济发展的一项制度供给①。

胡金焱②总结了世界各国民间金融的发展，并从资讯、担保、交易、定价等角度分析了民间金融的运行机制。在对各种形式的民间金融研究中，金祥荣等研究了标会、摇会等的定价和效率，表明如果一个地区的资金借贷市场较为发达或是一个完全的借贷市场，尽管会员在标价时存在低标倾向，从保险的角度看，互助会仍然具有效率。徐笑波等研究了银背与钱庄之间的关系，描述了一种从借贷中介人到从事存贷业务金融组织的演化过程。基于浙江省的民间金融的发展比较有特点，浙江省尤其是温州地区民间金融制度的产生与发展是众多文献研究的重点。如叶敏、史晋川对温州民间 20 世纪 80 年代金融风潮的考察，认为从聚会到营利的发展过程，也表明了民间金融的发展受到自身规模扩大的约束。张军（1997）对温州民间金融部门进行了详尽的考察，提出利率在民间借贷市场上起着“过滤功能”，民间金融组织稳定的高利率是对农村市场上关于还贷风险的资讯不对称分布的反应。郭斌、刘曼路③通过对温州地区“排会—钱庄”的演变，探讨民间金融从互助组组织到营利性组织的演变。张震宇描述了近年来温州地区民间信用活动新的发展趋势：间接融资逐步减少，但互助性质的“呈会”非常普遍，这体现了 1990 年代中期以来国家政策对民间金融制度变迁的影响：从间接金融回到直接融资，从营利性组织回到互助性组织。

针对民间金融效率的讨论存在两种观点：一种观点是农村中的金融市场与民间金融市场是分割的，彼此不能有效地替代，与完全竞争市场相

---

① 郑振龙：《金融制度设计与经济增长》，经济科学出版社 2009 年版；第 203—205 页。

② 胡金焱等：《非正规金融与小额信贷：一个理论评述》，载《金融研究》2004 年第 7 期，第 123—131 页。

③ 郭斌等：《民间金融与中小企业发展：对温州的实证分析》，载《经济研究》2002 年第 10 期，第 3—10 页。

比，效率是低下的。另一种观点则认为我国正规金融市场与民间金融市场是统一的，农村非正式金融市场具有完全竞争的特点，其均衡可被视为完全资讯条件下的竞争性均衡，因而是高效率的[①]。史晋川等人的研究更是证明，民间正式金融机构（如城乡信用社）比国有金融制度更适合于体制外产出增长的金融需要。林毅夫、孙希芳构建了一个包括异质的中小企业借款者和异质的贷款者（具有不同资讯结构的非正规金融和正规金融）的金融市场模型，证明非正规金融的存在能够改进整个信贷市场的资金配置效率。他们发现，金融市场的分割和非正规金融的市场特征是市场主体各自优化行为和相互影响的结果，从而得出资讯不对称造成的逆向选择和道德风险是民间金融广泛存在的根本性原因，“金融抑制”只是一个强化因素。

很多文献也表明，在中国中小企业信贷市场上，民间金融形成了对正规金融的替代。郭为研究得出结论：民间金融是经济增长一个非常重要的因素。陈时兴、蔡祖森[②]认为，农村民间金融通过发挥降低风险、优化资源配置、动员储蓄等功能，对经济增长起到拉动作用；农村民间金融在满足中小企业融资方面具有资讯优势、交易成本优势，为民营中小企业发展提供了资金来源。刁怀宏的研究表明，民间金融可以有效地解决民营经济的融资问题，促进经济增长。民间金融对民营中小企业的融资起着支援作用。一般认为，民间金融对经济增长的作用机制主要体现在拓宽了中小企业的融资管道上。Kellee Tsai 在比较了长乐、惠安、温州和郑州的四地经济发展路径以及四地民间金融的发展状况后，得出结论：温州民间金融兴盛的原因是，改革开放前，国家基于地理上的战略考虑，有意忽视对温州的投资；改革开放之后，当地政府对民营经济给予大力支持以及对金融创新的积极推动。他把民间金融在我国各地区发展的差异性归结为地方政府对待民营经济在政策上的差异性，从事实上说明了民间金融是内生于民营

① 郑振龙：《金融制度设计与经济增长》，经济科学出版社 2009 年版，第 211—213 页。

② 陈时兴、蔡祖森：《农村民间金融的双重效应与发展对策》，载《中共浙江省委党校学报》2007 年第 4 期，第 95—98 页。

经济的金融形式。张乐柱[①]认为，民间金融填补了金融服务空白，促进了个体民营经济发展；拓宽了投资管道，带动了民间投资的发展；作为突破现有产权制度金融创新，民间金融能够带来更大的制度性效率。罗丹阳[②]认为，民间金融有助于克服中小企业的弱质性，克服中小企业的融资约束，同时也克服了中小企业的融资需求约束，促进了中小企业发展和壮大。郭斌、刘曼路对温州民营中小企业所作实证分析指出，年销售额在100万元到500万元的企业回馈"需要民间资金融资"的占64%，年销售额500万元到1000万元的企业的相应比例为55%，这说明中小规模的企业对民间金融的需求最为强烈。已有大量的研究对民间金融规模及发展规律进行了比较一致的阐述：民营经济起步发展及初步发展时期，民间金融呈持续、快速发展，民间金融规模所占比率（占金融总量的比重或占正规金融的比重）出现明显上升；在民营经济进入比较发达阶段后，民间金融规模所占比率在出现一段时间的下降后呈相对稳定特征（从后面鄞州经济实证分析中也证明了这点）。央行抽样调查显示，2004年浙江宁波的民间融资85%用于生产经营，在温州，比例为93.3%[③]。李建军[④]对民间金融的金额进行了测算，得出2003年我国民间金融信贷金额在7000亿元左右。农户间自由借贷是我国农户融资的主渠道。何文广、曹力群、温铁军、史清华、陈凯等人的结论大致是，民间借贷在农村金融中的比重越来越大，并且，发达地区民间借贷的用途主要是生产性投资，而欠发达地区的主要用途是满足生活性需求。

在对民间金融正面效应与负面效应研究的基础上，我们发现，正是由于民间金融的自发性及游离于法定界限之外的特殊性，使其本身一些特定

---

① 张乐柱：《农村民间金融合作化问题研究》，载《农业经济问题》2008年第4期，第10—14页。

② 罗丹阳、殷兴山：《民营中小企业非正规融资研究》，载《金融研究》2006年第4期，第142—150页。

③ 《2004年中国区域金融运行报告》，载《金融时报》2005年5月26日，A03-03。

④ 李建军：《中国地下金融规模与宏观经济影响研究》，中国金融出版社2005年版，第54—55页。

的内在缺陷凸显，同时不可避免的对经济发展造成负面影响。陈时兴、蔡祖森认为，农村民间金融具有较大自发性和分散性，对经济金融运行也有一定的负面影响，增加了宏观调控难度，运作不规范带来安全隐患等。倪丹容、李浩认为，非正式金融市场在一定程度上制约了货币政策的有效性，主要表现在：导致货币供给内生性增强和货币供给量可控性的降低；导致货币流通速度不稳定；导致二元金融结构与区域金融的回流效应对货币政策有效性的稀释。但是因此企图消灭民间金融是不现实也是不必要的，政府应当客观地正视民间金融在我国经济增长中所起到的积极作用，采取一定的政策经济引导，防止其逆向变迁。李刚[①]认为：由于非正规金融发端于组织化和制度化程度较低的摇会和钱庄等私营金融机构，政府对民间金融应采取加强规范管理的制度取向。胡金焱、李永平[②]主张，政府应当通过法律形式赋予一些有效的非正规金融以合法的地位，为其提供法律依据和法律保障，从而为交易双方建立一种稳定的制度预期。

通过对金融发展理论、农村金融发展理论、新制度经济学发展理论等国内外相关理论和研究文献进行回顾、分析和综述，旨在为本研究提供理论基础理论与借鉴，以确立研究视角和分析范式。在对国外有关民间金融理论与文献研究的梳理中发现，国外的相关研究，是建立在其成熟的市场经济基础上形成的金融理论与金融实践，对正在发展中的中国具有十分重要的启迪和借鉴意义。国内对民间金融的研究及文献也十分丰富、翔实，成果很多，从国内金融研究文献来看，虽然是在西方金融发展理论的框架内进行研究的，理论上没有完全摆脱西方金融发展理论中存在的一些缺陷。王少国认为，国内研究最大的贡献在于弥补了中国金融发展理论的研究空白，缩小了与西方金融发展理论研究的差距，为本研究提供了研究的理论框架，更多的研究文献同时也提供了极具参考价值的思路，为把握民间金融发展主脉络获得借鉴与启迪。

---

① 李刚：《发展民间金融的制度经济学分析》，《商业时代》2006 年第 3 期，第 53—54 页。

② 胡金焱、李永平：《正规金融与非正规金融：比较成本优势与制度互补》，《东岳论丛》2006 年第 2 期，第 116—120 页。

通过对相关文献梳理，通过学者对民间金融达成的共识，为本研究建立了研究视角。陈建新认为，（1）民间金融在满足农村多样化的资金需求，促进农民消费、投资以及应对风险上都有无法替代的作用，是正规金融的有益补充。在当前发展中国家的正规金融体系还未十分健全和发达、现代的金融机构尚未惠及许多农村地区的情况下，民间金融充分地开发和利用了资讯、关系、社区法则等各种社会资源，从而化解因资源稀缺和资讯不对称性带来的制约，缓解居民的融资约束，不失为一种次优的选择；（2）农村民间金融对农业增长、农村发展和农民增收具有积极作用，不仅有利于农民建立现代信用观念——资金的有偿使用和增值收益，还可以弥补正规金融供给的不足，促进民营经济的发展，实现农村储蓄投资转化机制的顺利运行。应该积极鼓励正常的民间金融活动，承认其合法性，降低金融市场的准入门槛，使具有一定规模和管理制度的民间金融组织浮出水面，并在竞争中推动农村金融机构的可持续发展①。

① 姚耀军：《中国农村金融研究的进度》，《浙江社会科学》2005 年第 4 期，第 2—4 页。

第三章　宁波地区民间金融供求特征与均衡供需的路径选择

改革开放以来，宁波经济保持持续快速增长，成为中国民营经济最发达、市场经济发育最成熟的地区之一，也是全国经济发展最具活力的地区之一。之前由于众所周知的原因，这个地区几乎被忽略与遗忘了，没有投入，没有发展。1984 年进一步对外开放以后，仅 1984 年和 1985 年两年完成的城市建设工程量相当于前 32 年的总和。目前宁波以占浙江省 10% 的土地面积，创造了浙江省 20% 的生产总值、财政收入和工业总产值。2008 年城市化率达 63% 以上，农村全面小康实现程度达 80% 以上，城乡居民收入比为 2. 219: 1，农民人均纯收入增幅已连续四年超过城镇居民，在全国 15 个副省级城市位居第一，农村居民人均纯收入约为 1980 年的 45 倍。所辖县市悉数进入全国百强，城市综合竞争力连续数年跻身全国十强。究竟是什么因素可以使其发展有如此之高的效率，市场歧视和金融抑制给民营经济融资造成的阻碍，使得那些既不能通过外源融资，又不能从正规金融体系获得发展资金的企业由于民间金融活力得以发展，有效的民间借贷被视为宁波经济发展的重要因素，直接促进了宁波经济发展中资本的形成和经济增长。

宁波人对民间金融与民间借贷向来不陌生，民间金融长期活跃于宁波地区，在国家严厉管制下，相当长的时期民间金融成为宁波地区金融服务主体，很好地适应了宁波地区金融需求的特点，运行中既没有出现资金外流，也没有出现大的系统性风险。中央财经大学课题组研究表明：在对当地经济的影响这方面，中小企业经济较为发达的浙江、江苏等，地下金融的正面影响比较大，影响指数达到 20% 以上；而在东北部地区，以辽宁为例，其地下金融对于当地经济最具有危害性，影响指数接近 -30%①。作为一种自发金融制度安排，宁波民间金融的兴起与发展充分显示了诱致性制度变迁在经济制度转轨中的巨大作用，对宁波地区民间金融的研究有着特殊意义与研究价值。

第一节 宁波地区民营经济增长模式分析

宁波素有“儒商摇篮”、“商贾之乡”之称，是一个历史悠久、人文荟萃、工商业发达的港口城市。闻名遐迩的“宁波帮”是宁波商人在开展商事活动中逐步形成并发展起来的一种群体称谓，是历史上著名的商帮，它形成于明朝万历至天启年间，鼎盛于五口通商之后，21世纪再度称雄于海内外，许多人成为工商界或金融界的巨子，如包玉刚、邵逸夫等。早在20年前，邓小平同志提出“把全世界的宁波帮都动员起来建设宁波”。目前宁波经济社会发展已进入工业化中后期和城市化加速期阶段，形成新型城市化和新农村建设双轮驱动发展格局。

一 草根经济与民营经济奇迹

从1978—2008年，宁波地区生产总值从20亿元飞跃至3964亿元，综合竞争力跻身全国10强，2008年工业总产值突破万亿元，成为继深圳、广州后第三个工业总量超过万亿元的城市。宁波现有个体工商户、私营企业和其他混合型企业在内的民营经济实体接近30万家，占全市企业总数的91.5%，2008年民营经济共创造产值1468.76亿元，占宁波GDP的83%，占到宁波地方经济总量85%，对全市工业增长的贡献率超过60%，创造的利税约占全市70%，创造的就业岗位接近全市的85%，民

① 李建军：《中国地下金融规模与宏观经济影响实证》，中国金融出版社2005年版，第151页。

营经济活力指数位居全国前列①。象山、宁海二县，余姚、慈溪、奉化三个县级市，所辖县（市）全部跨入全国百强行列，慈溪和余姚在全国综合经济实力百强县（市）中排名第14位和第18位，均以制造业发达而闻名，在鄞州、慈溪、宁海等地仅个体工商户和私营企业经济贡献税收已占当地财政收入的六成以上②。

宁波经济是典型的“草根经济”，由于历史的原因，国家基本上没有投资与建设，1978年生产总值不到20亿元，农民人均纯收入只有100余元。薄弱的城市工业无法给予农村以有力的支持，更谈不上向农村扩散产品、提供设备和吸纳劳动力。在这种情况下，宁波农民发扬了“敢为天下先”的创业精神，在资源、耕地匮乏，经济和文化落后，政府无投资、集体无家底，国家对发展民营经济政策还不明确的条件下，扬长避短，从家庭作坊、小商品市场、个体、私营企业、乡镇企业逐步发展起来以民间投资经营为主体的经济方式开始了创业，形成了以个体和私营企业为基础，以市场为依托的经济发展格局，走出了一条彻底的民营化、市场化为特征的区域经济发展道路，最终形成了以民营经济为主体的经济发展格局。由于民营经济的微观主体以分散的中小企业为主，以中小型企业为主体的民营经济成为宁波经济发展的重要力量，中小企业一统天下，一个个家庭变成企业，一个个村庄变成城镇。宁波也因此成为中国中小企业最集中的地区之一。出生于草根的宁波帮凭着“敢为天下先”精神创造宁波发展的奇迹。《福布斯》杂志在评价宁波商业环境时指出：民营经济的活力是这个城市的精髓。宁波民营经济的特点表现为以下几方面：

第一，经济总量大。宁波经济总量规模居于浙江省首位，工业总产值占全省的三分之一，其中95%以上是民营经济创造的。民营经济基本以个体和私营企业为主，占全省中小企业的五分之一强。制造业发达，与制

① 《宁波民营经济发展报告》，2008年3月。

② 《长三角年鉴》，中华书局2008年版，第264页。

造业配套的加工厂众多，具有数量多、规模小、分布广的特点[①]。具体见表3－1和表3－2。

表3－1　　　　个体、私营企业总量相关指标情况

年份	私企户数（万户）	注册资金（亿元）	个体户数（万户）	资金数额（亿元）
1978	0		187户	
1992	0.226		14.75	
1997	1.981		19.43	
2000	3.00		22.1	53.1
2006	8.32	1132.75	24.93	88.93
2007	9.30	1422.90	25.73	95.91
2008	10.80	1624.19	26.77	103.46
2009	11.38	1873.58	27.31	111.95

资料来源：2008年浙江非国有经济年鉴。

表3－2　　　　宁波市历年个体工商户从业人员发展情况

年 份	从业人数（人）	增长率（%）	年 份	从业人数（人）	增长率（%）	年 份	从业人数（人）	增长率（%）
1980	4689		1990	239892	10.1	2000	380888	2.35
1981	6858	46.3	1991	234465	2.3	2001	373504	0.62
1982	12320	79.6	1992	252492	7.1	2002	371626	0.5
1983	28135	128.4	1993	271394	7.5	2003	380925	2.5
1984	69626	147.5	1994	303556	11.9	2004	410530	7.8
1985	111646	60.4	1995	355248	17	2005	397843	3.1
1986	125599	12.5	1996	376217	5.9	2006	482600	21.3
1987	160407	27.7	1997	343372	8.7	2007	500900	3.79
1988	199157	24.2	1998	351539	2.4	2008	540000	7.24
1989	217882	9.4	1999	372000	5.9			

资料来源：2007宁波市个体工商户发展报告。

① 《2007浙江省中小企业发展报告》。

第二，企业规模小且地域分布不均衡。在宁波市所属的县（市）区中，民营经济的微观主体以分散的中小企业为主，江东区、海曙区和象山县的工业全部是中小企业，微型企业更是不计其数。① 从规模以上中小工业企业总产值占规模以上工业企业总产值的比重来看，奉化市和镇海区中小企业比重明显低于其他县（市）区，仅为51.5%和35.9%，其他县市区中小企业比重由高到低依次为海曙区（100%）、江东区（100%）、象山县（100%）、余姚市（97.8%）、慈溪市（97.1%）、宁海县（96.4%）、北仑区（92.6%）、鄞州区（91.3%）、江北区（89.7%）。根据对私营企业和个体工商户数量进行划分，可以得出相关的空间布局，私营企业数量按5000家以上、3000—5000家和3000家以下的标准，划分为高、中、低三个等级，个体工商户数量按30000户以上、30000—10000户、10000户以下三个等级，见表3－3和表3－4。

表3－3　2007年度宁波私营企业数量空间分布等级

高	中	低	
高	余姚、慈溪、鄞州		
中		奉化、海曙、江东 江北、镇海、北仑	
低		宁海、象山	保税区、科技园区等

资料来源：2008宁波民营经济发展报告。

表3－4　2007年度宁波个体工商户数量空间分布等级

高	中	低	
高	余姚、慈溪	鄞州	
中		奉化、宁海、象山、北仑	
低		海曙、江东、镇海、	江北、保税区、科技园区等

资料来源：2008宁波民营经济发展报告。

① 从资金数额情况看，宁波市个体工商户总体规模较小，资金数额5万元以下的个体工商户数量占到全市个体工商户总量的77.5%。其中，资金数额1—5万元的个体工商户为81168户，占34.7%；资金数额0.5万元以下的为67681户，占29%；资金数额0.5—1万元的为32312户，占13.8%。资金数额10万元以上的占全市个体工商户总量的10.6%。

从表3－3中可以看出宁波私营企业空间分布情况：高数量高产值的集中在慈溪、余姚、鄞州，中数量中产值集中在奉化、海曙、江东、江北、镇海和北仑，低数量低产值的集中在宁海与象山。而个体工商户的空间分布格局与私营企业大致类似，表明宁波北部区域的规模与效益较高，市五区和南三县属于中等水准，显然这与地区的基础及发展历史相关。慈溪、余姚是宁波中小企业发展最具代表性的地区。慈溪共有各类工商企业6万多家，平均每5户家庭就有1户在经商办企业。仅余姚、慈溪地区截至2008年4月底，共有各类经济主体34171户，宁波全市每4户企业中就有超过1户在余姚、慈溪地区注册。而从个体工商户来看，截至2009年3月底，全市数量最多的县（市）区也是慈溪，为51908户，占全大市的20.0%；其次是余姚，为41727户，占全大市的16.1%。

第三，行业分布广且块状经济特征明显。中小企业在以市场为导向，充分发挥当地的资源和传统加工优势下，形成了特色明显的区域经济特色。在国民经济行业分类的40个工业大类中，宁波中小企业均已涉及，其中规模以下工业企业就涉及34个行业。出现了余姚的塑胶、慈溪的打火机、宁海的文具和模具制造业、象山爵溪的针织衫裤等多个“一镇一品”、“一村一品”专业生产群体，慈溪目前是饮水机、电熨斗、欧式插座等14个产品的全球生产基地，沁园的净水器、先锋取暖器市场占有率稳居全国第一。由于以制造业经济为主体形成了特色明显的区域块状经济，目前宁波共有各种产业集群145块，所有块状经济分布于宁波广大农村地区，其基于产业群而发展起来并通过产业群的方式实现。由于产业群的形成是中小民营企业自我发展并与政府间不断博弈的产物，也是市场理性发展的结果，同一地区多个中小企业共同构筑价值链，通过弹性专精的分工协作，形成地方生产系统，获得外部规模经济和范围经济效应、协同效应和体制效应，形成良性的产业集群运行机制①。从表3－5宁波、温州、绍兴三地农村中小企业行业分布情况，可以看出在宁波农村地区中小企业的行业呈块状分布，

① 田剑英：《民营经济可持续发展的对策研究》，中国社会科学出版社2007年版，第25页。

纺织服装、鞋、帽制造业、金属制品、通用设备制造业、塑胶制品业、电器机械及器材制造业更集中，一方面反映了宁波块状经济特征，也说明了宁波农户非农化特征非常明显。另一方面体现了行业以传统行业为主，基本上是劳动密集型传统制造企业。这说明，在最初发展中寻求投资少劳动密集型行业是发展必然选择。由于中小企业更多的是农民自己创业，是实实在在的"老百姓经济"，这也成为宁波经济内生性增长的基石。

表3－5　2005宁波地区农村中小企业行业分布　（个、%）

行　业	宁　波	温　州	绍　兴
以农产品为原料	9.17	3.13	12.95
纺织业	3.88	1.07	33.73
工艺品及其他	8.98	17.52	10.02
纺织服装、鞋、帽制造业	15.29	9.15	5.70
金属制品业	29.6	10.80	7.94
通用设备制造业	25.13	16.88	10.11
塑胶制品业	38.86	11.14	4.33
电器机械及器材制造业	26.83	33.18	7.58

资料来源：2007浙江省中小企业发展报告。

二　乡镇企业发展与制度变迁

经济内生性增长的自主创业、自我发展源于乡镇企业[①]的兴起。在中国乡镇企业以及以乡镇企业为代表的农村工业化的兴起，不仅为农民提供就业机会和增加收入，改造农村传统结构，进而对推动国民经济发展起到重大作用，而且也深刻地改变着国民经济发展型式和经济流程[②]。宁波人多地少，剩余劳动力出路及进一步增加农民收入的问题突出，乡镇企业就成为农村经济进一步发展的要求，也体现了农村经济内生出参与工业化的

① 按照现行的统计口径，乡镇企业包括农村私营企业、个体独资企业、集体企业、股份合作企业、联合企业、有限责任公司、股份有限公司和其他企业等。

② 《中国农村研究报告（1990～1998）》，第1172页。

要求。宁波乡镇企业萌芽于20世纪50年代，崛起于80年代，提高、壮大于90年代。50年代宁波以农村“木、铁、泥、石、篾”五匠为主的手工业者，办起了一批以手工操作为主的小加工厂，开始形成社队企业，从事一些小农具、小塑胶、小五金、土纺土织之类的简易低级产品加工，属于农业中的副业，后逐渐从农业中分离出来。到1976年宁波市乡镇企业不过1282家，从业人员12.49万人，工业总产值不到5亿元。在地少人多的农村，要生存必须让一部分农村劳动力转移出来，由于当时城市紧缺工业品，弥补市场的缺口为乡镇企业兴起提供了条件，兴办乡镇企业便成为一条出路。70年代末80年代初国民经济结构调整为乡镇企业的发展提供了市场空间，于是乡镇企业利用市场机制对资源配置的基础调节作用，打破农村单一经济格局，缩小城乡差别、工农差别，在部分农民告别了“日出而作、日落而息”的生活基础上，开始成为推动农村工业化的主导力量。到1992年宁波乡镇企业总产值已经达到近300亿元，占全市工业产值的70%以上，形成“四分天下有其三”的格局。全市年产值超过千万元的乡镇企业达449家，鄞县、慈溪、余姚进入全国乡镇企业百强县，目前宁波9万多家民营企业，大部分是从乡镇企业发展起来的。

但随着乡镇企业的发展，影响其发展势头的体制性问题及矛盾开始显现，所有者缺失、产权性模糊的、政企不分，生产要素不流动、布局分散，加之又缺乏有效的约束监管机制等问题，使得乡镇企业发展的机制优势逐渐消退。包盈不包亏；明盈实亏、穷庙富和尚；老子办公厂、儿子办私厂、集体资产流失严重；大锅饭、铁饭碗等现象，在宁波乡镇企业同样存在。严重的是产权制度方面的缺陷不仅导致企业行为短期化，以及这种短期行为对积累机制和市场秩序的扰乱，而且弱化企业内部的激励机制以及损伤企业自身的信用基础。更为关键的是，经过十余年的发展，资金筹集机制已经日益成为制约乡镇企业发展的“瓶颈”，而农村金融的抑制和萎缩又进一步制约了发展。在这种情况下，潜在的制约因素演变成危及企业生存的制度危机，于是20世纪90年代以后，宁波开始大规模的乡镇企业制度创新，进行地方政府主导下的乡镇企业民营化改革。1993 年以产权制度改革为核心的乡镇企业转换经营机制试点在各县（市）区推开，采取了拍卖、租赁、股份制改造等多种形式，大量原来由政府所有的企业被以各种形式出售和转包给个人，即产权制度的改革和经营管理体制的改善。到 1998 年底，宁波全市 17904 家镇（乡）、村集体企业实行各种形式转制的有 16607 家，转制面为 92.75%，镇、村两级在企业的集体所有者权益为 70.7 亿元。2000 年全部完成改造，基本上转化为民营经济。当时宁波乡镇企业产权制度改革走在了全国前列，被称为“宁波经验”。与此同时，宁波的不少个体工商户和私营企业也完成资本积累，逐渐向现代企业制度方向发展，由过去的个体制、家族制逐步转向合资、合作、股份制运作的模式。

宁波通过 1993—1994 年以股份合作制为主要内容的产权制度改革和 1997—1998 年以现代企业制度为主要内容的改革，彻底摆脱和改变了乡镇企业发展弊端，从根本上完善和优化了企业经营机制，产权制度和经营方式创新，增强了企业的生机和活力。1997 年乡镇工业经济总量已居全省首位，居全国计划单列市第一位。至 2007 年，民营经济创造的工业增加值已占宁波市全部工业增加值的 82% 以上。乡镇企业的发展是我国农民和基层的创举，体现了农村经济内生出参与工业化的要求，产权制度改革挖掘了企业发展的内在动力，促进了生产力的发展和提高，实现了制度创新。但发展企业需要投入，为了筹集企业发展资金，搞股份制，集资、民间借贷成为当时解决资金的主管道。观察表 3－6 从宁波、温州、绍兴三地的中小企业发展情况，可以看出宁波中小企业实力。其中，从企业的运行效率看，宁波最高，企业户均利润达到 31.5 万元，企业平均规模也是最大，每家企业从业人员平均达到 22 人①。

① 《2007 浙江省中小企业发展报告》。

表 3-6　　2005 年宁波市农村中小企业发展情况　（个、万人、亿元）

	企业数	从业人员	工业总产值	增加值	销售收入	利润总额	实缴税金	资产合计
宁波	98374	215.9	5416.7	1084.6	5094.5	310.3	173.1	3070.6
温州	72320	144. 3	2414.1	573.8	2291.6	119.6	104.0	1591.6
绍兴	105212	133.8	4169.1	802.4	4038.6	268.0	105.0	2767.7

资料来源：根据 2007 浙江省中小企业发展报告整理。

对宁波这样非农收入占一定比例的地区，从表 3-7 也可以看出中小企业的发展与农民人均纯收入增长情况，中小企业的数量多，农户收入相对就高，非农化特征很明显：企业数量多，产值高、贡献大，快速增加农户的收入。对农户不同类型的区分和判断是研究农户借贷行为的基础，以往对农户的研究多建立在经营耕地规模上，显然宁波的农户更多的已经不是传统意义上从事农业的理性小农。

表 3-7　　2006 宁波地区农村中小企业发展与农民人均纯收入情况

	农村中小企业数（万个）	从业人员（万人）	工资总额（亿元）	总产值（亿元）	农民人均纯收入（元）
宁波	9.9	219.1	294.6	5474.4	7810
温州	7.7	146.9	157.9	157.9	6845
绍兴	18.2	170.8	230.7	5253.7	7740

资料来源：2007 浙江省中小企业发展报告。

三　“甬人善商”与“甬商钱庄”

民营经济为主，块状经济为特色的经济发展格局实现了宁波的经济增长。之前宁波商人从航海、贸易扩展到金融和工矿等实业后，又从典当、钱庄、银号等旧式金融业步入向银行、信托投资、保险、证券等现代金融业发展，丰富而独特的宁波地域文化内涵是这一切的基石。

第一，宁波帮的创业文化与创业精神。阳明学派的哲学思想与宁波地区的理财传统造就了举世瞩目的“宁波帮”。文化传统是历史赐予宁波的一份厚重的文化遗产，并成为当今宁波经济和社会发展中的一种精神力量，他们勤奋务实、互助互信、文明理财、志存高远。宁波人素有经商传统，善于经营。据《隋书·地理志》载：宁波“南通闽、广，接倭人；北距高丽，商舶往来，物货丰溢，衣冠文物，甲于东南”。民谚有云“无宁不成市”，即“国内名都大埠，工商所期会，必甬人开其先，外而欧美列邦，舟车所至，人力所通，罔不至焉。”正是这种力量，早在 100 多年前就孕育出了享誉海外的“宁波帮”，成为一个充满生机和活力的独特群体。宁波商帮的商业智慧更多地受到浙东传统文化的良好影响，比如阳明学派的“德贵于行”，王阳明的“知行合一”，尤其是黄宗羲的“经世致用”、“工商皆本”思想。在“经世致用”，强调“工商皆本”、“义利并重”丰富而独特的地域文化内涵下，形成了“甬人善商”的形象。“宁波帮”是中国近代最大、最有代表性的商帮。勤奋务实的创业精神、勇于开拓的开放精神、敢于自我纠正的包容精神、捕捉市场优势的思变精神和恪守承诺的诚信精神……这些不具地域性和时间性的浙商精神本质内涵是永恒的，也是宁波帮永恒的精神财富。

第二，甬商钱庄。金融业，宁波帮为中国开创了一个时代。悠远、发达的商业文化赋予了宁波地区深刻的金融文化底蕴，崇尚勤俭、善于理财是宁波帮各界人士共同的经营特色。宁波历来以发达的金融业而闻名。清乾嘉间，宁波商业繁荣所带来的货币大流通，在江厦街形成了以经营钱业为主的“钱行街”、宁波钱业创造的“过账制度”揭开了中国近代金融史的序幕。宁波的钱业与京、津、沪、汉等地的宁波帮的钱庄相通，形成一个巨大的存、放、汇一体的业务网，有力支持了宁波帮在外埠的发展。至清末，宁波帮率先把近代银行、保险、信托、证券等新型金融业模式引入中国，相继创办了国内首家商业银行、首家证券交易所、首家保险公司，对近代上海金融中心的形成起到了巨大的推动作用。

发达的商品贸易促使了宁波金融业的产生和发展。在商品贸易中，不少人积累起巨额资本，进而投资各行各业，包括钱庄、典当等金融业，行商坐贾，遍于各地。值得一提的是“甬商钱庄”。钱庄是中国传统的民间金融组织，宁波钱庄业的兴起约在 16 世纪中叶和 17 世纪初期，此前的信用机构则以典当为代表，存放款信用业务主要由典当经营，是在社会高利借贷普遍存在的情况下产生和发展的，乃基于广大的小生产者及其脆弱性和不稳定性。钱庄兴起后金融以钱庄为中坚。甬商钱庄是中国钱庄业发源地之一，是明清时期由宁波商人经营的民间金融组织，是当时各种金融机构中最具代表性和引人注目的金融枢纽，在中国金融制度史上有着重要的地位。在乾隆十五年（1750）以后的 100 多年中，甬商钱庄得到进一步的发展。这一时期，甬商钱庄业资本雄厚，不仅在本地发展，而且大批钱商到全国各地开设钱庄。清康熙六年（1667），慈溪、余姚人已在北京创建银号和钱庄业的行会组织“正乙祠”。稍晚些的有北京著名的“四恒”：恒利、恒兴、恒和、恒源，多数由慈溪人投资。同治年间（1862），宁波商人在杭州开设慎裕、豫和、赓和、阜源、阜生、和庆、元大、惟康、介康、寅源、仑元等钱庄近 20 家。据浙江巡抚乌尔恭额称：19 世纪 40 年代以前，在浙江境内，宁波府属的鄞县，“逼近海关，商贾辐辏，钱铺稍大”。19 世纪 70 年代起，甬商钱庄业开始进入全盛期，一直持续到 20 世纪 30 年代初。这一时期，甬商钱庄业不仅开业家数多、资本量大，而且经营高度集中于江厦街一带（现在的三江口），业务范围也大为拓宽。整个阶段，有牌号记载下来的，先后开业的钱庄有 400 多家。钱庄集中在一起，显然已经不再局限于银钱兑换和买卖，而主要从事资金的划拨和清算。从资本量上看，这一时期，甬商钱庄业资本位居各业之首。据鄞县政府统计科调查，1931 年市区共有各类厂商 5599 家，资本总额 412 万元，其中钱庄 160 家，拥有资本 420.25 万元，占社会总资本的 29.8%，见表 3-8。从清同治五年（1866）以后约 20 年时间里，上海位于租界的钱庄多为宁波人所有。光绪二十九年（1903），上海南北市钱庄共 82 家，其中宁波籍 22 家，占 26.8%。民国时期时人闲谓：全国资本集中于上海，上海资本以金融为最，金融资本则以甬人居其先。

表 3-8 甬商钱庄业分县情况

县别	家数（家）	占全省（%）	拥有资本（万元）	占全省（%）	平均每家资本（元）
全省合计	632		856	13544	
宁波小计	193	30.54	420.24	49.10	21774
鄞县	115	18.20	358.76	41.91	31197
余姚	23	3.64	34.56	4.0	15026
慈溪	11	1.74	5.24	0.61	4764
象山	6	0.95	6.16	0.72	10267
奉化	27	4.27	4.77	0.56	1767
镇海	11	1.74	10.75	1.26	9773

资料来源：《中国实业志（浙江省）》，民光印刷股份有限公司 1933 年版。

甬商钱庄主要是由货币兑换起家，不仅具有多样化的金融功能，即存放款、汇兑、发行票据等业务，而且不断创新着金融信用制度，恰恰就是这种制度创新，成就甬商钱庄。在新式银行还未设立前，钱庄与票号就已存在，它们利用各自的信用工具为社会资金清算服务，共同承担着促进商品流通的重任。而甬商钱庄首创的过账制、以银元为本位的核算制、以日计息制的钱庄特色，由于低成本、高效率促进经济与金融互动。过账制度，是一种近似现代开户结算的票据交易制度，即各行各业的资金收支，从使用现金改为借助钱庄进行汇转，实行统一清算，不用票据，而用簿折。过账制度的实施意味着现代金融业的票据交换办法在中国的开始。过账制度的推行，也使甬商钱庄统揽各业收付，由此提高了甬商钱庄在整个经济生活中的地位和作用。由于经商最重要的是资本资源，而资本弱小、势力单薄的宁波商人资本筹集成为一大难题。当市场中存在一个对资本的极大需求时，由于钱庄进行现收现付交易，无法创造信用，于是宁波人将票据功能进一步扩张与拓展，使信用膨胀，极大地满足了商业上的资金需求。聪明的宁波人从制度创新入手，运用金融制度的改进，将原来属于流通领域的货币转变职能成为资本工具，弥补和克服资本匮乏的不利条件，迅速且大踏步地登上近代中国经济舞台[1]。国内学者基本上一致认为，过账制度是宁波人对中国金融的创造，属于金融制度创新，过账制度实现了钱庄的制度创新，奠定了宁波钱庄在金融业的地位。这一制度支持与刺激了甬商的发展，对促进商贸繁荣曾经起过相当大的作用，“宁波之码头日见兴旺，宁波之富名甲于一省”。

甬商钱庄业在近4个世纪的发展历程中，以发达的工商贸易为依托，创造了中国钱庄业发展史上的奇迹，使宁波赢得了“过账码头”、“多单码头”、“信用码头”之称。甬商钱庄在坚守信用的原则下，主动实现了旧式钱庄制度向现代银行制度的转化，制度创新造就了“甬商钱庄”，而钱庄又为宁波帮崛起提供了足够的资本。历史上以地域联系为特征的各式商人集团，目前只有宁波帮依然活跃在商界。因此宁波地区民间金融的发展有着天然的优势，人们对这种来自民间的融资方式与管道并不陌生，有着解不开的渊源。宁波帮在工商界、金融界等领域不但影响了江浙、上海的进程，也影响了中国工商业、金融业的进程，还影响了宁波近20年来民营经济的发展[2]。宁波人有着天生的金融意识与敏感，正因为这样，在创业意识被激发而资本受约束下，认知度较高的宁波企业选择了民间借贷，宁波地区民间金融十分活跃，个人借贷及其互助在一定范围内长期存在。其主要诱因是来自高收益导向的供给和巨大的融资需求，金融力量一旦有效释放，金融对经济增长的推进作用则是巨大的。

综上所述，宁波经济实质上就是一种以市场经济为基础的民营经济模式，在市场上可以有效地配置资源。这种发展模式解决的关键问题之一是产权明晰。产权作为人类应付不确定性和外部性的一种基本制度安排，具有激励作用可以提高效率。经济有效率的前提就是产权明晰，制度经济学认为，不同的制度安排产生不同的经济行为和选择，而产权制度作为经济制度的核心对个体和企业的经济行为起着决定性作用。科斯指出，当交易

---

① 陈铨亚：《中国本土商业银行的截面：宁波钱庄》，浙江大学出版社2010年版，第65—85页。

② 《2008宁波民营经济发展报告》。

成本大于零时，产权的明确化对资源的有效配置起着关键作用。明确的私有产权之间并不是一种无摩擦的制度安排，它也可能导致资源配置的低效率或无效率。宁波乡镇企业向民营企业的转换过程是产权明晰的过程，在产权的实现过程中不同权利之间的权、责、利关系被界定清晰。由于私有产权是最接近完整产权的一种产权制度，私有产权所有不仅有动力关注别人行使自己的财产权利，而且更能积极地监督别人遵守和履行自己的财产义务。企业是建立在自然人所有制基础上的，委托人是对其财产拥有完全产权的许多个人投资者，由于委托人能够真正承担风险，就会控制代理机构中内部人控制。因此，作为产权的完全所有人同时又是有效监督者，合谋寻租的问题被抑制在很低的水准上，这样企业的生产就更加有效率。黄鹏进认为，民营企业由于其产权的明晰化，资源配置效率较产权相对不明确的企业高，从而企业的实际生产经营过程也更有效率。杨小凯在《专业化与经济组织》[①] 一文指出，专业化生产能够提高资源配置的效率，但在有中间产品交易的条件下也会增加交易费用，从而使专业化和交易费用成为两难选择，而市场的产生在一定程度上能缓和专业化和交易费用之间的矛盾，通过市场这种交易制度的创设可以减少内生交易费用。专业化生产具有其积极性，因而，越是专业化，就越容易达到最适生产规模，形成规模经济，也就能获得生产费用的节约。宁波民营经济的发展就是通过产业群形成块状经济，通过一个一个块状经济，利用专业经济和市场这种交易制度，形成规模经济，不断改进和提升经济发展效率。因此，当传统的乡镇企业不再具备其原有的竞争优势时，宁波乡镇企业及时进行全面的转制与改革，使转型后的民营企业能以新的机制投入新的竞争，从而构建了宁波强有力的制度竞争力基础。

---

① 杨小凯、黄肖光：《专业化与经济组织：一种新兴古典微观经济学框架》，经济科学出版社 2000 年版，第 23—53 页。

第二节　信贷配给与市场非均衡状态下的信贷供求

宁波民营经济快速发展的一个重要因素是宁波人选择了一个与民营经济发展相适应的金融市场，即以国有银行为主体，城乡信用社为基础，多种形式管道、多种金融机构并存的体系，而其中活跃的民间借贷进行着体制外循环，宁波绝大多数受信贷约束的金融需求实际上是由民间金融来满足的。这就很好地解释了为什么与宁波民营经济实现的经济增长极不相称的是，其贡献和从正规金融机构得到的贷款不成比例，民营经济在正规金融部门支援非常有限的情况下却奇迹般地发展壮大起来。宁波民营经济是通过民间资本投入，通过个人积累财富的分配方式影响并决定着经济增长。

一　二元金融制度安排

一国特定的金融制度从根本上界定金融发展的空间。农村金融制度是金融制度在农村金融方面的具体化，是通过对农村金融交易过程中的选择空间，约束人们之间的相互关系，从而降低农村金融交易费用，减少农村金融交易竞争中不确定性所引致的金融风险，最大限度地保护农民的利益，促进农业经济的发展。虽然农村金融深化政策在一定程度上促进了农村经济增长，但在中国农村金融深化政策对农村经济增长的拉动作用还不明显，没有给当前农村经济增长带来明显的效果，并且二者之间不存在显著的格兰杰因果关系，其表现是在中国农村正规金融的运作对于农村经济增长的需求来说是缺乏效率的。中国农村金融存在的问题主要就是二元金融制度安排，源于城乡二元经济结构。

经济发展理论表明，一个地区经济发展的过程往往是工业化和城市化的过程，在这一过程的初期，农村和农业承担着为工业化和城市化输送大量生产力、劳动力和资本的职能。20 世纪 50—70 年代许多发展中国家为迅速实现工业化，采取了进口替代或重工业优先发展战略，我国经济发展也不例外。中国作为一个传统的农业大国，工业化、城市化起步较晚，农业人口多，面对工业化战略大规模资金需求时，为了实现快速工业化的目标，国家只有通过打压或取缔农村其他金融形式等方式，人为扩大正规金融的空间，最大限度地为工业化战略积累资金，于是实施了人为低利率为特征的"金融抑制"政策，金融抑制正是内生于这种战略目标的需要，并且是随着其实施广度与深度的扩展不断强化。政府强有力的控制金融体系，农业和农村成为重要的输血基地。张杰认为，通过"强制储蓄"和人为的低利率等压榨农业的政策以实现资金从农业部门向工业部门的转移，从而使经济的发展呈现出强烈的二元特征。

二元结构的特征突出表现在金融方面为金融市场的二元金融结构，典型的二元金融结构特征表现为：从空间属性看，城乡金融市场二元分割，农村现代金融服务匮乏，城乡之间的金融市场体系发展严重不均衡；从制度属性看，还存在二元金融结构特征，既有遍布全国的国有银行和外国银行分支网路组成的有限的正规金融，同时还存在较大规模的游离于监管当局管制之外的非正规金融。二元化金融组织体系使得我国的金融组织机构布局极不合理，一方面，在大中城市和经济发达地区，以四大国有银行为龙头的商业银行居于过分垄断地位，而另一方面，在广大的农村、乡镇，非银行的金融机构却种类单一，数量较少。近几年四大国有商业银行，加速撤并县及县以下营业网点，使农村金融市场呈现出空洞化趋势。工业化战略不仅使我国在经济上出现二元结构，在金融上也呈现出无效率的二元特征：发达的城市金融部门和落后的农村金融部门，而且在农村金融部门还出现政府主导的正规金融和民间金融对峙的局面。现代工业部门的大公司能以非常优惠条件和很低的利息在有组织的金融市场上获取银行和金融机构的贷款；为了扶持农业部门的发展，发展中国家企图通过政策性的农业发展银行或农村信用社向农业和农村部门提供补贴性的农业贷款，这种使用成本极低的金融资源在供需严重失衡的作用下导致了信贷配给。相反，传统农业部门中农民和手工业者很难得到银行和金融机构的资助，只能在无组织的金融市场上获得民间借贷，甚至从一些高利贷者手中取得高息贷款。由于民间金融对于借款者比正规金融具有资讯优势，面临着更低的甄别和监督成本，以及更低的合约执行成本。由于两个部门不同的资讯成本，进而形成不同的资讯甄别机制和监督机制，导致了金融市场的分割，表现为金融二元结构。

主流发展经济学认为，农村金融市场上官方正式金融组织与非正式金融组织并存在发展中国家是一个很普遍的现象。中国农村金融改革是从集权的中央计划经济向市场经济过渡的过程中，采取增量的、渐进的改革方式形成的二元的双轨制体系。这种方式的制度供给虽然降低了制度演进过程中的时间成本和摩擦成本，虽然农村地区的金融总体发展水准有了较大的提高，但是，由于更多的是农村金融资产总量在原有金融结构和制度构架上的简单扩张，农村金融结构不尽合理、融资管道狭窄、农村金融工具单一等问题依然没有得到根本解决，很大程度上难以满足微观主体的制度需求，影响着金融资源在部门之间的配置，导致所提供的金融制度的低效率。因此金融制度非均衡性在农村金融领域体现为金融制度供给缺乏，农村信用社制度供给扭曲，政策性金融制度供给不足，特别是国有商业银行的结构性市场退出与民营金融的市场准入不匹配。当正规金融机构不能与农村经济体制改革、农村经济发展相协调时，由于存量不足与效率低下的农村金融困境导致民间金融活动随之趋于活跃。温铁军认为，农村正式金融的退出导致农村非正式金融的迅速扩展。与此同时，在中国广大农村，包括私人自由借贷、钱背和私人钱庄、合会等民间金融大范围存在，在许多地区甚至成为金融服务的主要提供者，但这些民间金融发展却长期游离于金融体系的整体框架之外。正式金融组织和非正式金融组织长期并存，后者所提供的金融服务比例远远高于前者，而且它们之间的功能和作用不能有效替代，构成了中国农村金融制度以及农村金融服务的一般图景①。

中国农村金融体系的演进与发展，可以说就是农村经济发展中正

① 张杰：《农产、国家与中国农贷制度：一个长期视角》，载《货币金融评论》2005 年第 4 期，第 8—27 页。

规金融机构和民间金融机构相互博弈的过程。金融制度安排表现为金融抑制下的金融市场中的政府失灵、市场失灵、功能失灵。政府主导下的制度安排体现为金融供给不足——政府失灵，利率不能正常发挥资源配置作用——市场失灵。在正规金融的信贷活动中，由于金融机构无法掌握借款者的资讯，也无法控制借款者的所有行为，导致了逆向选择和道德风险，而这便成为正规金融信贷活动所面临的困境。在这一困境下，信贷市场无法使更广泛的社会群体得到信贷支援，是一个无法完全出清的缺乏效率的市场，这在一定程度上为正规金融以外的组织发展提供了空间①。中国金融改革实践证明了金融的二元性是中国金融强制性制度变迁的阶段性改革绩效的体现，又是目前金融改革困境的制度根源②。由于金融“二元性结构”导致了金融功能失灵，而为了满足经济发展的资金需求，民间金融供给因素的重要性得到体现。

二 市场非均衡下的制度摩擦与制度变迁

中国农村金融改革是渐进改革下的金融制度演进纳入到政府主导的逻辑中，政府作为制度的主要供给者，由政府采取自上而下的方式建立的一种政府主导的金融制度安排，由于政府主导强制性制度变迁，农村金融市场非均衡推进，导致中国农村金融产品供给长期失衡以及农村金融资金外流，金融资源没有有效地运用到农村中小企业发展及农户收入增长方面，形成了政府提供了没有适应金融制度需求的安排。因此金融制度非均衡性在农村金融领域表现为金融制度供给缺乏，这里的非均衡是指对供给没有适应金融制度需求的安排。

王鹏飞等人认为，我国农村金融制度供给都是自上而下的以政府强制

① 胡金焱、张乐：《非正规金融与小额信贷：一个理论述评》，载《金融研究》2004年第7期，第103—131页。

② 汪曙霞、严玉华：《民间信用的演化模拟、失序控制与渐进式变革》，载《金融与保险》2004年第7期，第26—31页。

性为主导的，而不是自上而下的诱致性政府需求行为。二元金融结构就是在特定的金融制度下，金融供给和金融需求双方追求各自利益最大化的理性行为，导致双方博弈达到的一种均衡状态。面对9亿农民、国内60%的市场以及占经济增加值60%以上的民营经济（大部分在县乡以下），金融结构与经济结构严重不匹配。既有的规范化的制度安排，并不能化解农村资本稀缺的问题，制度供给的错位与不足，导致农村金融抑制并出现金融缺口的必然结果，因此民间金融满足了农村金融需求，成为农村正规金融机构的替代，内生于当地的民间金融便产生了，这恰是需求追随现象，符合派翠克的需求追随战略，即经济主体随着经济的增长产生对金融服务的需求，金融体系作为对这种需求的反映而不断发展的战略。需求和供给两方面共同导致了金融抑制，如果按新古典经济学家的观点放开市场准入，让利率自由浮动，供给与需求就会均衡，农村信贷缺口就会解决，金融二元性就会消失。但是金融自由化的改革只在极少数国家最终实现了金融发展对经济发展的良性推动，但大多数发展中国家包括我国实行的都是供给领先型战略，政府在压制民间金融的同时试图通过正规金融提供利率较低的贷款，并通过法律来限定利率的最高限作为诱致性制度变迁的结果，民间金融是由中国农村金融制度安排的缺陷造成的①。从表3－9农村资金供给构成来看，呈明显上升趋势，资金供应总量增加。

表3－9　　农村资金供应量　　（亿元、%）

年 份	财政资金	比重	信贷资金	比重	农村集体资金	比重	农民个人资金	比重	合 计	比重
1994	533	6.14	4644	53.48	1988.6	22.90	1519.2	17.49	8685.3	100
1995	574.9	7.21	3019.1	37.88	2367.7	29.71	2007.9	25.19	7969.6	100
1996	700.4	5.32	7123	54.10	2802.3	21.28	2540	19.29	13165.7	100

① 杜朝运：《制度变迁背景下农村非正式金融研究》，载《中国农村经济》2001年第3期，第23—27页。

续表

年 份	财政资金	比重	信贷资金	比重	农村集体资金	比重	农民个人资金	比重	合 计	比重
1997	766.4	5.15	8368.4	56.23	3055.6	20.53	2691.2	18.08	14881.6	100
1998	1154.8	6.76	10024.2	58.64	3233.3	18.92	2681.5	15.69	17093.8	100
1999	1085.8	5.98	10953.7	60.31	3343.1	18.41	2779.6	15.30	18162.2	100
2000	1231.5	6.52	10949.8	58.01	3791.6	20.09	2904.3	15.39	18877.2	100
2001	1456.7	7.01	12124.5	58.31	4235.7	20.37	2976.6	14.32	20793.5	100
2002	1580.8	6.79	13696.84	58.81	4887.9	20.99	3123.2	13.41	23288.7	100
2003	1754.5	6.36	16072.9	58.27	6553.9	23.76	3201	11.61	27582.3	100
2004	2357.9	7.65	17012.3	55.20	8086.5	26.24	3362.7	10.91	30819.4	100
2005	2848.9	7.37	21697.52	56.12	10568.5	27.35	3540.88	9.16	38655.8	100
2006	3305.7	7.28	25496.9	56.15	12955.1	28.53	3650.8	8.04	45408.5	100

资料来源：《中国统计年鉴》《中国金融年鉴》《中国农村统计年鉴》。

在农村资金供应中信贷资金一直是农村资金最重要的来源，其增长幅度也较为明显，但资金供求缺口随着时间的推移和经济的发展越来越大，见表 3－10。有限的资金供应远远不能满足农村日益增长的资金需求，严重制约了农村经济的发展。

表 3－10　农村资金供求缺口　（亿元）

年 份	财政渠道流出 (1)	金融渠道流出 (2)	总流出 (3) = (1) + (2)	资金供给 (4)	资金净供给 (5) = (4) - (3)	资金需求 (6)	供求缺口 (7) = (6) - (5)
1994	733.8	1234.7	1968.5	8685.3	6716.8	24118.68	17401.88
1995	982.9	4372.7	5355.6	7969.6	2614	31286.51	28672.51
1996	975.68	1911.6	2887.28	13165.7	10278.42	39264.96	28986.54
1997	1157.41	2296.8	3454.21	14881.6	11427.39	46953.57	35526.18
1998	626.98	2164.8	2791.78	17093.8	14302.02	54025.73	39723.71
1999	1127.17	2389.9	3517.07	18162.2	14645.13	60908.13	46263

续表

年 份	财政渠道流出（1）	金融渠道流出（2）	总流出（3）=（1）+（2）	资金供给（4）	资金净供给（5）=（4）-（3）	资金需求（6）	供求缺口（7）=（6）-（5）
2000	1230.31	4048.4	5278.71	18877.2	13598.49	67305.2	53706.71
2001	1333.09	4780.2	6113.29	20793.5	14680.21	77884.53	63204.32
2002	1830.59	5473.2	7303.79	23288.74	15984.95	90098.41	74113.46
2003	2247.40	7003.11	9250.51	27582.3	18331.79	106850.62	88518.83
2004	2194.34	8380.17	10574.1	30819.4	20244.89	123565.40	103320.51
2005	2345.29	10142.52	12387.81	38655.8	24467.99	145127.37	120659.38
2006	2537.16	14180.64	16717.8	45408.5	28690.7	162381.84	133691.14

注：财政渠道的流出 = 农业各税 + 乡镇企业税 - 国家财政用于农业的支出。

金融渠道的流出 = 农村存款 - 农村贷款 = （农业存款 + 农户存款） - （农业贷款 + 乡镇企业贷款）。

资料来源：《中国统计年鉴》《中国金融年鉴》，根据国家统计局 1994—2006 年中国统计年鉴整理。

由于我国农村资金需求呈现多样化，而供给无论从结构还是从资金数量上看都严重不足，整个市场处于失衡状态。资金供求失衡的态势如图 1 所示。在下页图 3 - 1 中，S、D 分别表示对农村信贷资金的供给与需求。如果农村资金供求均衡，则供给曲线 S 与需求曲线 D 相交于均衡点 E，对应的均衡利率 r 和均衡资金量 Q。但是，农村正规金融机构的资金供给严重不足，即供给曲线处于 S_1 的位置，相应的信贷资金量为 Q_1，利率 r_1，QQ_1 为信贷资金缺口。这样一来，可能导致两个结果：（1）若放任利率上升，而一旦超过中央银行所规定的指导利率，就可能发展成为高利贷，违反了国家的利率政策。这种高利贷压制了农村经济发展的正常资金需求，妨碍农村经济的发展；（2）要填补该资金缺口，必须增加资金供给，使得 S_1 右移至 S，均衡点 E_1 与 E 重合，金融压抑消除，资金需求得到满足。而资金供给的增加不可能来自于正规的金融机构，因为正规金融机构不愿向农户发放贷款，在市场规律的作用下，只能依靠非正规金融来弥补农村资金供求缺口。

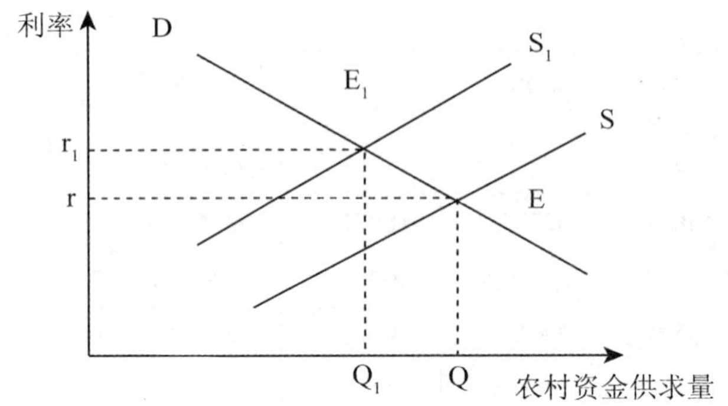

图 3－1　农村资金供求分析

可见，我国农村经济发展中存在着资金供求失衡，而这种失衡无论在结构上还是数量上都体现为资金供给小于资金需求。然而，农村资金大量的外流导致了农村经济发展的资金供求失衡扩大，必然产生农户贷款难、中小企业融资难问题。

从金融制度结构变迁的角度看，只有内生于非国有经济内部的金融安排才是有意义的。因为农业部门金融成长的真正要素存在于本部门的经济流程之中①。如前所述，科斯定理认为，制度变迁的动力是个人期望在现存制度下获取最大的潜在的外部利润。诱致性制度变迁是否发生，主要取决于个别创新者的预期收益和预期成本的比较。对于创新者而言，不同制度安排的预期收益和预期成本是不同的。民间金融是因供给不足而内生出的寻求金融支持的一项制度安排，是市场机制诱发的一项制度安排，是由于制度不均衡引致的获利机会时所进行的自发性诱致性制度变迁，其发展壮大的主要诱因是高收益导向的供给和巨大的融资需求，从而为各种类型的农村经济主体提供资金，促进了货币或资本向投资转化，从而产生对正规金融的“挤出”和“侵蚀”效应②。我国农村金融体制改革采取的是自上而下的由政府主导并强制推行的，在制度供给上属于强制性制度变

① 张杰：《中国农村金融制度：结构、变迁与政策》，中国人民大学出版社 2003 年版，第 88—89 页。

② 王曙光：《农村金融与新农村建设》，华夏出版社 2000 年版，第 142—143 页。

迁。而民间金融根源于正规金融制度供给与制度需求之间的缺口，民间金融的产生和发展是一种自发的社会秩序，在制度主体一致同意、自愿、平等、互利的基础上自发组织形成的，在制度需求上属于诱致性制度变迁的范畴[①]，其存在与发展农村金融需求的市场表现，是一种诱致性制度创新。

制度变迁的原因是预期潜在收益的增加，诱导出对制度变迁的需求，对制度变迁的需求又诱导出制度供给。由于制度变迁源于制度的供给和需求出现不均衡，但制度的非均衡状态仅仅说明制度是不稳定的，并不是说一定会发生制度变迁，要使制度变迁真正实现，还有待于原有制度安排的否定因素逐步加强或壮大。在这个过程中，极有可能出现诺思和汤玛斯提出的双层制度安排。而民间金融则属于次级制度安排，在于制度供给与制度需求产生了缺口，只要有缺口，只要矛盾持续存在，尽管存在着政府的打压，其仍不会被根除。民间金融产权关系明确，双方交易资讯对称，减少了搭便车的机会，而且民间金融方式为农户所熟知与掌握，具有发挥路径依赖正向作用的基础条件。因此，彭克强等提出，事实证明，只寄希望于政府强制性金融制度变迁来满足农村迫切的金融需求是不可行的，农信社目前改革困境即是明证。

三　信贷配给与信贷约束下的资金需求

金融制度的供给决定了一国整体的金融制度框架，从而也就决定了一国的金融发展状况。金融发展的过程，不仅仅是金融总量不断增加和结构不断合理的过程，更应该是制度不断变迁和完善的过程，中国农村金融制度表现为产权主体与政府之间制度博弈的反映。金融制度运行效率的高低在很大程度上受金融制度供给状况的影响，农村金融体系服务效率低就在于现行的农村金融制度安排是政府强制性供给的结果，导致农村金融供需的结构性失衡，

---

① 翟小丽：《农村民间金融存在的合理性探讨——基于新制度经济学的视角》，载《现代商业》2008 年第 11 期，第 42—43 页。

中小企业不能超越间接融资边界，又难以达到正规金融机构的门槛，使寻求民间金融融资模式成为现实条件与制度环境下不得已的选择。

由于信贷配给导致长期以来中国农村金融改革没有取得较大进展的一个重要原因就是农户和中小企业主的信贷需求没有得到应有的重视和满足。改革开放30多年来的经验表明，在我国乡镇企业迅速增长的过程中，资金增长一直是重要的贡献因数，资金短缺是制约乡镇企业发展的突出问题。中国人民银行资料显示，目前我国一半以上农户有贷款需求。而在中国，一是县以上城市每万人银行机构网点和金融服务人数平均约为农村的4倍；二是农村银行机构贷款大约只占全国总量的15%，直接到户的贷款仅有6%—8%。可见资金及投入的重要性。中央财经大学课题组的抽样调查也表明，全国中小企业约有三分之一强的融资来自非正规金融。随着农村经济的发展，农户收入增加、中小企业的发展使得信贷需求也呈现多层次的变化，但信贷供给模式却没有随之转变，信贷需求与信贷供给的非均衡，导致在正规金融不能有效满足需求，民间金融的效率与作用则可以反映满足农户、中小业资金需求的程度。

（一）信贷约束下的融资需求分析

改革开放前，宁波一直处在生产力水平低下的传统农业阶段。丰富的劳动力和稀缺的土地使得传统农业部门形成了高地租、低收入的分配格局。有限的产出被大量的人口消耗，农业剩余严重不足，谈不上更多的金融需求。当时借贷需求单一，为谋求生路或者恢复简单再生产而被迫有限的借款，更多的借贷存在于婚葬等非常环节，基本上没有以扩大再生产或者提高劳动生产率为目的的借贷，借贷需求更多是实物性质的需求。由于当时发展重心又是以支持重工业和城市优先发展，农村仅有的一点资金剩余被大量投向了城市的发展中，整个农村内部呈现出一副供给和需求的双向不足，农村金融的发展相当缓慢。随着家庭联产承包责任制的实施，流通中资金的需求随着商品经济的发展开始出现，从事农产品加工和农产品收购和销售的资金需求、对工业品消费、建房、婚葬、子女教育等生活上需求都成为开始资金借贷的原因。此外，另一个重要的需求主体开始出现，即随着加工企业等家庭作坊和乡镇企业出现，“小老板”有了进行原材料、设备等的购置、产品的销售等生产和发展的资金需求。俞建雄分析了我国现阶段农村金融需求并从农村三个金融主体的角度进行归纳总结（见表3－11）。他认为，由于中国人多地少，二元经济结构的长期存在，在政策环境优化刺激下的农村集体企业和私营企业的发展速度远远高于农业的发展速度，这很适合宁波地区农村金融需求状况。农村出现了三类农民：纯粹小农户、兼业型农户、市场化专业型农户。由于非农产业给农户增加了收入，对于日常生活和农业的再生产基本能够依靠自己的积累得到满足。普通兼业农户的农业生产性质资金借贷趋于减少或消失，目前农村普遍存在的农户贷款难现象中的“贷款”可以说绝非纯粹意义上的农业贷款，更多的是出于生活性质（高价的医疗和教育费用、建房等引起）或者从事非农生产性质的贷款。而对于那些从事专业化、规模化生产的市场型农户来说，农业投入方面的资金需求是主要的信贷原因。巴曙松同样认为，由于农户和农村企业经济活动内容和规模不同，金融需求也表现出多层次特征。各种类型的农户和农村企业的某些金融需求（如贷款需求、存款需求和金融投资需求、结算需求等）可能是同质的，但金融需求的形式、满足需求的手段和要求不一样，即金融需求表现特征和满足层次是不一样的。

表3－11　　农村金融信贷主体和其相应的借贷供求分析

信贷需求主体层次		主要信贷需求特征	满足的主要方式和手段
农户	纯粹小农户	生活开支、日常生产小规模贷款需求	民间小额贷款、政府扶贫资金、财政扶贫资金
	普通兼业型农户	生活性开支（建房，子女教育）、非农产业生产性贷款	自有资金、民间小额贷款、信用社贷款、少量商业性信贷
	市场专业型农户	专业化规模化生产和工商业贷款需求	自有资金、信用社贷款、商业性信贷

续表

<table>
<tr><th colspan="3">信贷需求主体层次</th><th>主要信贷需求特征</th><th>满足的主要方式和手段</th></tr>
<tr><td rowspan="3">企业</td><td colspan="2">乡镇企业</td><td>启动市场、扩大规模
面向市场的资源利用
型生产贷款需求</td><td>自有资金、民间金融、风险投资、商业性信贷（结合政府担保支持）、政策金融</td></tr>
<tr><td rowspan="2">农业龙头企业</td><td>创业初期</td><td>专业化技能型生产规模
扩张贷款需求</td><td>商业性信贷、政府资金、
风险投资、政策金融</td></tr>
<tr><td>成长期
稳定期</td><td>专业化技能型规模化
生产贷款需求</td><td>商业性信贷</td></tr>
<tr><td colspan="3">乡、镇政府</td><td>小城镇的建设
农业基础设施建设</td><td>政府投资、商业银行、
农村信用社的长期大额贷款</td></tr>
</table>

资料来源：此表参照了俞建雄对现阶段农村金融的需求分析，并加以改编。

从上表可以看出，除了纯粹小农户外，农户的其他类型及企业的类型基本上反映宁波中小企业及农户的类型及资金需求。由于宁波农户更多的是选择自主创业，农户纯收入中工资收入占79.3%①。除了纯粹小农户外，其他基本一致。而且到目前小农户对发展性资金需求也有了要求。这一方面是城市化进程中的基础设施建设和农民集中居住建设资金需求，另一方面是农民为保障生产发展、生活消费等方面的金融诉求。主要表现为：（1）农业产业化经营、农户创业贷款和消费贷款需求不断增长；（2）农民土地规模经营、农民家庭工副业生产以及农村消费升级对资金需求持续增大；（3）由于个私经济发展已成为资金需求的主要主体，遍布各个乡镇的这些企业，尤其是微型企业，相关的技术改造和流动资金需求构成了资金需求的重要方面。调查显示，2007年慈溪遍布乡镇的中小企业对合作银行的信贷需求量达18亿元，约占农村资金需求总量的45%②；（4）是农村城镇化和农民集中居住建设的需求。

从以上分析可以看出农村金融的需求及变动趋势，具有明显的阶段性和地域性特征。但不管农户、中小企业发展到什么程度，其需求都是体现

① 《2007浙江省中小企业发展报告》。
② 《2008宁波市农村金融现状与对策研究报告》。

在满足生活、生产、发展方面，资金需求是多元的，但信贷配给导致的信贷约束下的供给则是单一与不足的。

（二）信贷需求的供给情况

在二元经济结构及二元金融结构下，由于大部分的金融资源被国家控制并配置给城市经济及国有企业，虽然资金需求旺盛，但对于宁波这样的草根经济无论从所有制偏见还是规模歧视的偏见，正规金融显然不会满足像“夫妻店”和家庭作坊这样的个体私营经济发展的资金需求。因此，制度性金融体系缺陷、社会信用体系不健全、资讯不对称及中小企业自身的原因（如普遍存在资产规模小、治理结构不规范、财务报表失真、技术含量低、成长性差、生命周期短、信用意识不强与银行的规范严格信贷要求矛盾、而抵押贷款所需要的较高的资产评估成本和其他交易费用的支出，使得从国有银行获得贷款成本几乎等同于甚至高于从民间金融机构获得贷款成本，等等）同样成为宁波经济发展的融资困境。

目前宁波现有29家银行业金融机构，除四大国有银行以外，有多家全国股份制商业银行，如交通、招商、民生、兴业、广发、浦发、光大、深发、浙商、中信、上海银行、华夏、恒生银行；邮政储蓄银行及宁波地区的宁波农村合作信用社、宁波国际银行、宁波商业银行、鄞州银行、鄞州农村合作信用社。目前包商银行、温州银行等机构也在强大的经济辐射力和丰厚的民间资本吸引下，来宁波“安营扎寨”。虽然金融机构相对较多，但由于信贷配给的存在，如图3－2中小企业及农户必然出现融资困难。同时从表3－12判断，个私企业从金融机构获得贷款比重很低。

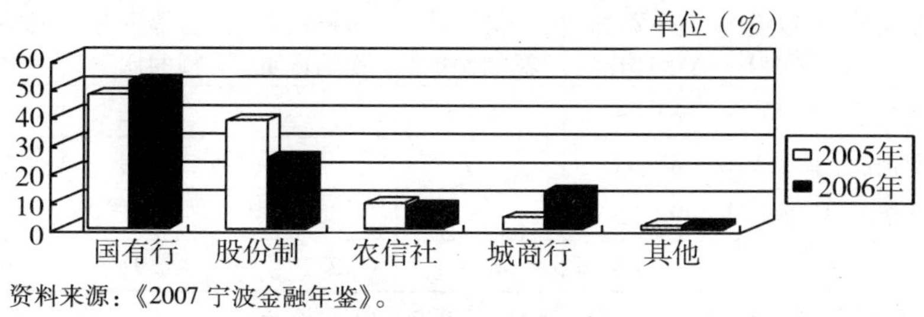

资料来源：《2007宁波金融年鉴》。

图3－2　宁波金融业行别贷款结构

表 3-12　　宁波私营企业及个体贷款情况　　（亿元）

年　份	短期贷款余额	私营企业及个体贷款	比重（%）
1998	503.51	5.84	1.1
2001	720.42	14.83	2.0
2002	964.03	33.56	3.4
2003	1316.54	51.98	3.9
2004	1497.94	68.90	4.5
2005	1722.40	49.38	2.8
2006	2224.13	67.08	3.0
2007	2818.75	106.80	3.7

资料来源：《宁波金融统计年鉴》。

信贷配置显示企业的融资便利程度和贷款满足程度与其规模和发展存在明显的正相关性，这在宁波中小企业发展中表现的很明显。2006 年宁波市科技局对宁波中小企业进行了抽样调查（见表 3-13），资料显示，在 318 家中小企业中，按照规模不同，分为中型企业（销售收入在 3000 万元及以上，资产总额在 4000 万元及以上）66 家，小型企业（销售收入在 500 万—3000 万元以下，资产总额在 4000 万元以下）222 家，销售收入 500 万以下企业（销售收入 500 万元以下）30 家。调查显示：企业规模越大，银行贷款比重就越高；企业规模越小，民间借贷资金所占比重就越高；销售收入 500 万以下企业内部集资和其他资金来源极为困难（陈健，2007）。这证明了企业规模越小得到的金融支持就越少。

表 3-13　　宁波中小企业调研统计　　（%）

企业规模	企业数量（个）	银行贷款占筹资总额的比重	民间借贷占筹资总额的比重	内部集资占筹资总额的比重	其他资金占筹资总额的比重	资金缺口占筹资总额的比重
微型企业	20	83.14	16.86			32.23
小型企业	222	87.94	8.2	0.58	3.28	25.19
中型企业	66	92.35	2.57	2.67	2.41	15.93
全部样本企业	318	90.03	4.89	2.17	2.91	19.42

资料来源：陈健：《中小企业资金来源、需求与供给现状分析——以宁波为例》，载《浙江金融》2007 年第 1 期，第 58—59 页。

斯蒂格利茨和韦斯在《不完全资讯市场中的信贷配给》中认为，资讯不对称是造成中小企业融资约束的最重要的原因，与大企业相比，中小企业与银行间的资讯不对称问题更加严重，更容易受到银行信贷配给的约束。在宁波慈溪金融业相对比较发达，慈溪市企业的平均资产负债率为61.61%，自有资金率将近40%。截至2007年末，辖内有银行业金融机构17个，营业网点291个，作为金融支援“三农”的主力军的合作银行是慈溪金融机构网点最多、人员最多、实力最强的银行，有网点127个，遍布广大城乡区域，其中80%的网点设在乡镇行政村内，但从资金供给看，截至2007年底，慈溪辖区银行“三农”贷款余额113.65亿元，只占全部贷款余额的20.31%。所以从资金需求和供给来看，涉农银行比以前已较大程度上满足了资金需求，但由于银行信贷资金投向多元化，资金供给依然存在缺口，一些中小企业特别是一些农户和那些通过租赁土地进行规模经营的农业企业没有得到金融支援，只能寻求民间借贷融资。从民间借贷监测分析，仅2007年慈溪民间借贷规模达60亿元左右，这些民间资金极大地弥补了银行信贷资金供给的不足，这是目前的情况。在当初中小企业发展的初级阶段融资，最先发展起来的中小企业基本上都是选择以民间资本作为开创事业的第一桶金，包括那些尤其是农户和微小型企业，其发展资金基本上都是自我积累。在依赖自有资金外更多的是借助民间金融。

徐洪水对1998—2001年做了宁波民间金融状况调查，得出宁波各县市中小企业（抽样）中民间金融在企业融资总量中的比重。

表3-14　民间金融在企业融资总量中的比重　(%)

县　市	1998年	1999年	2000年	2001年	平　均
慈溪市	30.8	14.4	11.2	14.9	17.8
余姚市	15.0	20.0	25.0	25.0	21.3
奉化市	21.0	19.0	18.1	17.6	18.9
象山县	8.0	18.0	17.0	7.0	12.5
平均	18.7	17.9	17.8	16.1	17.6

资料来源：徐洪水：《宁波民间金融状况调查》，中国银行宁波市中心支行。

从表 3 - 13 看到慈溪、余姚中小企业发展快的地区对民间借贷的需求最多，在 1998—2000 年是企业转制阶段，对资金的需求量是大的，但缺口也是最大的，慈溪 1998 年达到 30%。而象山发展相对慢，资金需求也就小，这也与之前分析的中小企业空间布局相一致。从表 3 - 15 看出农户收入逐年增加，农户贷款在农业贷款余额所占比重也不算高，农信社更多的资金支持了农村中小企业的发展，融资难问题得以缓解。

表 3 - 15　　农村居民人均纯收入　　（元）

	1998 年	2001 年	2002 年	2003 年	2004 年	2005 年	2006 年	2007 年	2008 年
宁波	4697	5362	5764	6221	7018	7810	8847	10051	11450
全国	138	2366	2476	2622	2936	3255	3587	4140	4761

资料来源：《2007 宁波统计年鉴》。

表 3 - 16　　宁波市农信机构的农业贷款余额（年末）　　（%）

	农村中小企业贷款	农户贷款	农村小城镇建设贷款	农村基础设施贷款	县及县以上农业龙头企业贷款	由中小企业担保机构担保的贷款	农信机构全部贷款（元）
2003 年	70. 18	15. 86	13. 85	0. 99	1. 21	0. 84	3115584
2004 年	72. 17	18. 43	14. 38	1. 68	1. 22	1. 09	3355048
2005 年	72. 30	19. 11	14. 29	1. 74	1. 46	1. 64	3797635
2006 年	72. 25	20. 29	14. 84	1. 81	1. 59	2. 36	4462700

资料来源：《2007 宁波统计年鉴》。

2005 年宁波人民银行对全辖地区进行了民间借贷的专项调查，调查主要采用问卷调查与深度访谈等形式，调查对象以企业与家庭为主，共包括 200 户家庭与 150 家企业。在 150 家企业中，70% 为小型企业；行业涉及制造业（69. 3%）、农业（4. 6%）、采掘业（0. 7%）、建筑业（4. 0%）、商贸餐饮业（12. 7%）、房地产业（6. 0%）等。从这次调查的结果分析可以了解宁波地区民间金融需求及参与情况，见表 3 - 16。

（1）家庭参与民间借贷的主要形式。家庭参与民间借贷的形式包括：直接借贷、通过中间人借放款、互助会（合会）、典当行（寄售商行）等。据统计，在具有民间借贷行为的108户家庭中，其户数所占比重分别为84%、19%、15%、2%。其中，个人之间的直接借贷是家庭参与民间借贷的主要形式。它广泛存在于城乡居民之间，总体上看它一种是自发的、互助的、无组织的借贷活动。按借贷当事人亲疏关系和利率水准高低，可以再细分为无息借贷、低息借贷、中等利率水准借贷，直接借贷的月利率水准区间为0—8‰。互助会、合会、典当行、寄售商行等方式在一些县（市、区）也存在着，其利率水准较直接借贷相对高些。

（2）企业参与民间借贷的主要形式。企业参与民间借贷的主要形式有：直接借贷（包括向企业、个人借入）、集资（包括向股东、职工、社会集资）、票据民间贴现、其他方式等。据调查，截至2004年12月底，具有民间借贷行为的56家企业的融资余额12904.2万元。其中，直接借入、集资、票据民间贴现、其他方式借入分别为8405.2万元、3610万元、880万元、9万元，其金额所占比重分别为65.1%、28.0%、6.8%、0.1%。见表3－17。

表3－17　　样本（家庭、企业）民间借贷融资方式

	民间借贷方式	直接借贷	通过中间人	互助会等	典当行等	合计
家庭	总户数（户）	91	20	16	2	108
	户数所占比重（%）	84	19	15	2	100
企业	民间借贷方式	直接借入	集资	票据民间贴现	其他方式	合计
	总金额（万元）	8405.2	3610	880	9	12904.2
	金额所占比重（%）	65.1	28.0	6.8	0.1	100

资料来源：2005年宁波人民银行调研资料。

通过数据分析我们可以看出与前面巴曙松的研究所表明的情况大致相同，宁波民间金融广泛存在于城乡居民之间，基本上与需求状况吻合。无论家庭还是企业，其直接借贷的比例很高，农户高达84%、企业高达65.1%。

第三节　二元金融结构下宁波地区民间金融演进

过度金融抑制、长期的低利率政策、严格的信贷配给使得金融通过储备动员和配置资本影响经济发展的作用被削弱了，财政主导型的资金配置机制不仅造成了稀缺资本的大量浪费，同时也限制了资本的形成能力，资本配置效率低下。如何打破刚性的二元结构，如何实现农村部门的工业化，成了世界性的难题[①]。因为信贷配给导致正规金融机构服务表现为信贷条件苛刻、贷款的覆盖面太窄、贷款满足程度有差异，所以融资需求在正规金融管道难以满足的状态下势必转向民间融资管道，民间金融的活跃成为信贷配给的自然反应，信贷约束导致了分割金融市场，成为替代信贷歧视的现实选择。

一　信贷配给下的民间金融供给

（一）丰裕的民间资本及其流向

在宁波经济发展进程中，民间金融活动作为一种体制外的形式在宁波地区一直存在着，民间融资是民营经济创业和资本扩张的重要方式。丰裕的民间资本为活跃的宁波中小企业民间融资活动提供了空间和条件。20世纪80年代和90年代初乡镇企业的迅速跨越，其实质是通过市场配置资源，个人积累财富成为重要的分配方式，这也是宁波模式与苏南模式的根本不同点，老百姓经济对实现全民皆富功不可没，相对而言，民间资本更为充足。如鄞州银行自2007年推出“富利宝”理财产品，其第一款起点5万元人民币在发行后不到4天便被抢购一空，购买人群中，城郊和农村占85.5%，市区部分仅占14.5%。据中国人民银行杭州中心支行测算，浙江省“十五”期间民间资本总额可达8300亿元，民间借贷规模约在1500亿至2000亿元。其中宁波的民间资本大约在800亿元。民间借贷作

---

① 陈军：《农村金融深化与发展评析》，中国人民大学出版社2008年版，第237页。

为解决资金短缺的重要融资手段随着企业的发展融资金额的提升从整体上呈上升趋势。从民间借贷监测分析，仅 2007 年慈溪民间借贷规模达 60 亿元左右，约占金融机构贷款总额的 47.7%。

2008 年我们走访浙江省的台州、金华和宁波三市的一些农村地区，发现台州、金华属于民间借贷比较发达的地区。调查选取了台州的路桥区、金华东阳市和宁波宁海县的几个村，对农户和农村企业发放调查问卷。这里的“农户”不仅包括从事传统农业的农户，也包括在浙江农村地区占有较大规模的农业专业生产大户；“农村企业”主要是指从事农业加工及与农业相关程度较高的农村地区的企业。在调查中，共发农户的问卷 300 份（每个城市 100 份），共收回有效问卷 288 份，有效率为 96.0%。面向农村企业的问卷 240 份（每地 80 份），收回有效问卷 232 份，有效率为 96.7%。在对三地农户的调查问卷中，主要涉及了包括富余资金流向、资金来源、所需金融产品与金融服务和对各正规金融机构的评价等方面。

在富余资金流向上，通过对三地问卷的统计，得到下表：

表 3－18　　三地农户富余资金流向

富余资金去向	台　州	金　华	宁　波
银行等金融机构	81.0%	73.0%	84.6%
参与私人借贷	14.0%	16.7%	10.6%

资料来源：来自问卷统计。

由上表可知，在三地农户中，农户的大部分富余资金都流向银行等正规金融机构（包括国有商业银行、股份制商业银行、农村信用社等机构）。宁波最高，为 84.6%，台州次之，为 81.0%，金华则最低，但也有 73.0% 的比例。如此高的资金流向，但宁波地区银行的存贷比则比较低，有些银行只有 55% 左右，这从一侧面说明了银行等金融机构吸收的存款在当地的利用率较低。在参与私人借贷的比例宁波最低，这反映三市的民间金融不同的活跃程度。

同时，经过问卷统计发现，这三地农户的贷款来源情况为：

表 3－19　　三地农户贷款来源分析

贷款来源	台　州	金　华	宁　波
私人借贷	26.0%	24.3%	16.8%
金融机构	65.6%	66.2%	70.0%

资料来源：来自问卷统计。

在表 3－19 中，可以看到，三地农户的贷款来源主要是来自银行等正规金融机构，但是需要指出的是，在所调研的三地，农户用于生产和生活的资金中，“自有资金”比重都超过 60%，来自于“贷款”的比重本来就很低。因此，虽然正规金融机构作为贷款来源占较大比例，但它在农户总的资金来源中所占比例很低。同时也可以看出台州、金华、宁波的民间借贷差异，前两地民间借贷本来就比宁波更加普遍，尤其是台州。

（二）兴旺的民间贴现市场

民间票据融资是内生于民营经济的一种融资方式，是建立在低级商品经济基础上的一种民间信用行为。在宁波民间金融古老的契约形式——“欠条”正在被“票据”这种符合市场经济法则的金融工具所代替。基于地缘与血缘的企业之间借贷行为的发生本来就具有较好的信用基础，急需贴现的企业与资金充裕的企业更加乐意进行票据交易，于是民间借贷、民间票据融资等融资方式就应运而生了。最为明显的是 1996 年宏观经济“软着陆”过程中，银行承兑汇票承兑贴现的要求条件有所提高，部分票据在银行没法进行贴现，转而流向民间。在票据融资中，一方面个别中小企业以高于同期银行贴现利率的价格从其他企业融资短期资金，以弥补短期流动资金不足；而买入企业则以低于同期银行贴现利率的价格从其他企业购入汇票，通过赚取利差实现投资收益，民间票据融资成为企业投资的一种手段。另一方面是私营工商业主、个体经营者，通过低于票面额的价格购得汇票，然后持票购货，从而实现低成本经营的目的。在我国商业银行间将票据业务作为银行贷款的附属业务，票据融资并未真正反映经济主体之间的资金供求关系。而民间票据市场贴现率则是反映资金供求的市场利率，由于民间票据融资期限缩短，流转速度快，而且交易手续简单灵活，效率较高。与正规金融市场相比，民间票据市场票据融资的利率一般是随行就市较为客观地反映了融资双方资金供求关系，同时比较关键的是民间票据市场的客体——银行承兑汇票来源是合法、合规的，加之票据融资双方的资讯较为充分，票据的前手后手信任度较强，而且前后手风险共担。一般的民间借贷往往仅凭当事人信用和信任，很少有正规化的契约，常会引发经济纠纷。民间票据市场的出现提供了借贷双方均可接受的金融工具，至少为贷款方提供了一种质押品。这些带来了宁波民间票据融资市场的繁荣。宁波仅慈溪市的民间票据业务量接近亿元。通过民间票据融资，提高了民间资金的投入，在很大程度上缓解了中小企业的资金困难。

（三）有效的合约治理机制

大量的理论与实证研究表明，与正规金融相比，民间金融具有一定的资讯优势、担保优势、交易成本优势等构成民间金融顽强的生命力。正是拥有这些优势，民间金融实现了高效率，民间金融独特的机制使得民间金融具有特殊的地位。虽然存在风险溢价所致的利率偏高等缺陷，但民间融资主体在有限交易范围内，通过非正式契约的自我实施能够有效地降低交易成本，从而增加农村融资量，有力地替代了本来由农村正规金融提供的融资。这也因此可以说明民间金融发展并不能简单的随着金融结构的变迁演变为正规金融，也不会因政策性的限制而消亡。

（1）基于交易成本的分析

制度通过一系列规则界定人们的选择空间，约束人们之间的相互关系，从而减少环境中的不确定性，并形成对经济活动的稳定性预期，减少交易费用①。新制度经济学认为，制度变迁不论在表现形式上如何不同，在实质上都可以归结为不同利益主体对变迁行为可能带来的“成本—收

① 约翰·J. 沃莱斯和诺斯（1986）的实证研究表明，1970 年美国国民生产总值的 45% 被消耗于交易因素。

益”的一种权衡。一般来讲，交易费用的降低构成了制度变迁的原动力。因此，通过交易费用的理论分析，明确可以通过好的制度安排，实现资源的优化配置。以下通过合会案例进行解释。

企业通过正规金融获得融资的程式多、条件高、时间长，虽有法律保障，却产生了更高的交易成本和机会成本，于是宁波人更多的选择具有道德人情保障的“合会”方式。“会”这种民间金融行为在宁波民营经济十分活跃的地方有着非凡的生命力，它在当前经济的发展中必然发挥着重要的作用。“合会”制度与正规金融比较，主要可以集中在报酬率、交易成本以及机会成本等方面。我们选取了宁波某县某镇为资料来源进行分析。表 3－20 是一张会单，从中可以看出会员参加“合会”的不同目的以及通过内部报酬率的计算，可以体现出“合会”制度的比较优势。

表 3－20　　互助会会员名单　　（元）

序　号	姓　名	金　额	用　途
首会	×××	1800	自开工厂需要运营资金
1	××	1500	做生意
2	××	1300	盖房子造成最近手头紧
3	××	1000	赚取利息
4	××	900	孩子上高中需要钱
5	××	800	做生意
6	××	700	赚取利息
7	××	600	迫于人情入会
8	××	500	买药治病
9	×××	400	迫于人情入会
10	×××	300	赚取利息

说明：本会自 2007 年 1 月 1 日起，共 11 股（包括首会在内），1800 元标会，每两个月标会一次，标会时间定于 1 日下午 1 点整，标会地址：××镇××街×号，会钱在 5 天内交清，望各会友共同遵守信用，保持善始善终，完成本会。谢谢！

这是一张典型的基于血缘关系和地缘关系的标会会单。此标会的规矩是：一月一期，共 10 期，第一期由会首得会，其余期由大家下标，写标最低者得会，之前得会的人皆出 1800 元，未得会者则出标金。其实这个过程中虽没有出现利息的身影，但通过计算可以找出。因此可以假设，会首和会员得会之现金不用他途，不进行营运，不产生利润，而是纯粹的金融数字游戏，则得出如下表（收支情况表）：

表 3－21　　收支情况　　（元）

金额	每次付出会金数													
序号	1	2	3	4	5	6	7	8	9	10	11	得会金额	付会金额	总收入
会首	1800 收会	1800	1800	1800	1800	1800	1800	1800	1800	1800	1800	18000	18000	0
会员 1	1800	1500 收会	1800	1800	1800	1800	1800	1800	1800	1800	1800	15300	18000	－2700
会员 2	1800	1500	1300 收会	1800	1800	1800	1800	1800	1800	1800	1800	14000	17700	－3700
会员 3	1800	1500	1300	1000 收会	1800	1800	1800	1800	1800	1800	1800	12400	17200	－4800
会员 4	1800	1500	1300	1000	900 收会	1800	1800	1800	1800	1800	1800	12600	16400	－3800
会员 5	1800	1500	1300	1000	900	800 收会	1800	1800	1800	1800	1800	13000	15500	－2500
会员 6	1800	1500	1300	1000	900	800	700 收会	1800	1800	1800	1800	13600	14500	－900
会员 7	1800	1500	1300	1000	900	800	700	600 收会	1800	1800	1800	14400	13400	＋1000
会员 8	1800	1500	1300	1000	900	800	700	600	500 收会	1800	1800	15400	12200	＋3200
会员 9	1800	1500	1300	1000	900	800	700	600	500	400 收会	1800	16600	10900	＋5700
会员 10	1800	1500	1300	1000	900	800	700	600	500	400	300 收会	18000	9500	＋8500

显然，从会员 1 到会员 6 收支都出现负数，而会员 7 到会员 10 则为正数；同时，会首作为首先得会人并没有付出一定金额作为代价。这种表面上的不平衡，并没有触及数字背后的经济意义。从表面上看，是不是说收大于支的会员肯定赚钱，而收小于支的会员就一定赔钱呢，是不是说会首免费利用了一期融资了呢？事实并非如此，试想这样一个并非慈善活动的集资活动如果是赔本的话，那么是无人会干的。于是，将从各会员的内部报酬率计算中入手，证明“合会”的有效性。

首先，会首表面上没有对资金的使用付出显性成本，但是在实际操作中，担任会首要进行会的组织管理、感情疏通以及人情等的活动，如果其中一位会员逃会，会首也要负担一定责任，即存在一定隐性成本。因此，民间认为担任会首需要得到报酬才合算，报酬就体现在对资金的免息使用权上。

其次，我们从会员 1 开始计算他的内部报酬率 IRR 是多少。其中由于每期的 NCF 不等，则通过“逐步测试法”计算，由于计算过程繁杂，在下面就省略误差大的步骤，直接显示近似值。

会员 1：以 R1 为内部报酬率，共 10 期，每次本金为 1800 元，10 次得会金额为 15300，等式为

$$15300/(1+R1)=1800+1800/(1+R1)^2+1800/(1+R1)^3+\cdots+1800/(1+R1)^{10}$$

得 $15300/(1+R1)=1800\{R1(1+R1)^{10}+(1+R1)^9-1]/R1(1+R1)^{10}\}$

$R1\approx12.3\%$

则会员 1 的内部报酬率约为 12.3%。

会员 2：仍以 R2 为内部报酬率，得会金额 14000，等式为

$$14000/(1+R2)=1800+1500/(1+R2)^2+1800/(1+R2)^3+1800/(1+R2)^4+\cdots+1800/(1+R2)^{10}$$

得 $R2\approx10.8\%$

则会员 2 的内部报酬率约为 10.8%。

会员 3：仍以 R3 为内部报酬率，得会金额 12400，等式为

$$12400/(1+R3)=1800+1500/(1+R3)^2+1300/(1+R3)^3+1800/(1+R3)^4+\cdots+1800/(1+R3)^{10}$$

得 R3≈10.1%

则会员 3 的内部报酬率约为 10.1%。

会员 4：以 R4 为内部报酬率，得会金额 12600，等式为

$$12600/(1+R4)=1800+1500/(1+R4)^2+1300/(1+R4)^3+1000/(1+R4)^4+1800/(1+R4)^5+\cdots+1800/(1+R4)^{10}$$

得 R4≈9.7%

则会员 4 的内部报酬率约为 9.7%。

会员 5：以 R5 为内部报酬率，得会金额 13000，等式为

$$13000/(1+R5)=1800+1500/(1+R5)^2+1300/(1+R5)^3+1000/(1+R5)^4+900/(1+R5)^5+1800/(1+R5)^6+\cdots+1800/(1+R5)^{10}$$

得 R5≈9.3%。

会员 6：以 R6 为内部报酬率，得会金额 13600，等式为

$$13600/(1+R6)=1800+1500/(1+R6)^2+1300/(1+R6)^3+1000/(1+R6)^4+900/(1+R6)^5+800/(1+R6)^6+1800/(1+R6)^7+\cdots+1800/(1+R6)^{10}$$

得 R6≈8.6%。

会员 7：以 R7 为内部报酬率，得会金额 14400，等式为

$$14400/(1+R7)=1800+1500/(1+R7)^2+1300/(1+R7)^3+1000/(1+R7)^4+900/(1+R7)^5+800/(1+R7)^6+700/(1+R7)^7+1800/(1+R7)^8+1800/(1+R7)^9+1800/(1+R7)^{10}$$

得 R7≈8.4%。

会员 8：以 R8 为内部报酬率，得会金额 15400，等式为

$$15400/(1+R8) = 1800 + 1500/(1+R8)^2 + 1300/(1+R8)^3 + 1000/(1+R8)^4 + 900/(1+R8)^5 + 800/(1+R8)^6 + 700/(1+R8)^7 + 600/(1+R8)^8 + 1800/(1+R8)^9 + 1800/(1+R8)^{10}$$

得 R8≈7.6%。

会员 9：以 R9 为内部报酬率，得会金额 16600，等式为

$$16600/(1+R9) = 1800 + 1500/(1+R9)^2 + 1300/(1+R9)^3 + 1000/(1+R9)^4 + 900/(1+R9)^5 + 800/(1+R9)^6 + 700/(1+R8)^7 + 600/(1+R8)^8 + 500/(1+R8)^9 + 1800/(1+R9)^{10}$$

得 R9≈7.2%。

会员 10：以 R10 为内部报酬率，得会金额 18000，等式为

$$18000/(1+R10) = 1800 + 1500/(1+R10)^2 + 1300/(1+R10)^3 + 1000/(1+R10)^4 + 900/(1+R10)^5 + 800/(1+R10)^6 + 700/(1+R8)^7 + 600/(1+R8)^8 + 500/(1+R8)^9 + 400/(1+R9)^{10} + 1800/(1+R10)^{10}$$

得 R10≈6.8%。

根据整个上面计算出的资料，收支状况表相比，虽然从账面的收支情况来看，除会首外，其他会员 1 至会员 6 都是亏损的，会员 7 至会员 10 都是赚钱的，但是从内部报酬率来看，则除会首外，情况恰恰相反，得会最晚者收益率最低。

标会作为当地最为普遍的“合会”形式，体现了民间融资供求自愿、各取所需的原则。这里先得会者类似先贷款，是资金的需求者，后得会者类似存款，是资金的供给者。同时又通过各方的博弈、协调，对每期的利率都进行市场化调整，对推动当地经济发展有一定作用。

在一定“熟人圈”范围内，“合会”制对正规金融比较优势主要体现在降低了中小企业主融资的交易成本与机会成本上。在交易成本方面，理

论上民间融资由民间自发形成，缺乏法律制度保障，风险大。然而，基于博弈论中重复博弈的分析，在合会中，博弈的次数多于一次，因此是重复博弈。每个会员（包括会首）在每次博弈的时候都有两种选择，继续投入会款，或者逃跑。虽然曾经发生过倒会事件，但是实际上“合会”的组成多建立在血缘、熟人的关系上，一会之内都是乡里乡邻，彼此了解，并且会员的房屋和就业均在当地，如果一旦逃跑，则面临着在当地永远失去信誉和失去工作与住房的危险，这对于依赖土地和乡土关系的居民来说是承受不起的。所以风险实际上又很小。合会一般由一人起头，拉动身边的亲戚、熟人入会，会员与会首彼此之间相互了解。会员在入会前，都了解会首的性格、目前经济收入情况、家庭生活情况以及入会筹资目的。只有确认风险可控，他们才会加入。因而，在“合会”融资过程中，强大的社会道德约束力是一道坚固的防线。只要在一定的“熟人圈”范围内，因会员违约、会首携款逃跑等造成的交易成本较小。

在机会成本方面，机会成本是经济决策中必须考虑的重要因素，有效的市场机制应当为市场参与者尽可能多地创造机会，而不是限制任何可能创造生产力的机会。民间金融就是这样一种机会创造的载体：为企业（特别是小型民营企业）提供更多的融资渠道，也为社会大众提供了更多的投资选择和获取高收益的机会。“合会”，就是这样一种典型的民间金融行为。在“合会”中，会员除了获得利息的好处外，其实也获得了一个与会首筹资原因基本相同的融资机会。在入会（特别是标会）后，根据各自的需要可以灵活处置，进行融资，用于多种管道的投资创业。在以上“标会”例子中，包括会首在内有四五个当地中小企业主，他们在不同时间灵活协调，获得了融资机会，促进了各自企业的发展。

（2）基于合约治理机制的分析

金融交易中高度的资讯不对称所产生的道德风险问题导致正规金融发生大量的呆坏账，从而在信贷市场出现了信贷配给。民间金融是通过自发的、松散的非正式组织形式实现的，是按照借贷双方的口头或文字契约进行的借贷行为，是不完备的非正式签约，执行风险应该更大。但是内生性的金融制度安排比外生性的制度安排在克服资讯不对称方面具有明显优势，民间借贷组织和所支援的中小企业、农户一样，都是从距离近、半径小、资讯充分的地方和人群中开始生长的，不但可以在事前轻易地筛选中小企业、农户的类型，而且可以使用较低的成本在事后对贷款的使用实施有效监督，其运行中在很大程度上满足了农户和中小企业的金融服务需求并表现为较低的违约率，存在着现实的合理性。冯兴元在对温州苍南中小企业的融资调查报告中估计出苍南民间借贷违约率极低。尽管民间金融市场存在着信用范围狭小、借贷利息等弊端，但却能有效地解决农村金融资讯不对称、抵押物估价、非生产性借贷等正规金融棘手的问题。在民间金融活动中，资金供给者怎样有效地解决融资过程中由于资讯不对称导致的逆向选择和道德风险的？班尼杰等提出了两种假说。一是“长期互动”假说。民间金融一般是地方性金融组织，与当地中小企业有一种天然的合作倾向，通过多次重复交易，民间金融组织对地方中小企业的经营及资讯状况了解程度渐增，这有助于解决二者之间的资讯不对称。二是“共同监督”假说。认为民间金融组织即使不能真正了解地方中小企业的经营状况，难以对中小企业实施有效监督，但为了合作的共同利益，合作组织中的中小企业之间会实施自我监督，这种监督一般来讲比金融机构的监督更为有效。这对民间金融的治理机制具有很好的解释力。

如之前分析的合会组织，始于信任为基础的民间金融，在现实经济关系中，这种建立在地缘、血缘、亲缘为主的社会关系基础上的组织，其成员具有所谓的“同质性”，地缘、血缘关系、大体相同的经济社会背景和收入水准等等，借贷关系形成中自然就存在着一定的筛选制度与监督制度，由于有了充分的资料与资讯，双方值得信赖，供给者与需求者之间的资讯对称性就越高，资讯优势和成本优势就越大。张杰认为，在中国农村纯粹的信用关系还未被建立，社会关系就成为人们在经济交换中可利用的一种重要资源，这种相互信任的社会关系，实际上就起到抵押品作用。加之关联性交易的存在，当借贷双方发生借贷行为时，就会将他们在其他市场上的交易情况纳入交易合约中，也就形成了另一种形式的担保，即交易主体的关联博弈和基于声誉的私人契约执行机制，使得民间金融契约具有自我执行的内在机制。由于是熟人社会，依托社会网络关系、信任机制、信誉机制和社会排斥等非正式制裁机制，这些社会关系在借贷行为中客观上起着抵押品和合约的作用。这种担保有助于减少不确定行为带来的风险。在民间金融组织中，较少有规范形式的合同，有的甚至仅是口头承诺，更多的是形成自我执行的默契（也可以称为隐性合同）。这样就使得在一定范围内，民间金融活动不需要外来力量的干预即可实现契约的完全履行，使民间金融活动形成了自我约束，这便是民间金融具有的独特的契约治理机制。在运行中，由于具有交易成本和预防违约的优势，加之区域性特征，使其有了较低的诚信成本，在此基础上民间金融还依靠道德机制、双边或多边的声誉机制甚至是暴力机制来保证契约的履行，有了较强的失信惩戒力。

由于民间金融运行机制体现出自我约束机制和社会约束机制，这两种潜在的机制为借款者还贷提供了激励，使得民间金融的贷款偿还率较高。郑振龙研究表明，即在自我约束机制和社会约束机制下，民间金融往往就利用声誉、关联性交易、团体责任等因素促使还贷成功。因此这里存在着两种提供还贷激励的潜在机制。一是“自我实施的合同”，减少或者取消未来贷款的威胁是促使还款自我实施的主要因素。二是创造社会制裁来惩罚赖账行为，社会制裁包括社会惩罚、暴力强制和威胁等非正式实施机制。这种社会制裁起到了担保物的作用。由于民间金融活动是强嵌入社会网络之中的，因而受到社会条件、社会网络、社会规则强大制约，遵循着随着时间的发展演化而来的内部规则或内部制度。越是熟人社会，这些机制、规则和制度就越是运作平稳。

综上所述，民间借贷决定其在合约的执行过程中能建立起一个有效的运行机制，不但能给参与者提供一个强有力的约束机制，还可以借助客户拥有的某种“社会资产”而不仅仅是经济资产，来控制信贷风险，或者可能诉诸一些非正式的担保或抵押替代，这在很大程度上克服了正规金融在放贷过程中的资讯不对称问题。这点在浙江宁波的互助会中显得尤为明显，借款者若无法偿还借款，便会被驱逐出会，对以后的投资信用等问题上也会产生巨大影响，所以借款者宁愿倾其所有也要偿还贷款。同时需要强调的是，民间金融的非正式性并不影响产生纠纷时寻求正式合法解决途径。而且有了特别的合约执行方式，民间金融一般适合于一个流动性较弱的熟人社会，它依靠非正式的社会关系、信任关系，还依赖非正式的制裁机构。在一般情况下，会员不选择诉诸法律而是对违反标会还款规定的会员进行社会排斥，这是建立在地缘、血缘等关系上的借贷关系人所不能接受的，在这里社会关系强化合约履行效率，违约将承受巨大的社会压力，这样就使得合约关系具有处罚违约者的社会机制功能。借贷活动几乎是无限次重复博弈的过程，一旦违约，就面临惩罚的扩大效应，借款者出于对将来能否再次得到贷款的担心，一般会选择履约。否则潜在的违约成本过高，有可能被社会排斥。在经济学意义上，这属于预算硬约束下的行为优化。在正式法律无从介入或介入成本高昂的情况下，化解了合约内生的风险，刘瑞明认为，这极大地节约了内生交易成本。民间金融利用当地固有的资讯、社会网络和关系进行社会处罚。这种社会处罚所形成的关系与正规金融信贷合同通过抵押所结成的经济关系根本不同，具有完全意义上的社会属性，即存在着社会资本。法兰西斯·福山在其著作《大分裂：人类本性与社会秩序的重建》中将社会资本定义为“一个群体的成员共用的一套非正式的、允许他们之间进行合作的价值观或准则……，信任恰如润滑剂，它能使任何一个群体或组织的运转变的更加有效。”市场失灵、政府失灵是农村金融中的主要问题，而社会资本的存在恰恰是有利于克服政府和市场都难以解决的问题：如不对称资讯与交易成本问题、集体行动困境问题等。社会成本能促进信任的建立，并通过内嵌于社会网络关系中的社会处罚增强交易的效力，因而起到降低交易成本和促进交易的作用。社会成本作用是通过如下过程实现的：群体内资讯流动和共用为搜寻机会提供了便利，并降低了交易成本；基于群体或社区的信任为签订契约或采取合作提供了前提；重复博弈和声誉机制使人们对他人的行为产生稳定的预期，并形成一套交易规则或规范；社会网络或社会处罚为合约的执行提供了社会担保（或隐含担保）和强制基础（法兰西斯·福山，2002）。借贷成员之间通过重复博弈已经形成了较为稳定的和谐的合作关系，由于空间的封闭性和有限性，导致成员间的资讯基本上是对称与充分的，加之有效的惩罚机制与监督机制，使得民间金融活动中来自成员违约相对就少了许多。由于违约情况极少发生从而降低了民间借贷的资讯成本和签约成本，提高了运行效率，使得相对于正规金融机构来讲具有优势。江曙霞和秦国楼研究也表明，传统的民间融资活动中，还包含互济互助的因素，民间融资活动不单是一种调剂资金余缺的救济制度，而且是一种保障作用的社会制度。因此，在广大农村地区，对付资金困难而显得力量单薄的农民不会轻易违约。这样的约束使得民间金融的执行较为理想。

目前尽管农村中的各种关系格局发生了变化，但并没有动摇以家庭、家族关系为主线的亲缘关系网在中国农村社会中的主导地位。民间借贷依然在其特有的运行机制下发挥作用。在这种情形下，这些非正式机制依然能够有效约束非流动人口，但是对于流动人口的约束非常有限。李伟毅等人认为，作为一种非正式制度安排，农村非正规金融制度是有效率的，但这种效率仅限于社区范围，建立在有效利用社区的信用资本基础之上。在传统的农村社区沿着村落社区——集镇社区——城市这条路径变迁时，人员流动增加，建立在血缘、地缘关系上的社区信用资本减少，民间金融对于正规金融的相对优势就会逐渐降低。不过从目前发展来看，一个不可避免的趋势是，随着人口流动性的增加，相互赖以存在的社会资本基础在不断被减弱，从这一角度来看民间金融发挥的作用可能会越来越有限。地域性使民间金融发展具有一定的局限性，同时也说明了农村地区各地方金融市场是相互分割的市场。

综上所述，民间金融活动中的运行机制可以有力地解释现实中民间金融活动的高发生率与低违约率相并存的现象，它表明，规范化程度低并不等于风险控制机制薄弱，民间金融自产生到发展的过程也同时伴随着各种风险控制制度的不断建立、创新、发展和完善。金融机构的资讯成本越低，最低抵押要求越低，它就能够为低收入农户提供服务。正规金融运作所必需的微观资讯使得它们无法有效地覆盖市场，农村信贷的需求不能够充分地由正规金融来完成。因此在二元经济结构的大背景下，试图以城市金融改革的思路、以现代金融机构作为解决三农问题是不现实的。但以道德为根基的这种民间金融制度安排内在缺陷是否也暗示着在中国制度变迁中其过渡或补充性作用还需要进一步探讨，但其风险控制与内生于民营中小金融制度安排的供给应尽早实现也是必然选择。

第四节　需求型金融抑制及其解释——案例分析

一　基于慈溪周巷和宁海长街案例

为全面深入了解宁波市农村地区金融服务的供需状况，本研究除采用问卷调查方式外，2008 年 8 月选择在宁波地区 2 个在发展水准、产业结构、地理位置各不同的典型乡镇：慈溪市周巷镇及宁海县长街镇进行蹲点调查，对两地的农村企业和农户的资金供求情况进行实地考察与访谈。本次调研都是个体私营企业，行业分布主要集中在小家电、小配件等制造行业。

根据调研分析，得出企业在生产经营中资金需求很大，但来自正规机构资金不足。企业目前所面临的最主要困难是资金短缺。其资金来源与运行情况如图 3：

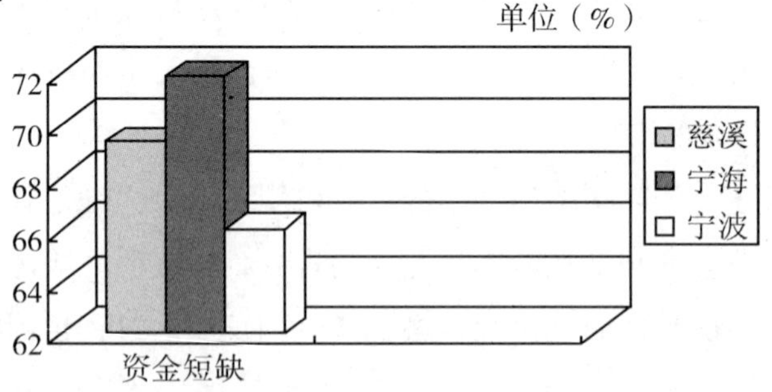

图 3－3　资金短缺

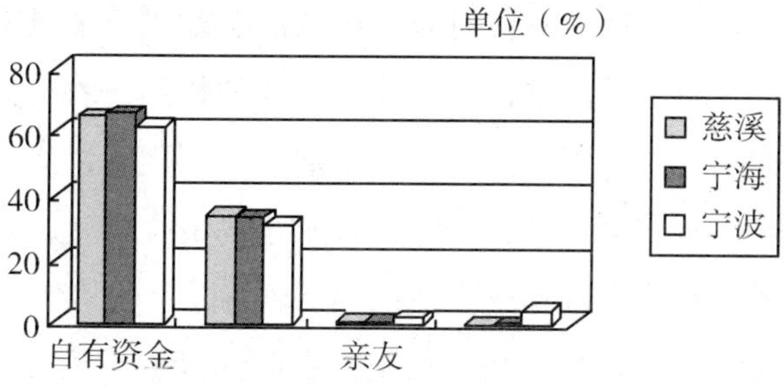

图 3－4　资金来源

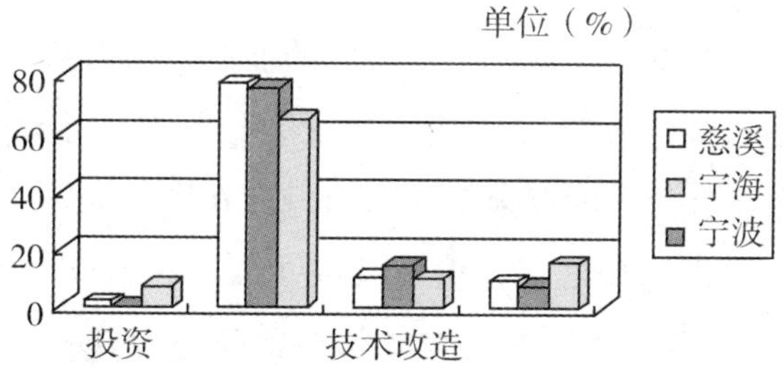

图 3－5　资金运用

企业的资金来源主要是来源于自有资金，周巷的企业占 64.7%，其次是金融机构融资占总资金来源的 34.1%，再次为相关人员的亲友借款，占总资金来源的 0.64%。所有借款来自正规金融机构的占到了 51.6%，而非正规渠道对满足企业的金融需求也有着非常重要的作用，占到了 48.4%。在企业需要金融机构提供的产品和服务的调查中，贷款占 75%，为最高，结算占 37.5%，存款为 31.3%，可以发现，农村企业对贷款的需求遥遥领先，这一方面是由于近期原材料价格不断上涨和人民币升值持续所致，同时印证了企业认为当前生产经营中面临的最主要困难是资金短缺，造成了个体私营企业对贷款服务需求。长街企业也基本相同：企业用于日常生产周转的资金中，自有资金占 76.8%，远远领先于其他渠道得到的资金。资金用途上，“购买原料”比重最大，为 33.6%，其次为“存货”（30.8%）、“用于技术改造”（15.3%）、“其他”（12.2%）、“用于基本建设”（7.9%）。

从总量上看，正规金融在对农村企业的贷款供给上具有优势，非正规渠道对满足企业的金融需求也有着非常重要的作用，农村微型企业由于正规贷款获得难度大，其资金需求主要是通过非正规渠道满足的，另外大部分企业自有资金所占比重高，尤其是日常市场资金周转，这说明宁波地区企业的投资更主要的是依赖于企业的内源性融资。这与前面的结果是一致的，大部分借款并没有用于企业长期的生产性投资。只有少数企业是通过借款实现生产扩建的，大部分有投资行为的企业都有借款，这说明这类企业的投资对外部借款的依赖比较大。

通过分析，可以发现，在当前阶段的宏观经济形势下，农村企业面临的主要问题是“资金短缺”，“资金缺乏”成为制约个体私营企业发展最大的障碍，企业有很大的资金融入需求，而在资金来源上，“金融机构融资”所占比例仅为三分之一，由此反映了农村金融机构对于农村企业支援力度的不足。Kellee Tsai 基于实地调查的研究发现，中国的私营企业在创立和发展过程中一直主要依靠非正规金融进行融资。一般认为私营企业更多地依靠非正规金融融资，一方面是因为获得正规贷款的困难，另一方面是因为非正规金融方面手续简单、资金成本低（亲友借款）。从此次调查的结果来看，非正规融资管道很普遍，但在访谈中更多的是表达为依赖“自有资金”，实际上被访问的当事人都很避讳谈民间借贷。解决企业资金问题是最能够有效促进农村企业发展的途径，这也说明改革农村金融体系，增加对农村中小企业资金供给对促进农村经济发展的重要性。

在对农户调查中得到的结果是一致的。在对金融机构的需求上，长街农村信用社所占比重最高，为 80%，远远高于其他金融机构，这主要是在我国农村地区，由于国有商业银行的撤离，与农户直接发生业务关系的往往是农村信用社，通过对这一问题的统计也可看出。同样，周巷镇 98.8% 的农户认为在当地应设立的金融机构是农村信用社，39.3% 的农户认为是农业银行，32.1% 认为是邮储银行。其次分别为宁波银行、村镇银行和农村资金互助社。

由于所调查的农户中，许多已经不是传统意义上的单纯从事种养业的农户，因此，与农村企业一样，他们对“贷款”的需求也是最高的，为86%，其次为“存款”（83%），“现金”（79%），“银行卡”（40%）。“资金短缺”（61.4%）仍然是占最高比重，以宁海长街农户资金来源及资金运用情况为：所有资金中，有97.8%的资金属于“自有资金”，而其中（自有资金中）78.5%的用于“运输”，其他分别为“养殖业”、“种植业”、“农产品加工”等，但比重均低于10%。86.2%的投资是以“存款”的形式存在的，另有13.5%的资金“参与典当、调行商行或担保、投资公司的集资”。这表明民间资金调剂比较普遍。周巷镇的农户在资金来源和资金运用上，75%来源于“自有资金”，自有资金的64.4%用于日常生产周转，3.9%用于日常生活，3.4%用于自住建房买房，28.2%用于投资，主要投资于房地产，其次为存款，再次是参与其他民间融资的集资，还有部分投资于股票。资金来源的22.2%是金融机构借款，该部分借款的92.9%用于日常生产周转。1.6%的农户资金来源于亲戚朋友借款，其他民间管道借款占总资金的1.2%。农户的调查结果同样显示，农户资金主要来源于自有资金，融资管道主要来源于农村信用社贷款，商业银行主要投向不在三农（由于农民风险大，农村中介体系不健全，贷款风险补偿缺位），贴近农民的金融机构供给不足。以宁海长街镇为例，2007年该镇的农业银行和农村信用社共吸收存款3.04亿元，其中，个人存款2.41亿元，占79.3%，比例相当大；对公存款仅占21.7%。但是，该年度这两个金融机构发放的2.65亿贷款中，仅有1.31亿元是发放给农户的，其余的1.34亿元发放给了农村企业及其他组织。在这一过程中就造成了1.1亿元的资金从农户手中流出，这可以作为农户资金问题紧张的一个解释。

通过对企业资金来源、资金运用总体情况的调查，奇怪的是自有资金比例很高，自有资金一项，其数目之大已超出合理范围，因此，我们推测“自有资金”中包含了部分（或者是较大部分）的民间借贷。由于民间金融的非法色彩，由于对民间金融的认识加之这一阶段国家对民间借贷的管制，使得人们对此有意回避，往往用自有资金表述其资金来源，其中自有资金自有的比例多大值得探究。

通过分析我们发现：正规农村金融机构资源供给不足、服务不到位、农村信贷资金的供求矛盾等普遍存在的问题在所调研的地区非常明显。但尽管调研地区企业与农户都反映最大的问题是资金短缺，影响并制约着进一步发展，但这一地区的经济并没有裹足不前，而是充满生机，从调研实际情况来看，这一现象在宁波地区并不在少数。上述资料充分表明，充裕的自有资金在当地的经济发展中发挥着重要作用，熟识的企业主之间、亲朋好友之间拆借资金是非常普遍的现象，加之活跃的地下资金运转体系，还没有被政府认可的民间金融服务体系，形成了独特的融资功能作用。

二　基于鄞州案例

鄞州区是宁波典型的乡镇企业之乡，2002 年 4 月 19 日，鄞县正式撤县设区，在县改为区之前，是宁波进入百强县排位最靠前的地区，一直是宁波地区经济发展的领头羊。2008 年鄞州区规模以上工业企业个数达到 3198 家，私营企业和外企这两种经济类型的企业占了总数的 90. 74% 。另外，还有数以万计的中小型企业和个体生产经营者，民营经济占全区经济的比重达到 90% 以上。

表 3 – 22　　鄞州区国内生产总值与贷款余额情况表

年份	地区生产总值（亿元）	人均 GDP（元）	同比增长	银行人民币贷款余额（亿元）	同比增长（%）
2000 年	153. 9	—	—	96. 4	—
2001 年	172. 2	—	—	120. 3	24. 8
2002 年	194. 8	26401	—	191. 9	59. 5
2003 年	232. 3	31006	17. 4	258. 2	34. 5
2004 年	288. 4	37864	22. 1	318. 0	23. 2
2005 年	343. 8	44519	17. 6	379. 5	15. 5

续表

年份	地区生产总值（亿元）	人均 GDP（元）	同比增长	银行人民币贷款余额（亿元）	同比增长（%）
2006 年	425. 2	54011	14. 7	467. 6	23. 2
2007 年	532. 8	66195	15. 5	601. 6	28. 6
2008 年	650. 8	82052	13. 1	699. 2	16. 3

资料来源：宁波统计年鉴。

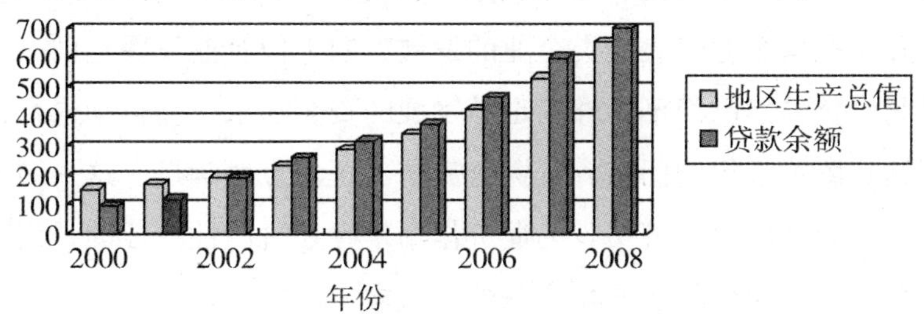

图 3－6　鄞州 GDP 增加值与贷款余额

资料显示，2002 年前，鄞州区 GDP 的增加值远远高于银行的贷款余额，这表明民间借贷有力地弥补了这两者之间的其中一部分缺口。在这期间，鄞州经济正处于成长阶段，也是民间借贷的活跃期，这一阶段民间借贷对该区的经济增长起到了重要的促进作用。而自 2003 年起，银行机构年末人民币的贷款余额却开始反超国内生产总值，而且差额具有逐年拉大的趋势，民间借贷对经济的促进作用日益减退，甚至被掩盖。可见民间借贷对经济增长的促进作用并非线性的，它与该地区的经济发展状况密切相关。在经济越不发达的时期或地区，经济的增长越依赖于民间借贷，因此民间借贷对其的促进作用也越大。对于中小企业和个体工商户，他们大量地依靠民间借贷来解决用于经营或扩大生产的资金需求获得发展。然而随着区域经济的发展，中小企业逐渐成长，规模不断扩大，再加上金融市场的不断完善，民间借贷需求则在下降。2003 年，正是鄞州经济腾飞之年，尔后该区经济一直保持着持续、快速的增长，2008 年全区财政收入名列全省第一，年销售额超亿元、超 10 亿元、超 100 亿元企业分别达到 202

家、10家、3家，年利润超千万元的工业企业有169家，有雅戈尔、杉杉、宜科科技、广博、康强等8家上市公司，到2011年争取上市公司达到15家。中国企业500强，鄞州民企占据3席，7家企业进入“中国民营企业500强”，现在的鄞州规模以上企业数居全省第2位，实现销售收入和利润分别占全省的4%和6%左右，中国驰名商标55件，中国名牌产品17件，科技综合实力在浙江省排名第2位。目前正在向提高民营经济科技化、规模化、集约化、国际化水准推进，全面推动民营经济新飞跃。所以，鄞州民营企业代表这类企业的发展方向，但企业发展达到一定规模时，民间借贷显然已经不能够满足其发展的资金需求，会自动退出，而这时由于达到商业银行的门槛，其资金需求由正规金融满足。这一结论可以解释鄞州民间金融对经济增长的促进作用是存在阶段性特征的，同时可解释民间金融市场应该是多元化竞争的组成之一。

鄞州民营经济发展同时也得益于银行的支持，即鄞州银行。鄞州银行是全国首家农村合作银行，前身是宁波市鄞州全区52家农村信用社，自2003年开始营业至今，已建立147个网点，分布于鄞州区全部23个乡镇，覆盖所有的村镇。宁波鄞州农村合作银行的客户群相当部分来自富饶的鄞州地区农村。2009年7月末，该行成为鄞州区第一家、宁波市农村合作金融系统首家存款余额突破300亿元的银行，出身农村信用社的鄞州合作银行发展可看做是信用社发展的典范。1987年鄞州银行是全国最早与农行脱钩的农信社之一，1998年鄞州银行是沪浙闽地区率先实施一级法人管理的信用联社，2003年3月鄞州银行进行了农信社产权制度改革又一种模式创新——成立我国第一家农村股份合作银行，是我国农村金融改革取得的新进展。成立后的鄞州银行重点投资民企，其发展目标是帮助当地中小企业做大做强、支持“三农”，帮助弱势群体。事实上，在鄞州银行所发行理财产品投向也都以民营企业、中小型企业为主。2007年年末，小企业贷款余额达122.61亿元，占贷款总量的74%，支持户数为3713户。通过信贷支持小企业，帮助了88万多人次农村劳动力实现就业。目前，在鄞州银行贷款的小企业及个体经营户有1.27万户，占总贷款户数的80%，贷款余额达70亿元，占企业贷款余额的59%，户均贷款为55万元；小企业贷款余额在200万元以下的有3138户。在鄞州10家农业龙头企业中，9家是鄞州银行信贷扶持的，带动当地6万多家种养殖户，增加农户收入2亿多元。鄞州区经济增长稳健，小企业发展迅猛，与鄞州银行扶持有关，在鄞州大小企业均能找到发展平台。

在经济发展的今天，探讨社会制度变迁和经济发展背景下农村金融制度的演进，传统的农村金融需求基本上不考虑正式的金融机构或发达的金融市场，但对于经济比较发达的宁波农村地区，当企业与农户收入普遍提高并达到一定水准时，农村金融需求及与之相适应的金融安排应随之调整与改变，应该进行合理的现代金融制度安排，合理配置资源，充分发挥金融机构的作用，反作用于实体经济，通过民营资金主导的商业银行体系，推动农村金融产品服务和组织体系的创新、完善，建立健全符合东部沿海发达地区特点和发展趋势的农村金融体系，从整体上推进农村金融体系的全面改革。12月22日，中国银监会又发布了《关于调整放宽农村地区银行业金融机构准入政策、更好支持社会主义新农村建设的若干意见》，从机构种类、资本限制等方面，大幅放宽农村金融机构的准入政策：允许设立村镇银行、社区性信用合作组织和大银行专营贷款业务的子公司三类新型农村银行业金融机构；放开了准入资本范围，鼓励各类资本到农村地区创设主要为当地农户提供金融服务的村镇银行；大大降低了注册资本，新设立的信用合作组织最低资本金只需10万元，并将单个自然人的出资上限由5%提高到了10%。放开准入资本范围和降低注册资本，将有利于各类社会主体进入农村金融市场，增加市场的供给总量。而多种资本和各类机构的进入，又会形成竞争机制，从而改善金融服务的品质，最终形成多元化和竞争性的农村金融市场体系。

第五节 宁波民间投资态势及特征

目前，宁波地区民间投资总量在全社会固定资产投资总量中的比重不断上升。

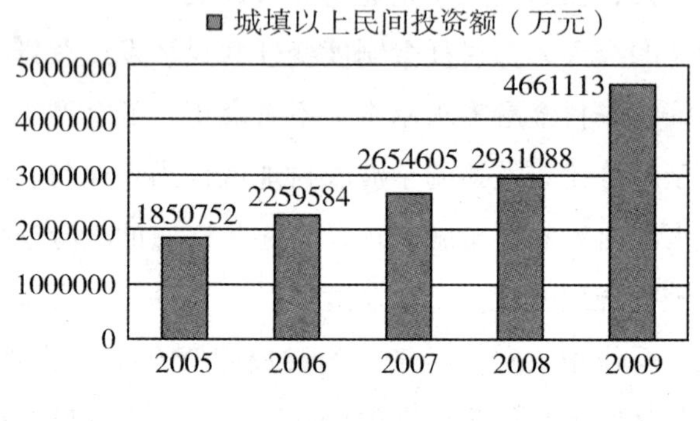

图 3－7

（一）宁波民间投资构成分析

1. 宁波民间投资主体构成

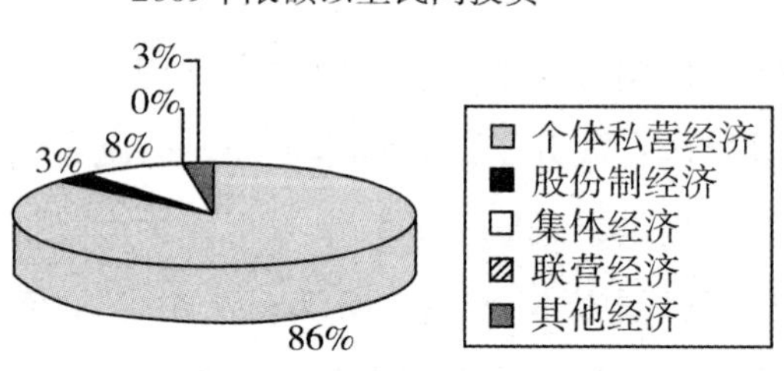

图 3－8

2. 民间投资资金地区分布情况分析

市区比重大，与鄞州统计在其中，其他分部与慈溪、余姚、奉化等，与经济发展状况相一致，也说明了投资促进经济的作用。

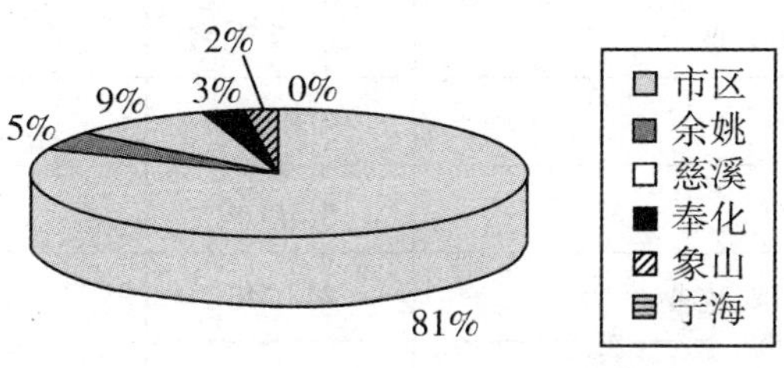

图 3－9

3. 民间投资方向与产业分布分析

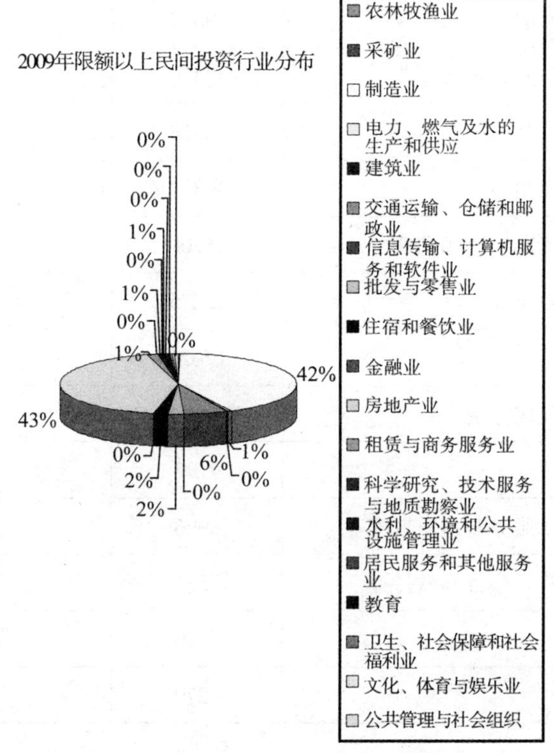

图 3－10

2004—2009 年宁波民间投资主要是第二产业，集中投资于生产领域。2008 年接近 59%。

表 3 - 23　　　　行业民间投资额及比重　　　　（万元，%）

行　业	民间投资额	比重%
房地产业	3038812	43
制造业	3021180	42
交通运输、仓储和邮政业	411048	5.7
批发与零售业	151669	2.10
住宿和餐饮业	146399	2.00
租赁与商务服务业	87749	
电力、燃气及水的生产和供应	49665	
水利、环境和公共设施管理业	49470	
教育	48325	
公共管理与社会组织	33329	
卫生、社会保障和社会福利业	26700	
文化、体育与娱乐业	22275	
建筑业	17627	
居民服务和其他服务业	11694	
农林牧渔业	9797	
科学研究、技术服务与地质勘察业	8996	
信息传输、计算机服务和软件业	8551	
采矿业	5210	
金融业	1279	

如果从行业划分，按国家统计局国民经济行业分类，宁波民间投资行业分布排序如下图。

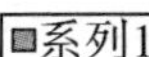

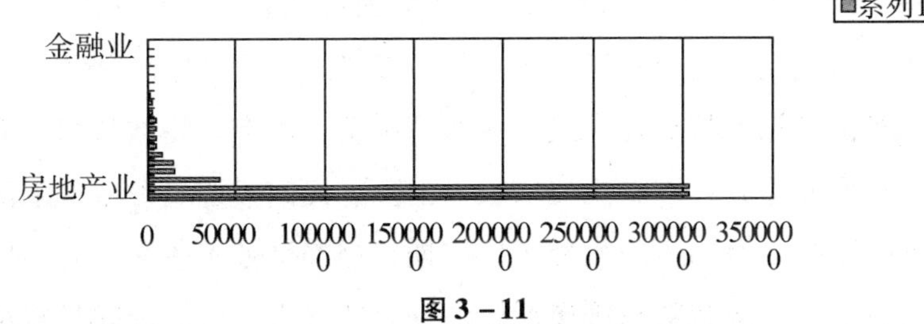

图 3－11

制造业（42%）、房地产业（43%）交通运输、仓储和邮政业（5.7%）、批发和零售业（2.1%），列前4位。两者合计达92.8%，其余不足7.2%的投资分散分布于各行业中，分散产业与过度集中产业并存。

4. 民间投资资金来源分布情况分析

表 3－24　　2004—2008 民间投资资金来源　　（万元）

年　份	国家预算内资金	国内贷款	债　券	利用外资	自筹资金	其他资金
2004	65646	8364549	3286	2041189	18825973	11454976
2005	47258	7794433	3087	2992823	22575718	9962908
2006	40544	8238267	4435	3777343	27619788	12257702
2007	164587	9271152	2847	3058492	32914680	16778408
2008	84423	9638674	1860	2966708	38072556	14668625

注：数据来源于《宁波统计年鉴》，以上数据均为限额以上非国有投资数据。

（二）宁波民间投资运行特点

1. 波动的周期性

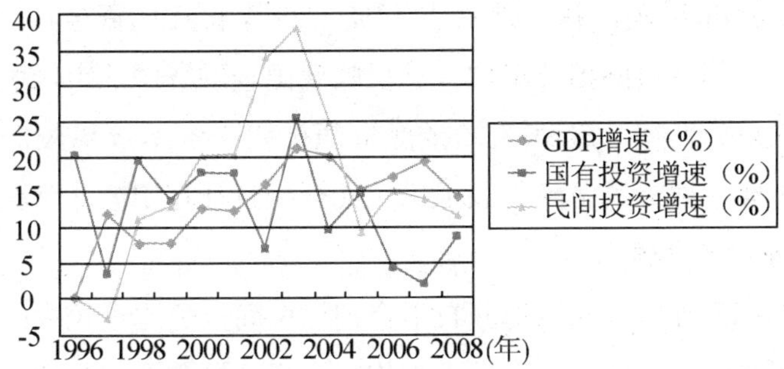

图 3－12　1996—2008 年宁波民间投资与 GDP、国有投资增速

从图 3－12 可以看出宁波民间投资与国有投资、GDP 的增长走势的周期起伏大致相同（1996—2006 年），具有同向变动趋势，民间投资明显表现为顺经济周期的特点，在绝大多数情况下，国有投资增长率上升，民间投资增长率亦上升；国有投资增长率下降，民间投资增长率亦下降。当经济处于扩张时，民间投资也处于扩张期；当经济处于收缩期时，民间投资也相应收缩。波动趋势与国民经济波动趋势基本一致，民间投资活动呈现典型的顺经济周期的特点。这一点从民间投资的规模、比重及增速上看，也可以发现明显的变化。但从 2007 年开始 GDP 与民间投资明显进入下降阶段，而国有投资出现拉升，但其对经济增长的贡献不足，而政府投资则表现为一定的逆经济周期特性。由于民间投资是自主决策、自主经营、自担风险，对宏观经济运行状况比较敏感，往往表现为典型的顺经济周期特点。当经济扩张时，民间投资同经济和全社会投资具有基本一致的变化趋势，且波动幅度更大。这一特性一方面反映出民间投资对经济的发展具有较强的依赖性，另一方面也反映出民间投资的发展还不够成熟。

2. 内在的脆弱性

民间资本发展还不成熟，短期行为明显。从下图投资行业排序可以看出宁波民间投资短期趋利性特征，同时随着经济波动快速调整。

3. 资金来源的内源性

主要依靠内源性融资发展和主要依靠自身积累的特点。宁波民间投资的来源主要是内源性的。以 2009 年统计数据看，在民间投资资金的来源中，国内贷款占 10%，利用外资占 13%，自筹和其他资金占 70% 以上。国内贷款绝大部分投向国有单位。这反映我国金融资源的市场配置功能还远没有得到充分发挥，近 90% 的金融资源被用于资本效率较低的国有经济部门，这样一种资源错配，表现出二元金融特征在宁波非常典型。

4. 行业的差异性

从图 3－13 看出产业结构分布不合理，民间投资比重较大的行业前四位分别是制造业、房地产业、批发零售、交通运输和仓储邮政业，集中于投资少、见效快、技术性不强的一般性竞争行业，在科学技术、金融保

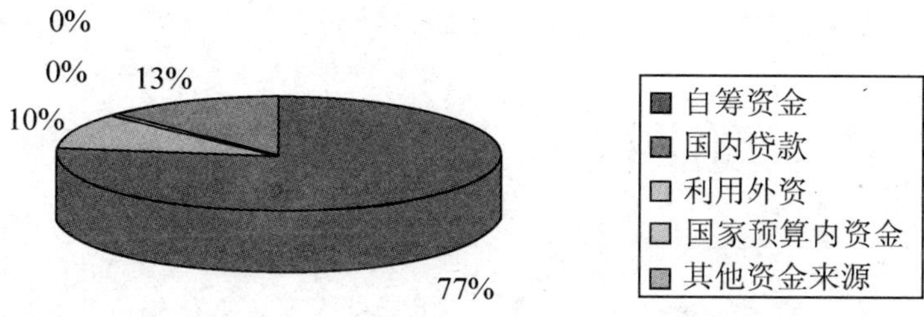

图 3－13　2009 年限额以上民间投资资金来源分布

险、电力、热力及水的生产和供应、教育、卫生、社会保障和社会福利等行业投资比重较低，在一些基础设施领域仍显不足，但在一些竞争行业又过度并存。

第四章　研究设计

本章为验证宁波地区民间金融与中小企业发展、农户收入增长间的关联性，将以理论与实证文献探讨为基础，建立三个主要研究假设，并透过研究变数操作性定义的界定，配合适当的实证分析方法进行假说的验证。

第一节　研究架构与研究假说

本节将依据第二章的文献探讨与第三章的分析，发展研究架构及研究假说，作为后续章节的研究基础。

一　研究架构

本文的研究主题是宁波地区民间金融对中小企业产出增长及农户收入提高的影响，进而探讨民间金融对民营经济增长的影响。通过实证分析验证麦金农—肖的分析框架下，民间金融是一种效率低下的融资安排，无论是在成熟的市场经济国家还是在发展中国家都不重要的观点并不完全符合宁波地区民间金融及民营经济发展态势。综合第二章文献探讨及分析，本研究拟整理探讨学者张杰认为正规金融对民营经济的金融支持与民营经济对经济增长的贡献是严重不对称的这一观点。民营经济这种体制外产出是如何获得增长的，即在大部分金融资源被国家控制并配置给国有经济的情况下，体制外产出究竟是依靠什么获得增长的？如果体制外产出增长也要依赖于某种金融支持，那么，在国家控制情况下是如何获得这种支持的？资本推动型增长模式是中国经济增长的主要模式，宁波地区也不例外。投资的数量及投资效率成为实现经济快速增长的关键因素，目前农户和中小企业信贷需求已经成为影响宁波经济增长的主要变量。本研究从宁波地区中小企业、农户信贷需求的角度，建立在二元金融结构市场非均衡下，通过民间金融提供中小企业农户信贷需求，实现产出增长和收入增加的分析框架。

就一般发展中国家而言，农村发展的障碍和瓶颈主要原因：一是农村存在大量的剩余劳动力。过剩的劳动力使得单位劳动力拥有的生产资料相对稀少，农民的收入水准也就长期处在一个较低的水准；二是缺乏资本投入（农业生产函数中缺少资本这一要素），使得农业生产方式未能得到有效改进，导致农业生产率很难提高。根据索洛的经济增长模型：$Y = F(K, L)$（K 是资本，L 是劳动），如果在规模收益不变的假设前提下，生产函数便可以表示成为：$y = f(k)$，其中 k 便是人均资本存量。人均资本存量成为决定经济增长的关键变量。本研究分析框架是一个充分竞争封闭的环境，不存在技术进步，规模经济不变。根据索洛经济增长模型，可以分析产出的主导因素，即总产出主要依靠资本 K 投入，当资本投入大时总产出就大。而很多文献也表明，在中国中小企业信贷市场上，民间金融形成了对正规金融的替代。农户是农村经济发展的主体和经济行为的决策者，既是一个独立的生产实体又是基本的消费单元，因此农户是信贷资金现实与潜在的需求对象。目前在中国大多数农户依然从民间金融的渠道融资，在农村地区得到信贷是农户提高收入的重要手段之一。农户可以通过信贷改变初始禀赋，扩大生产规模，增加收入。对农户来说，增加对其信贷供给可以显著增加其家庭纯收入，借贷金额对其家庭纯收入会产生显著正向作用，具有福利效果。谢琼等人的研究表明，从农户增收的角度看农村金融规模扩张与金融效率的加速对农民增收的影响富有弹性。归纳上述所言，本研究也就是说明：

（1）宁波地区民间金融对中小企业产出增长的影响效果。

（2）宁波地区民间金融对农户收入增加的影响效果。

（3）宁波地区民间金融对民营经济发展的影响效果。

二 研究假设

基于上述研究架构，本研究重点探讨中小企业、农户通过民间借贷对企业产出增加、农户收入提高之关联，本研究综合整理并分析相关理论与文献后，在文献探讨和定性研究基础上认为宁波民间金融发展是为克服金融抑制下的资金短缺而由农村民间自发创造的、旨在改变原有资金流动格局并促进农村经济发展的一项制度供给。在此基础上提出下列研究假设：

（1）在一定的秩序框架下，宁波地区民间金融的金融深化程度①与宁波地区中小企业产出增加具有正向之关联性。

（2）在一定的秩序框架下，宁波地区民间金融的金融深化程度与宁波地区农户收入增长具有正向之关联性。

（3）在一定的秩序框架下，宁波地区民间金融与宁波地区民营经济增长具有正向之关联性。

第二节 研究变量之操作性定义

将研究模型与假设变量进行操作化处理是验证假设的前提，变量定义是根据前述文献及分析和研究假设的检验要求，变量衡量在借鉴文献的基础上，本节针对民间金融、中小企业、农户三方面所设计的变数，逐一进行操作性定义与量表设计之说明，以利后续的实证分析。

一 民间金融与中小企业信贷需求

民间金融主要表现为资金供求者之间直接完成或通过民间金融中介机构间接完成的债权融资。江曙霞、秦国楼认为，民间金融活动

① 金融深化是指金融业能够有效地动员和配置社会资金促进经济发展，金融和经济发展就可以形成一种互相促进和互相推动的良性回圈状态。金融深化程度可通过储蓄效应、投资效应、就业效应、收入分配效应，促使经济发展衡量。

（或组织）是一种复杂的现象，它既包括直接融资类型的活动，也包括金融中介类型的组织；既包括保障性质的互济互助，也包括商业性质的资金融通。据此，民间金融可以定义为一种资金活动，是指民间金融机构为满足中小企业、农户的生活、生产经营正常运行和进一步发展需要而不断提供资金的活动，因此本研究民间金融研究变数可用借贷量衡量。

中小企业信贷需求可定义为企业对民间金融贷款产品的有偿还能力的借款意愿①。中小企业融资过程实质上是一种以资金供求形式表现出来的资源配置过程，即企业能否取得资金，以何种形式、何种渠道取得资金。由于经济增长核算通常是依靠 GDP 等统计资料，将中小企业经济增长定义为产出的增加，用产出衡量中小企业经济增长。因此，民间金融借贷量为变量，产出为因变量。

二　民间金融与农户信贷需求

农户信贷需求可定义为农户对民间金融贷款产品的有偿还能力的借款意愿。农户的借贷需求影响农户生产投资和生活消费的规模和结构，最终是农户收入的增加。农村经济发展指标一般选用农村生产总值（grp）、农民人均收入（incom）。本研究利用农户从民间金融获得的借贷量作为估计信贷需求的变量，农户收入为因变量。衡量农户信贷需求可以从农户信贷需求的可获得性（需求与供给缺口）、信贷需求满足管道（贷款的来源）、信贷需求满足成本（利息和其他费用）、信贷需求收益来考察，表现为借贷额与收入增加额。

在中国民间金融相关研究虽然已经有多年的发展，但更多讨论在产生原因、规模、利率等民间金融自身方面的，其他角度研究不多，有些是从信贷需求本身角度研究，以民间金融与中小企业、参与农户借贷的实证研

---

① 刘西川：《贫困地区农户的正规需求：直接识别与经验分析》，载《金融研究》2009 年第 4 期，第 36—51 页。

究更少。目前在实证研究中缺乏一个能够有效识别、衡量信贷需求的分析框架，而且并未有已受到广泛使用的民间金融相关议题之量表供参考，如能够采用合适的结构变数设计测量题项，量表的内容效度基本上可以得到保证。虽然没有更多的借鉴，但由研究者参考文献自行开发设计量表，再经过几位民间金融领域教授修订后成型，最后确定采用目前的量表，基本具有专家效度。

之前在宁海与慈溪的调研访谈进行中，对问卷进行预试，发现存在问题，对原有量表中金融服务需求等进行删除项并经过修改得出正式量表。调整后的正式调查问卷见附录一。

根据本研究对于民间金融及运作效率的探讨，本部分问卷一的内容将涵盖四个部分，分别为民间金融需求程度、正规金融供给程度、民间金融状况程度、民间金融效应四部分作为衡量中小企业民间借贷量表设计之依据。本部分问卷二据本研究对于农户借贷的探讨，分别为以农户的借贷需求程度、正规金融的满足程度、民间借贷参与程度、民间金融效应等四部分作为衡量农户民间借贷量表设计之依据。

第三节　资料来源与样本选取

有鉴于现有关于民间金融的倾向于民间金融自身研究，如规模、利率、类型等等，对民间金融作用于实体经济的实证分析很少，从某一地区、从中小企业、农户融资角度进行实证分析，探讨民间金融作用基本没有。本研究从宁波地区民间金融入手，以中小企业、农户信贷需求视角为样本选择之对象，并对这两个层次进行实证调查作为研究深入进行探讨。确定慈溪、余姚、象山、宁海四个比较有代表性区域作为调查对象，通过对四个区域具有典型性企业、农户的走访，分别选择制造业、服务业、种植业为对象的企业及当地农户，采用分层随机抽样调查方法。这四个地区基本上代表了宁波民间金融发达的顺序及中小企业发展的顺序、农户收入高低的顺序，具有一定的代表意义。因之，本研究同时针对宁波地区四个县市中小企业及农户分别抽取 129、196 个样本，合计发放 550（250、300）份问卷进行抽样调查，各县市分配情况如表 4－1、4－2 所示。

表 4－1　　中小企业样本分布基本情况

区　域	企　业	百分比
宁海	30	23
象山	32	25
慈溪	32	25
余姚	35	27

表 4－2　　农户样本分布情况

区　域	人　数	百分比
慈溪	49	25
余姚	48	24.5
宁海	42	21.4
象山	57	29

另一方面，本研究之问卷以人员访问法进行直接发放，主要是委托大学生等协助进行问卷的发送，由填答者直接将填妥之问卷交还研究者。委托以上人员发送问卷之原因在于一方面是进行社会实践，另一方面基于放假回家联系亲戚朋友及左右邻居进行协助有助于对发放问卷情况准确掌握。至于中小企业部门则锁定企业当中下列之对象：（1）企业老板；（2）财务部门相关人员；（3）相关负责业务人员。其原因在于这些人员对企业的资金运用状况了解程度最高。至于农户则锁定下列对象；（1）户主；（2）家庭长辈。原因在于这些人员对家庭资金状况了解程度最高。

实际问卷回收中小企业计份，实际有效问卷回收 129 份，有效回收率为 51.6%；农户回收计份，实际有效问卷回收 196 份，有效回收率为 65.3%。

第四节 研究分析方法

本研究既以问卷调查法为主要之研究方法，统计分析即为最合适之资料分析工具，因之本研究使用 SPSS 13.0 套装软体为统计分析之工具。而本研究所实行的资料分析方法如下。

一 描述性统计分析

描述性统计分析（Descriptive Statistic Analysis）是对本研究变数及其维度进行分析，了解样本的基本特征。

二 信度与效度

信度分析（Reliability Analysis）用于检测调查资料的精确性和稳定性。本研究以通用的 Cronbach Alpha 一致性检验，检测同类测量问项的一致性情况。根据 Nunnally 之建议，若 Alpha 值为 0.7 以上，则具有高信度，一旦量表信度低于 0.6，则需要重新修正研究工具。效度属于一个多层面概念，意指测量的东西能真实、有效反映研究对象，袁方、王汉生等认为，资料除符合内容效度外，还应满足结构效度，本研究将对上述两种效度进行分析。本研究采用因数分析中的主成分分析法（Principle Component Factor Analysis）萃取因数，并采用正交转轴法对因数轴进行旋转；分析要求因数萃取要满足特征值大于 1 的评估准则，旋转标准化后因数负荷（Factor Loading）应大于 0.5（Hair et al.，1998）；在因数分析之前，为确保变量之间存在相关性，采取 KMO 样本测度和 Bartlett（巴特莱特）球体检验进行判断：当 KMO 值小于 0.9 且大于 0.5 时，Bartlett 检验的 Sig. 取值小于 0.01，则表示变数适合做因数分析。

三 方差分析

运用方差分析法，检验民间金融与中小企业、农户融资在各维度的变化是否显著差异，即是否因地区不同而显著区别。

四　相关分析

相关分析（Correlation Analysis）根据前述量表设计，对问卷各自的四个维度的操作化处理，分析变数之间的关联性，用以分析可量化概念间之关系，包括（1）民间金融借贷与中小企业产出增加；（2）民间金融借贷与农户收入增长等，而本研究系以 Pearson 积差相关系数为相关分析方法。

五　回归分析

相关分析用于探讨变数间的关联性以及关联的紧密程度，而回归分析则（Regression Analysis）可以进一步确认变数之间的因果关系。本研究将建立回归模型，对研究架构中的中小企业产出增加、农户增收与民间金融之间的因果关系进行分析，得到回归方程。

第五章　实证结果分析

本章对宁波地区民间金融调研所收集的样本进行统计分析，为前文的研究假设提供证据，共分两节阐述，第一节是民间金融及其对中小企业影响分析，第二节是民间金融对农户增收影响的实证结果分析。包括描述性统计分析、信度与效度分析、方差分析、相关分析和回归统计分析，是研究假设的主要检验依据。本研究假设将通过调查问卷所得资料，运用 SPSS 13.0 套装软体为统计分析之工具予以验证，具体分析方法如下：

第一节　民间金融及其对中小企业影响的分析

一　信度与效度分析

（一）样本的基本情况

表 5－1　　样本分布基本情况

		频数	百分比	有效百分比	累积百分比
样本	宁海	30	21.9	23.3	23.3
	象山	32	23.4	24.8	48.1
	慈溪	32	23.4	24.8	72.9
	余姚	35	25.5	27.1	100.0
	总数	129	94.2	100.0	
缺失	系统	8	5.8		
总数	137	100.0			

（二）问卷的信度分析

表5-2　　项目内部信度分析

项目	项目删除时的尺度平均数	项目删除时的尺度变异数	修正项目总相关	项目删除时 Cronbach's Alpha 值
a1	15.4100	18.7595	0.7091	0.8835
a2	15.5700	18.2274	0.7168	0.8899
a3	15.4800	17.4832	0.8036	0.8820
a4	15.4200	17.8879	0.6540	0.8765
a5	15.5404	17.2612	0.6490	0.6865
a6	15.1939	16.4164	0.6760	0.6594
a7	15.7347	16.0324	0.5120	0.6987
a8	15.9381	16.9769	0.5150	0.7886
a9	8.6300	9.4299	0.7134	0.8574
a10	8.6600	8.8327	0.7794	0.8574
a11	8.6500	9.7652	0.7703	0.8456
a12	8.4200	8.7731	0.7009	0.8457
a13	8.7200	9.8198	0.7074	0.8519
a14	8.4200	8.7731	0.7009	0.8457
a15	8.0800	10.9632	0.6032	0.8770
a16	8.5900	9.6383	0.6257	0.9000
a17	18.8100	20.2274	0.7689	0.8780
a18	18.5700	20.2274	0.7168	0.8835
a19	18.4800	19.4848	0.8036	0.8820
a20	18.6200	20.5410	0.6717	0.8938
a22	18.7100	21.3474	0.5925	0.9000
a23	18.5900	19.6383	0.6257	0.9000
a25	18.8100	20.2274	0.7689	0.8780
a26	18.4100	20.3474	0.6925	0.8000
a27	19.7654	20.6657	0.7654	0.8023

续表

项目	项目删除时的尺度平均数	项目删除时的尺度变异数	修正项目总相关	项目删除时 Cronbach's Alpha 值
a28	19.6300	21.4299	0.7134	0.8574
a29	19.6600	20.8327	0.7494	0.8574
a30	19.6500	20.7652	0.7703	0.8456
a31	19.7200	20.8198	0.7074	0.8519
a32	19.0800	20.9632	0.6032	0.8770
a33	19.6700	20.7654	0.6547	0.7768
a35	19.6300	20.7654	0.7292	0.7633
a36	19.6700	20.9543	0.7200	0.8654
a37	19.4500	20.7621	0.7512	0.8720
a38	19.8100	20.6672	0.6971	0.7352
a39	19.6500	20.5400	0.64301	0.7021

结果分析：根据信度检验发现，每一个题目在问卷中的信度都是非常可信的，Alpha 系数都高于0.6，这表明问卷中每一个问题都能够准确表达出本研究的预期表达，因此，本问卷中的每一个项目是可信的。

表 5-3　　各维度的信度分析

	Cronbach's Alpha 值	基于标准项目的 Cronbach's Alpha 值
第一维度	0.788	0.809
第二维度	0.688	0.625
第三维度	0.782	0.700
第四维度	0.797	0.688

结果说明：由以上信度检验报表可以发现，四个维度的 Alpha 系数分别是 0.788，0.688，0.782，0.797，每个维度在问卷中的信度都比较好，Alpha 系数都高于0.6，因此，本问卷具有较好的信度，可以用来作为本研究的正式问卷。

（三）问卷的结构效度分析

为了保证问卷结构效度，采用主成分分析法对问卷的各项目进行因素分析。表 5-4 的 KMO 值是 Kaiser-Meyer-Olkin 的取样适当性量数，当 KMO 值越大时，表示变数间的共有因素越多，越适合进行因素分析。根据学者 Kaiser 观点，如果 KMO 值小于 0.5 时，此时比较不宜进行因素分析，此处的 KMO 值为 0.834，表示适合进行因素分析。此外，从 Bartlett's 的球形检验的卡方值为 707.188，并达到显著水准，代表母群体的相关矩阵间共有因素的存在适合进行因素分析。

表 5-4 Bartlett's 检验

样本充足度 KMO 测量值		0.834
Bartlett's 球形检验	卡方值	707.188
	自由度	300
	Sig 值	0.000

表 5-5 分析结果（Total Variance Explained）

因素	最初特征值（未转轴）			提取因子载核平方和（特征值大于 1）			旋转因子载核平方和（旋转后的结果）		
C	总数（特征值）	V%（变异量）	C%（贡献率）	总数（特征值）	V%（变异量）	C%（贡献率）	总数（特征值）	V%（变异量）	C%（贡献率）
1	4.092	31.474	31.474	4.092	31.474	31.474	3.440	26.461	26.461
2	1.227	9.823	41.297	1.277	9.823	41.297	1.778	13.675	40.136
3	1.217	9.365	50.662	1.217	9.365	58.986	1.238	9.522	58.986
4	1.082	8.324	58.986	1.732	8.765	60.654	1.321	8.768	67.897
5	.938	7.214	66.199						
6	.902	6.935	73.135						
7	.728	5.601	78.736						
8	.651	5.004	83.740						
9	.591	4.547	88.287						
10	.479	3.682	91.970						
11	.434	3.336	95.306						
12	.335	2.575	97.881						
13	.275	2.119	100.000						

提取方法：主成分分析法。

图表说明，未旋转前的特征值和解释量。特征值大于一的因素一共有四个，依据 Kaiser 的准则，共抽取四个共同因素。这四个因素有待于进一步命名确定。

表 5－6　旋转后因子负荷

	因数 F1	因数 F2	因数 F3	因数 F4
a1	0. 526			
a2	0. 730			
a3	0. 562			
a4	0. 242			
a5	0. 794			
a6	0. 745			
a7	0. 634			
a8	0. 654			
a9		0. 574		
a10		0. 676		
a11		0. 737		
a12		0. 675		
a13		0. 669		
a14		0. 637		
a15		0. 721		
a16			0. 691	
a18			0. 668	
a19			0. 814	
a20			0. 769	
a22			0. 767	

续表

	因数 F1	因数 F2	因数 F3	因数 F4
a23			0. 737	
a25			0. 731	
a26			0. 658	
a27				0. 623
a28				0. 704
a29				0. 620
a30				0. 755
a31				0. 710
a32				0. 722
a33				0. 832
a35				0. 600
a36				0. 731
a37				0. 822
a38				0. 877
a39				0. 666

此表为 39 个项目在四个共同因数上的负荷。可以看出项目 1 到项目 8 负荷在共同因数 1 上，因数 1 命名为“民间借贷需求”，项目 9 到项目 15 负荷在共同因数 2 上，因数 2 命名为“正规金融供给不足”，项目 16 到项目 26 负荷在共同因数 3 上，因数 3 命名为“民间金融特征”，项目 27 到项目 39 都负荷在因数 4 上，因数 4 命名为“民间金融的效应”。所有专案在各自负荷的共同因数上都有较高的负荷量，因此本问卷具有很好的结构效度。

二　描述性统计分析

表 5－7　　　　　　　　　　　　T1

		频数	百分比	有效百分比	累积百分比
样本	1	49	35.8	38.6	38.6
	2	29	21.2	22.8	61.4
	3	9	6.6	7.1	68.5
	4	40	29.2	31.5	100.0
	总数	127	92.7	100.0	
缺失	系统	10	7.3		
总数		137	100.0		

表 5－8　　　　　　　　　　　　T2

		频数	百分比	有效百分比	累积百分比
样本	1	72	52.6	57.6	57.6
	2	8	5.8	6.4	64.0
	3	45	32.8	36.0	100.0
	总数	125	91.2	100.0	
缺失	系统	12	8.8		
总数		137	100.0		

表 5 - 9 T3

		频数	百分比	有效百分比	累积百分比
样本	1.00	41	29.9	31.8	31.8
	2.00	62	45.3	48.1	79.8
	3.00	21	15.3	16.3	96.1
	4.00	5	3.6	3.9	100.0
	总数	129	94.2	100.0	
缺失	系统	8	5.8		
总数		137	100.0		

表 5 - 10 T4

		频数	百分比	有效百分比	累积百分比
样本	1.00	72	52.6	56.3	56.3
	2.00	39	28.5	30.5	86.7
	3.00	16	11.7	12.5	99.2
	4.00	1	0.7	0.8	100.0
	总数	128	93.5	100.0	
缺失	系统	9	6.6		
总数		137	100.0		

表 5 - 11 T5

		频数	百分比	有效百分比	累积百分比
样本	1.00	52	38.0	40.9	40.9
	2.00	59	43.1	46.5	87.4
	3.00	15	10.9	11.8	99.2
	4.00	1	0.7	0.8	100.0
	总数	127	92.7	100.0	
缺失	系统	10	7.3		
总数		137	100.0		

农村中小企业的金融需求主要表现为资金融出（主要是存款）、结算和资金融入，以资金融入的需求为主。调查表明：

（1）资金紧缺是中小企业发展过程面临的最主要的矛盾。项目1主要调查“现阶段影响企业发展的主要因素”，分析结果表明，38.6%的企业选择了“资金不足”，由此发现，资金不足是众多影响企业发展因素中一项最主要的因素。而项目2主要调查“企业最想得到的金融服务”，分析结果表明，57.6%的企业选择了“资金需求”，由此发现，企业在其发展中资金缺乏是制约发展的瓶颈，企业最希望得到金融服务就是满足企业的资金需求。资金紧缺是目前农村中小企业发展过程面临的最主要的矛盾。

（2）创业期与成长期企业对资金需求最强烈。项目4主要调查“企业生产经营在什么时期对资金需求最强烈”，分析结果表明，41.8%的企业选择了“成长期”，由此发现，处于成长期的中小企业对资金需求是最强烈的。创业期资金需求为31.8%，这主要是说明企业发展到目前已经基本上处于成长期，增加投资的需求更为强烈。

（3）企业资金主要来自自有资金与民间借贷。项目5主要调查企业借款的管道，30.5%的企业会向亲戚朋友借款，12.5%的企业会向民间金融机构借款，共计43%。在前文案例分析中出现同样的问题，在访谈中及问卷中更多的被调查者由于灰色金融的原因，很忌讳被问到是否有民间借贷，而是用自有资金来解释其资金来源。

（4）企业借贷主要是用于流动资金需求进行短期生产性周转。企业借款的用途46.5%用于资金流通需要，这说明现阶段中小企业在资产结构和融资结构中仍存在着矛盾，主要表现在：一是固定资产所占比重偏大，流动资产所占比重偏小，导致企业能用于日常经营周转的资金严重短缺，甚至影响生产经营的正常运行，由此加大了对资金的需求。二是存货和应收款项所占比重过大，且增幅居高不下，加剧生产经营资金的短缺和资金的紧张状况。企业的借款主要是用于短期的生产性周转，但也有40.9%用于扩大再生产，用于长期性的生产投资，这也说明发展到今天的宁波地区中小企业已经度过了发展初级阶段，开始进入成长期。

表 5－12　　T6

		频数	百分比	有效百分比	累积百分比
样本	1.00	4	2.9	3.1	3.1
	2.00	30	21.9	23.4	26.6
	3.00	85	62.0	66.4	93.0
	4.00	9	6.6	7.0	100.0
	总数	128	93.4	100.0	
缺失	系统	9	6.6		
总数		137	100.0		

表 5－13　　T7

		频数	百分比	有效百分比	累积百分比
样本	1.00	29	21.2	22.5	22.5
	2.00	61	44.5	47.3	69.8
	3.00	32	23.4	24.8	94.6
	4.00	7	5.1	5.4	100.0
	总数	129	94.2	100.0	
缺失	系统	8	5.8		
总数		137	100.0		

表 5－14　　T8

		频数	百分比	有效百分比	累积百分比
样本	1.00	24	17.5	18.6	18.6
	2.00	62	45.3	48.1	66.7
	3.00	33	24.1	25.6	92.2
	4.00	10	7.3	7.8	100.0
	总数	129	94.2	100.0	
缺失	系统	8	5.8		
总数		137	100.0		

表 5－15　　T9

		频数	百分比	有效百分比	累积百分比
样本	1.00	43	31.4	33.6	33.6
	2.00	52	38.0	40.6	74.2
	3.00	18	13.1	14.1	88.3
	4.00	15	10.9	11.7	100.0
	总数	128	93.4	100.0	
缺失	系统	9	6.6		
总数		137	100.0		

表 5－16　　T10

		频数	百分比	有效百分比	累积百分比
样本	1.00	25	18.2	19.5	19.5
	2.00	19	13.9	14.8	34.4
	3.00	82	59.9	64.1	98.4
	4.00	2	1.5	1.6	100.0
	总数	128	93.4	100.0	
缺失	系统	9	6.6		
总数		137	100.0		

表 5－17　　T11

		频数	百分比	有效百分比	累积百分比
样本	1.00	54	39.4	42.5	42.5
	2.00	24	17.5	18.9	61.4
	3.00	6	4.4	4.7	66.1
	4.00	21	15.3	16.5	82.7
	5.00	22	16.1	17.3	100.0
	总数	127	92.7	100.0	
缺失	系统	10	7.3		
总数		137	100.0		

表 5－18　　T12

		频数	百分比	有效百分比	累积百分比
样本	1.00	8	5.8	6.2	6.2
	2.00	54	39.4	41.9	48.1
	3.00	56	40.9	43.4	91.5
	4.00	11	8.0	8.5	100.0
	总数	129	94.2	100.0	
缺失	系统	8	5.8		
总数		137	100.0		

由于正规金融供给不足，导致中小企业对民间金融信贷需求强烈，调查表明：

（1）正规金融资金基本不能满足中小企业资金需求。项目 7 到项目 13 分析表明：66.4% 的企业认为本地区的国有银行服务一般；25.5% 的企业认为从正规金融机构基本不能满足企业所需的贷款金额，47.6% 的企业认为银行偶尔能满足企业的贷款需求，说明正规金融供给不足，正规贷款获得率低，正规信贷的规模远低于期望的贷款额度。（2）正规金融融资成本过高。正规金融的额外成本高，有 40.6% 的企业认为获得所需贷款有时需要支付额外费用，如请客送礼等，贷款成本实际增加，和民间借贷高利相比支出成本差不多。64.1% 的企业认为不能从正规银行贷款的原因是贷款数量少、手续成本高。42.5% 的企业认为正规银行存在的问题是效率低，可以判断，很大一部分企业在获得正规贷款的过程中需要增加企业的时间成本和经济成本。（3）民间金融弥补了正规金融资金缺口。41.9% 的企业认为本地区较多存在民间金融活动，民间金融市场的存在满足供给不足的缺口。

表 5－19　　T13

		频数	百分比	有效百分比	累积百分比
样本	1.00	4	2.9	3.1	3.1
	2.00	60	43.8	46.5	49.6
	3.00	57	41.6	44.2	93.8
	4.00	8	5.8	6.2	100.0
	总数	129	94.2	100.0	
缺失	系统	8	5.8		
总数		137	100.0		

表 5－20　　T14

		频数	百分比	有效百分比	累积百分比
样本	1.00	10	7.3	7.8	7.8
	2.00	64	46.7	50.0	57.8
	3.00	54	39.4	42.2	100.0
	总数	128	93.4	100.0	
缺失	系统	9	6.6		
总数		137	100.0		

表 5－21　　T15

		频数	百分比	有效百分比	累积百分比
样本	1.00	97	70.8	78.9	78.9
	2.00	25	18.2	20.3	99.2
	4.00	1	0.7	0.8	100.0
	总数	123	89.8	100.0	
缺失	系统	14	10.2		
总数		137	100.0		

表 5 - 22 T16

		频数	百分比	有效百分比	累积百分比
样本	1. 00	54	39. 4	42. 9	42. 9
	2. 00	24	17. 5	19. 0	61. 9
	3. 00	48	35. 0	38. 1	100. 0
	总数	126	92. 0	100. 0	
缺失	系统	11	8. 0		
总数		137	100. 0		

表 5 - 23 T17

		频数	百分比	有效百分比	累积百分比
样本	1. 00	9	6. 6	7. 0	7. 0
	2. 00	14	10. 2	10. 9	18. 0
	3. 00	94	68. 6	73. 4	91. 4
	4. 00	11	8. 0	8. 6	100. 0
	总数	128	93. 4	100. 0	
缺失	系统	9	6. 6		
总数		137	100. 0		

表 5 - 24 T18

		频数	百分比	有效百分比	累积百分比
样本	1. 00	86	62. 8	69. 9	69. 9
	2. 00	28	20. 4	22. 8	92. 7
	3. 00	9	6. 6	7. 3	100. 0
	总数	123	89. 8	100. 0	
缺失	系统	14	10. 2		
总数		137	100. 0		

表 5－25　　T19

		频数	百分比	有效百分比	累积百分比
样本	1. 00	21	15. 3	16. 7	16. 7
	2. 00	22	16. 1	17. 5	34. 1
	3. 00	83	60. 6	65. 9	100. 0
	总数	126	92. 0	100. 0	
缺失	系统	11	8. 0		
总数		137	100. 0		

表 5－26　　T20

		频数	百分比	有效百分比	累积百分比
样本	1. 00	50	36. 5	39. 4	39. 4
	2. 00	32	23. 4	25. 2	64. 6
	3. 00	23	16. 8	18. 1	82. 7
	4. 00	22	16. 1	17. 3	100. 0
	总数	127	92. 7	100. 0	
缺失	系统	10	7. 3		
总数		137	100. 0		

表 5－27　　T21

		频数	百分比	有效百分比	累积百分比
样本	1. 00	52	38. 0	41. 6	41. 6
	2. 00	62	45. 3	49. 6	91. 2
	3. 00	8	5. 8	6. 4	97. 6
	4. 00	3	2. 2	2. 4	100. 0
	总数	125	91. 2	100. 0	
缺失	系统	12	8. 8		
总数		137	100. 0		

表 5 - 28　　T22

		频数	百分比	有效百分比	累积百分比
样本	1.00	61	44.5	48.4	48.4
	2.00	14	10.2	11.1	59.5
	3.00	41	29.9	32.5	92.1
	4.00	10	7.3	7.9	100.0
	总数	126	92.0	100.0	
缺失	系统	11	8.0		
总数		137	100.0		

从民间金融参与及用途来看，调查表明：

（1）多数企业认为了解民间金融，而且获得民间金融比正规金融更容易，项目 14 到项目 24 调查了企业对民间金融的态度，46.5% 的企业认为对本地区民间活动以及民间金融基本了解；50.2% 的企业偶尔参加民间金融活动；78.9% 的企业认为从民间金融机构贷款相对比较容易；42.9% 的企业认为从正规金融机构贷款手续复杂，相对比较麻烦。（2）民间金融利率还是比较高的。73.4% 的企业认为民间借贷中利率比正规金融机构高。（3）民间借贷的资金及 69.9% 的企业认为从民间金融机构贷款可能不会超过一百万元；有 17.5% 的企业认为一年会向民间金融机构贷款一次；39.4% 的企业在从事民间金融贷款时需要担保。（4）企业进行民间借贷实现利润增长。企业借贷除了用于流动资金外，49.6% 的企业将从民间金融机构借贷来的资金用作固定资产更新，与之前 40.9% 用于扩大再生产，用于长期性的生产投资基本一致，48.4% 的企业通过民间借贷融资投入实现利润增长。

表 5－29 T23

		频数	百分比	有效百分比	累积百分比
样本	1.00	59	43.1	46.5	46.5
	2.00	15	10.9	11.8	58.3
	3.00	10	7.3	7.9	66.1
	4.00	43	31.4	33.9	100.0
	总数	127	92.7	100.0	
缺失	系统	10	7.3		
总数		137	100.0		

表 5－30 T24

		频数	百分比	有效百分比	累积百分比
样本	1.00	81	59.1	63.3	63.3
	2.00	20	14.6	15.6	78.9
	3.00	26	19.0	20.3	99.2
	4.00	1	0.7	0.8	100.0
	总数	128	93.4	100.0	
缺失	系统	9	6.6		
总数		137	100.0		

表 5－31 T25

		频数	百分比	有效百分比	累积百分比
样本	1.00	64	46.7	50.0	50.0
	2.00	15	10.9	11.7	61.7
	3.00	48	35.0	37.5	99.2
	4.00	1	0.7	0.8	100.0
	总数	128	93.4	100.0	
缺失	系统	9	6.6		
总数		137	100.0		

表 5－32　　T26

		频数	百分比	有效百分比	累积百分比
样本	1. 00	77	56. 2	63. 1	63. 1
	2. 00	37	27. 0	30. 3	93. 4
	3. 00	7	5. 1	5. 7	99. 2
	4. 00	1	0. 7	0. 8	100. 0
	总数	122	89. 1	100. 0	
缺失	系统	15	10. 9		
总数		137	100. 0		

表 5－33　　T27

		频数	百分比	有效百分比	累积百分比
样本	1. 00	95	69. 3	74. 2	74. 2
	2. 00	12	8. 8	9. 4	83. 6
	3. 00	21	15. 3	16. 4	100. 0
	总数	128	93. 4	100. 0	
缺失	系统	9	6. 6		
总数		137	100. 0		

表 5－34　　T28

		频数	百分比	有效百分比	累积百分比
样本	1. 00	53	38. 7	41. 7	41. 7
	2. 00	60	43. 8	47. 2	89. 0
	3. 00	12	8. 8	9. 4	98. 4
	4. 00	2	1. 5	1. 6	100. 0
	总数	127	92. 7	100. 0	
缺失	系统	10	7. 3		
总数		137	100. 0		

表 5－35 T29

		频数	百分比	有效百分比	累积百分比
样本	1.00	18	13.1	14.6	14.6
	2.00	59	43.1	48.0	62.6
	3.00	37	27.0	30.1	92.7
	4.00	9	6.6	7.3	100.0
	总数	123	89.8	100.0	
缺失	系统	14	10.2		
总数		137	100.0		

表 5－36 T30

		频数	百分比	有效百分比	累积百分比
样本	1.00	20	14.6	15.5	15.5
	2.00	57	41.6	44.2	59.7
	3.00	50	36.5	38.8	98.4
	4.00	2	1.5	1.6	100.0
	总数	129	94.2	100.0	
缺失	系统	8	5.8		
总数		137	100.0		

表 5－37 T31

		频数	百分比	有效百分比	累积百分比
样本	1.00	70	51.1	54.3	54.3
	2.00	58	42.3	45.0	99.2
	3.00	1	0.7	0.8	100.0
	总数	129	94.2	100.0	
缺失	系统	8	5.8		
总数		137	100.0		

表 5－38　T32

		频数	百分比	有效百分比	累积百分比
样本	1. 00	18	13. 1	14. 0	14. 0
	2. 00	55	40. 1	42. 6	56. 6
	3. 00	56	40. 9	43. 4	100. 0
	总数	129	94. 2	100. 0	
缺失	系统	8	5. 8		
总数		137	100. 0		

表 5－39　T33

		频数	百分比	有效百分比	累积百分比
样本	1. 00	16	11. 7	12. 4	12. 4
	2. 00	95	69. 3	73. 6	86. 0
	3. 00	17	12. 4	13. 2	99. 2
	4. 00	1	0. 7	0. 8	100. 0
	总数	129	94. 2	100. 0	
缺失	系统	8	5. 8		
总数		137	100. 0		

表 5－40　T34

		频数	百分比	有效百分比	累积百分比
样本	1. 00	14	10. 2	10. 9	10. 9
	2. 00	91	66. 4	70. 5	81. 4
	3. 00	23	16. 8	17. 8	99. 2
	4. 00	1	0. 7	0. 8	100. 0
	总数	129	94. 2	100. 0	
缺失	系统	8	5. 8		
总数		137	100. 0		

表 5－41　T35

		频数	百分比	有效百分比	累积百分比
样本	1.00	83	60.6	64.3	64.3
	2.00	10	7.3	7.8	72.1
	3.00	36	26.3	27.9	100.0
	总数	129	94.2	100.0	
缺失	系统	8	5.8		
总数		137	100.0		

表 5－42　T36

		频数	百分比	有效百分比	累积百分比
样本	1.00	85	62.0	65.9	65.9
	2.00	30	21.9	23.3	89.1
	3.00	14	10.2	10.9	100.0
	总数	129	94.2	100.0	
缺失	系统	8	5.8		
总数		137	100.0		

从民间金融信贷需求满足来看，调查表明：

（1）企业通过民间借贷实现了利润增长。项目 25 至项目 39 主要调查民间借贷金额的使用及其收益情况。63.6% 的企业认为从民间借贷的资金与企业利润增长有一定的关系；50% 的企业认为民间借贷的资金对企业的贡献率有 30%；74.2% 的企业在实现利润增长后继续扩大再生产。（2）企业认为民间金融促进了企业发展，政府应该促进其发展，但民间金融可靠性一般，使得 48% 的企业不敢涉足。44.2% 的企业认为当地民间金融活动规模相对较小不足正规银行的一半，48% 的企业在某些情况下不会将富余资金用来放贷；43.4% 的企业偶尔参加民间互助基金组织；73.4% 的企业认为民间金融机构的可靠性一般；70.5% 的企业认为当地的民间金融机构经营有待提高；64.3% 的企业认为民间金融机构对企业带来了方便；65.9%的企业认为当地民间金融机构的存在为其发展提供了便捷，促进了企业的发展。说明企业是认可民间金融的存在及意义的。

三　方差分析

表 5－43　描述性统计

	N	最小值	最大值	平均值	标准差
区域	129	1.00	4.00	2.5581	1.12435
维度一	129	10.00	22.00	16.3023	2.82733
维度二	129	10.00	22.00	15.4884	2.70450
维度三	129	6.00	24.00	16.4186	3.54370
维度四	129	11.00	23.00	15.4109	2.86305
样本数	129				

从表 5－43 可以看出，维度一的平均分为 16.3023，维度二的平均分为 15.4844，维度三的平均分为 16.4186，维度四的平均分为 15.4109。也就是说在中小企业的调查中，影响企业发展主要因素是资金短缺，由于正规金融政策歧视加之时间成本和交易成本的原因，中小企业存在资金需求时，会转向民间金融，对民间金融的态度比较积极，通过参与民间借贷使得部分企业能够获得资金并最终获利。

表 5－44　组间因素

区域	值标签	数目
宁海	1.00	30
象山	2.00	32
慈溪	3.00	32
余姚	4.00	35

表 5－44 显示本次调查中各个区域的问卷回收情况，其中宁海有效问卷 30 份，象山有效问卷 32 份，慈溪有效问卷 32 份，余姚有效问卷

35 份。

表 5－45　　　　因变量：维度一

来源	偏差平方和	自由度	均方	F 值	Sig 值
校正模型	120.094（a）	3	40.031	5.541	0.001
截距	34207.549	1	34207.549	4734.660	0.000
区域	120.094	3	40.031	5.541	0.001
误差	903.115	125	7.225		
总和	35307.000	129			
校正偏差平方和	1023.209	128			

注：a　R Squared = 0.117（Adjusted R Squared = 0.096）。

从上表可以发现，研究对象为维度一，从方差分析表中看到总的偏差平方和为 1023.209 被分解为条件引起的平方和和误差引起的平方和，从显著性概率看，区域引起的概率是 0.001，小于 0.01，因此可以得出结论，在 1% 的显著水准下，不同地区在维度一上存在显著差异。

表 5－46　　　　因变量：维度一

区域	平均值	标准误差	95% 置信区间	
			下限	上限
宁海	15.400	0.491	14.429	16.371
象山	17.719	0.475	16.778	18.659
慈溪	16.687	0.475	15.747	17.628
余姚	15.429	0.454	14.529	16.328

由于维度一即各个区域的中小企业对民间金融的需求是有差异的，那么每个区域的中小企业对民间金融的需求到底情况如何，从上表中可以看出各个区域的中小企业对民间金融需求的不同，象山最为强烈，其次是慈溪，接下来是宁海，最后是余姚。从前文我们分析中小企业空间布局时得到宁波私营企业空间分布情况：高数量高产值的集中在慈溪、余姚、鄞州

区，中数量中产值集中在奉化、海曙、江东、江北、镇海和北仑，低数量低产值的集中在宁海与象山。而个体工商户的空间分布格局与私营企业大致类似。而上表中得到象山中小企业对民间金融需求最为强烈，这主要是由于象山虽然是低数量低产值地区，但目前正处于赶超阶段，发展势头良好，表现出资金需求更加旺盛。同样宁海比余姚需求强些。

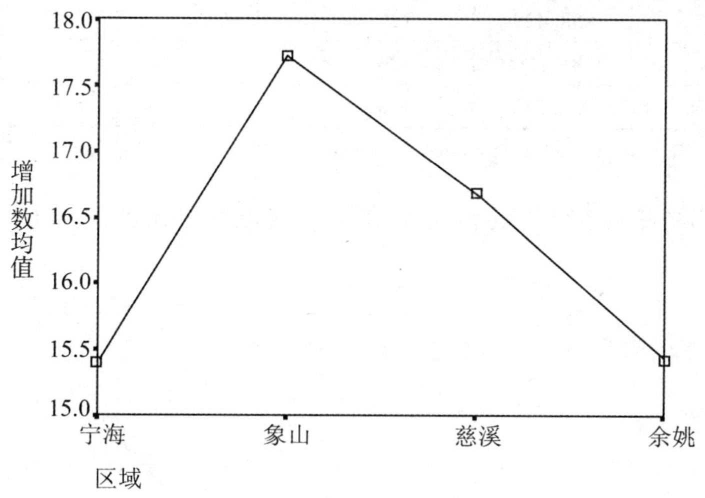

图 5－1　维度一的增加数均值图

图 5－1 进一步用直观的图像表示，各个区域中小企业对民间金融的需求程度是不一样的，图 5－1 更明显地支持表 5－46 的结论。

表 5－47　组间因素

区域	值标签	数目
宁海	1.00	30
象山	2.00	32
慈溪	3.00	32
余姚	4.00	35

表 5-48　　因变量：维度二

来源	偏差平方和	自由度	均方	F 值	Sig 值
校正模型	77.803（a）	3	25.934	3.776	0.012
截距	30738.267	1	30738.267	4475.945	0.000
区域	77.803	3	25.934	3.776	0.012
误差	858.429	125	6.867		
总和	31882.000	129			
校正偏差平方和	936.233	128			

注：a　R Squared = 0.083（Adjusted R Squared = 0.061）。

得出结论，在5%的显著水准下，不同地区在维度二上存在显著差异。

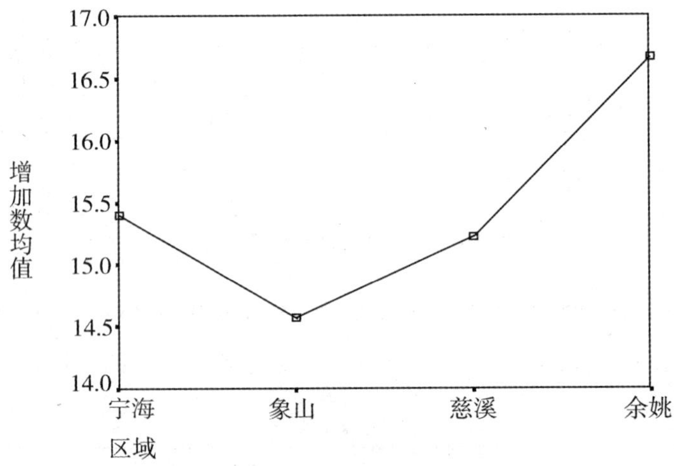

图 5-2　维度二的增加数均值图

根据表5-47、表5-48和图5-2可以看出，虽然各个区域中小企业对民间金融的需求程度不同，但是各地中小企业对正规金融的态度也不一致，余姚和慈溪以及宁海比象山区域对民间金融的态度更积极。慈溪、余姚是宁波中小企业发展最具代表性地区，如余姚上亿元的企业有1300多家，慈溪共有各类工商企业6万多家，平均每5户家庭就有1家在经商办企业。仅余姚、慈溪地区截至2008年4月底，共有各类经济主体34171

户，宁波全市每4户企业中就有超过1户注册在余姚、慈溪地区。而从个体工商户来看，截至2009年3月底，全市数量最多的县（市）区也是慈溪，为51908户，占全大市的20.0%；其次是余姚，为41727户，占全大市的16.1%。在余姚、慈溪中小企业发展中由于正规金融不能够满足资金需求，对民间金融的态度有区别，表现为更加积极。在这点上象山有比较特殊之处，对民间金融的需求是最强烈的，但从对民间金融的态度上看有些问题。这与象山民间金融发展与中小企业经营特点也有关系，象山除了针织业外，民间金融比较特殊的用于造船，象山沿海，原先有许多渔民以打鱼为生，拥有渔船成为其财富象征。很多象山企业参与造船后分红，资金借贷涉及面广、资金需求量大，与企业借贷流动资金有所区别，许多企业不愿意告知有过民间借贷。这种种因素使得在这部分问卷两部分结论不太一致。

表5-49　　组间因素

		值标签	数目
区域	1.00	宁海	30
	2.00	象山	32
	3.00	慈溪	32
	4.00	余姚	35

表5-50　　因变量：维度三

来源	偏差平方和	自由度	均方	F值	Sig值
校正模型	109.334（a）	3	36.445	3.041	0.031
截距	34583.128	1	34583.128	2885.656	0.000
区域	109.334	3	36.445	3.041	0.031
误差	1498.062	125	11.984		
总和	36382.000	129			
校正偏差平方和	1607.395	128			

注：a　R Squared = 0.068（Adjusted R Squared = 0.046）。

同样，可以得出结论，在5%的显著水准下，不同地区在维度三上存在显著差异。

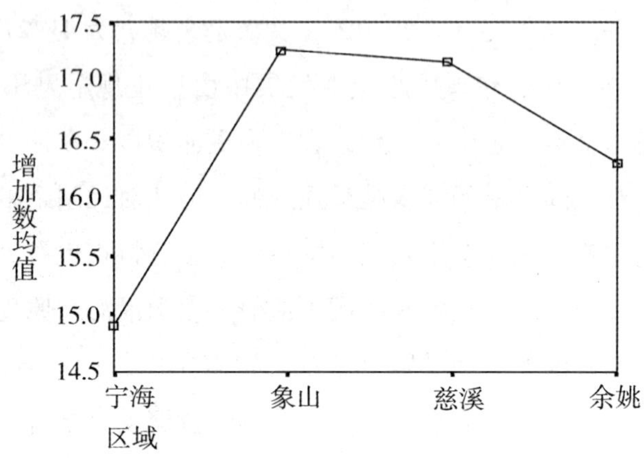

图5－3　维度三增加数均值图

从表5－49、表5－50可以看出，各个区域对民间金融在行为方面表现差异很显著，象山和慈溪地区的民间金融相对来说比较活跃，余姚地区的民间金融活动又比宁海区域显著活跃。图5－3也进一步验证了此结论。这部分与以上结论大相径庭，象山、慈溪、余姚、宁海资金需求旺盛，对民间金融的认可，使得表中四个地区的中小企业对民间金融参与程度有所差异，当地民间金融活跃程度也不同。

表5－51　组间因素

区域	值标签	总数
宁海	1.00	30
象山	2.00	32
慈溪	3.00	32
余姚	4.00	35

表 5－52　　因变量：维度四

来源	偏差平方和	自由度	均方	F 值	显著水平
校正模型	107.013[a]	3	35.671	4.732	0.004
截距	30394.831	1	30394.831	4032.379	0.000
区域	107.013	3	35.671	4.732	0.004
误差	942.212	125	7.538		
总和	31686.000	129			
校正偏差平方和	1049.225	128			

注：a　R Squared = 0.102（Adjusted R Squared = 0.080）。

同样，可以得出结论，在 5% 的显著水准下，不同地区在维度四上存在显著差异。

表 5－53　　因变量：维度四

区域	均值	标准误差	95% 置信区间	
			下限	上限
宁海	14.900	0.501	13.908	15.892
象山	14.281	0.485	13.321	15.242
慈溪	15.625	0.485	14.664	16.586
余姚	16.686	0.464	15.767	17.604

表 5－51、表 5－52 和表 5－53 表明在民间金融获益方面每个区域具有显著差异，民间金融获益方面余姚和慈溪最高，象山和宁海相对获益较少。与前面的分析基本结论是一致的，需求量大，正规金额供给不足，只有依靠民间金融满足资金缺口，从而由投入带来产出。民间金融供给量大，投入多，产出随之增加。

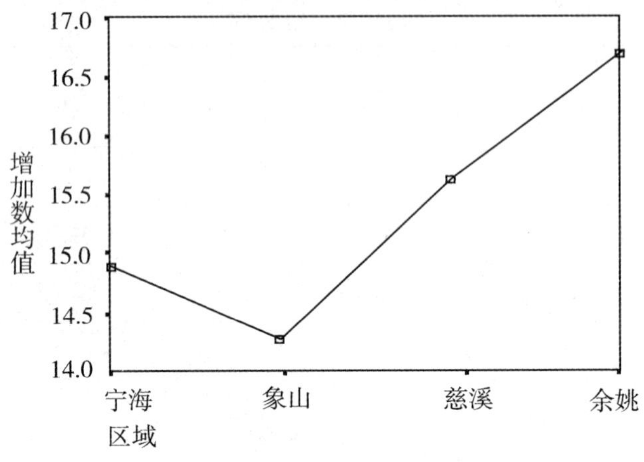

图 5－4　维度四增加数均值图

四　相关分析与回归分析

（一）相关性分析

根据样本资料可计算出借贷量与产出之间的 Pearson 样本相关系数为 0.998，在 1% 的显著水准下表明两者高度正相关，验证了假设一，具体的 SPSS13.0 结果输出如下：

表 5－54　相关分析

		借贷量	产　出
借贷量	相关系数	1	0.998**
	Sig 值**	0	0.000
产　出	相关系数	0.998**	1
	Sig 值**	0.000	0.000

注：**表明在 1% 水平下显著。

分析可知，在 1% 的显著水准下，中小企业借贷量与产出显著相关。

（二）回归分析

为进一步说明借贷量对产出的影响，以借贷量 X 为变量，以产出量 Y 为因变量，建立回归模型，采用 OLS 方法得到的样本回归方程为 $Y = -60481.71 + 1.34X$，在 1% 的显著水准下通过 T 检验与 F 检验，结果表明借贷量每增加 1 个单位，会引起产出平均增加 1.34 个单位。SPSS13.0 计算结果如下：

表 5－55　　方差分析

	平方和	自由度	均方	F 值	显著水平
回归	1494955772940489.000	1	1494955772940489.000	37685.314	0.000
残差	4998351051698.010	126	39669452791.254		
总和	1499954123992187.000	127			

表 5－56　　系数

	非标准系数		标准系数	t	显著水平
	B 值	标准误差	β 值		
常数项	－60481.781	18612.549		－3.250	0.001
借贷量	1.339	0.007	0.800	194.127	0.000

第二节　民间金融对农户增收影响的分析

一　信度效度分析

（一）样本分布基本情况

表 5－57　　样本分布基本情况

		频数	百分比	有效百分比	累积百分比
样本	余姚	48	23.5	24.5	24.5
	慈溪	49	24.0	25.0	49.5
	宁海	42	20.6	21.4	70.9
	象山	57	27.9	29.1	100.0
	总数	196	96.1	100.0	
缺失	系统	8	3.9		
总数		204	100.0		

（二）信度分析

表 5－58　　　　项目内部信度分析

项目	项目删除时的尺度平均数	项目删除时的尺度变异数	修正项目总相关	项目删除时 Cronbach's Alpha 值
a1	9.8673	17.807	0.583	0.697
a2	9.2959	19.798	0.183	0.750
a4	9.4082	16.656	0.485	0.704
a5	9.5404	17.261	0.649	0.686
a6	9.1939	13.416	0.676	0.659
a7	5.7347	16.032	0.512	0.698
a8	5.9388	21.976	0.515	0.788
a9	5.9592	17.957	0.431	0.716
a10	5.6327	18.359	0.436	0.715
a11	18.4100	19.7654	0.707	0.8835
a12	18.5700	20.2274	0.7168	0.8835
a13	18.4800	19.4848	0.8036	0.8820
a14	18.6200	20.5410	0.6717	0.8938
a15	18.7100	21.3474	0.5925	0.9000
a16	18.5900	19.6383	0.6257	0.9000
a18	18.8100	20.2274	0.7689	0.8780
a19	8.6300	9.4299	0.7134	0.8574
a20	8.6600	8.8327	0.7794	0.8574
a22	8.6500	9.7652	0.7703	0.8456

续表

项目	项目删除时的尺度平均数	项目删除时的尺度变异数	修正项目总相关	项目删除时 Cronbach's Alpha 值
a23	8.4200	8.7731	0.7009	0.8457
a24	8.7200	9.8198	0.7074	0.8519
a25	9.0800	10.9632	0.6032	0.8770

结果分析：根据信度检验发现，每一个题目在问卷中的信度都是非常可信的，Alpha 系数都高于 0.6，这表明问卷中每一个问题都能够准确表达出论文的预期表达，因此，本问卷中每一个项目都是令人信服的。

表 5－59 各维度的信度分析

	Cronbach's Alpha 值	基于标准项目的 Cronbach's Alpha 值
第一维度	0.798	0.819
第二维度	0.678	0.617
第三维度	0.792	0.700
第四维度	0.797	0.678

结果说明：由以上信度检验报表可以发现，四个维度的 Alpha 系数分别是 0.798，0.678，0.792，0.797，每个维度在问卷中的信度都比较好，Alpha 系数都高于 0.6。因此，本问卷具有较好的信度，可以用来作为本研究的正式问卷。

（三）问卷的结构效度分析

为了保证问卷结构效度，采用主成分分析法对问卷的各项目进行因素分析。表 5－60 的 KMO 值是 Kaiser-Meyer-Olkin 的取样适当性量数，当 KMO 值越大时，表示变数间的共有因素越多，越适合进行因素分析。根据学者 Kaiser（1974）观点，如果 KMO 值小于 0.5 时，此时比较不宜进行因素分析，此处的 KMO 值为 0.834，表示适合进行因素分析。此外，从 Bartlett' s 的球形检验的卡方值为 252. 809，并达到显著水准，代表母群体的相关矩阵间共有因素的存在适合进行因素分析。

表 5 - 60 Bartlett' s 检验

样本充分度 KMO 值测量		0. 834
Bartlett' s 的球形检验	卡方值	707. 188
	自由度	300
	显著水平	0. 000

表 5 - 61 分析结果（Total Variance Explained）

因素	最初特征值（未转轴）			提取因子载核平方和（特征值大于 1）			旋转因子载核平方和（旋转后的结果）		
C	总数（特征值）	V%（变异量）	C%（贡献率）	总数（特征值）	V%（变异量）	C %（贡献率）	总数（特征值）	V%（变异量）	C%（贡献率）
1	4. 092	31. 474	31. 474	4. 092	31. 474	31. 474	3. 440	26. 461	26. 461
2	1. 227	9. 823	41. 297	1. 277	9. 823	41. 297	1. 778	13. 675	40. 136
3	1. 217	9. 365	50. 662	1. 217	9. 365	58. 986	1. 238	9. 522	58. 986
4	1. 082	8. 324	58. 986	1. 732	8. 765	60. 654	1. 321	8. 768	67. 897
5	0. 938	7. 214	66. 199						
6	0. 902	6. 935	73. 135						
7	0. 728	5. 601	78. 736						
8	0. 651	5. 004	83. 740						
9	0. 591	4. 547	88. 287						
10	0. 479	3. 682	91. 970						
11	0. 434	3. 336	95. 306						
12	0. 335	2. 575	97. 881						
13	0. 275	2. 119	100. 000						

提取方法：主成分分析。

表 5－62 旋转后因子负荷

	因数 F1	因数 F2	因数 F3	因数 F4
a1	0. 526			
a2	0. 730			
a3	0. 562			
a4	0. 242			
a5	0. 794			
a6	0. 745			
a7		0. 567		
a8		0. 762		
a9		0. 654		
a10		0. 676		
a11		0. 737		
a12			0. 814	
a13			0. 769	
a14			0. 767	
a15			0. 737	
a16			0. 691	
a18			0. 668	
a19				
a20				0. 731
a22				0. 658
a23				0. 623
a24				0. 904
a25				0. 557

表 5－62 说明了未旋转前和旋转后的特征值与解释量。四个共同因数的解释量达到 67.897%，能够解释问卷所要表达的维度特征。特征值大于一的因素一共有四个，依据 Kaiser 的准则，共抽取四个共同因素。这四个因素有待于进一步命名确定。根据表 6 旋转后因数分布情况，我们将四个共同因数命名为“农户的借贷需求”、“对正规金融态度及正规金融借贷供给”、“民间借贷的行为”及“民间金融获益”。

二 描述性统计分析

表 5－63　　T1

		频数	百分比	有效百分比	累积百分比
样本	1.00	30	15.2	15.3	15.3
	2.00	92	46.7	46.9	62.2
	3.00	58	29.4	29.6	91.8
	4.00	16	8.1	8.2	100.0
	总数	196	99.5	100.0	
缺失	系统	1	0.5		
总数		197	100.0		

表 5－64　　T2

		频数	百分比	有效百分比	累积百分比
样本	1.00	18	9.1	9.2	9.2
	2.00	81	41.1	41.5	50.8
	3.00	84	42.6	43.1	93.8
	4.00	12	6.1	6.2	100.0
	总数	195	99.0	100.0	
缺失	系统	2	1.0		
总数		197	100.0		

表 5-65　T3

		频数	百分比	有效百分比	累积百分比
样本	1.00	38	19.3	19.4	19.4
	2.00	86	43.7	43.9	63.3
	3.00	49	24.9	25.0	88.3
	4.00	21	10.7	10.7	99.0
	5.00	2	1.0	1.0	100.0
	总数	196	99.5	100.0	
缺失	系统	1	0.5		
总数		197	100.0		

表 5-66　T4

		频数	百分比	有效百分比	累积百分比
样本	1.00	156	79.2	80.0	80.0
	2.00	23	11.7	11.8	91.8
	3.00	11	5.6	5.6	97.4
	4.00	5	2.5	2.6	100.0
	总数	195	99.0	100.0	
缺失	系统	2	1.0		
总数		197	100.0		

表 5-67　T5

		频数	百分比	有效百分比	累积百分比
样本	1.00	14	7.1	7.2	7.2
	2.00	50	25.4	25.8	33.0
	3.00	52	26.4	26.8	59.8
	4.00	78	39.6	40.2	100.0
	总数	194	98.5	100.0	
缺失	系统	3	1.5		
总数		197	100.0		

表 5－68 **T6**

		频数	百分比	有效百分比	累积百分比
样本	1.00	168	85.3	85.7	85.7
	2.00	15	7.6	7.7	93.4
	3.00	12	6.1	6.1	99.5
	4.00	1	0.5	0.5	100.0
	总数	196	99.5	100.0	
缺失	系统	1	0.5		
总数		197	100.0		

此次所调查的大部分农户是兼业型农户，项目 1 到项目 6 从农户经济状况调查农户的借贷行为，调查表明：

（1）农户资金需求情况。46.9% 的农户偶尔出现经济问题，这说明目前宁波地区农户的经济状况比较不错，之前提到 1978 年到 2008 年宁波农民人均纯收入从 100 余元增加到 11450 元，证实了近 50% 的农户会偶尔会出现经济问题，43.1% 的农户很少出现资金借贷行为。只有 43.9% 的农户一般会在出现意外情况时出现借贷行为，其中 25% 为了生意需要。（2）从调查的结果看，农户借款管道有两种，一种是从正规农村金融机构贷款，另一种是非正规渠道借款，包括农户之间的借贷、向民间金融组织借贷等。其中亲友借款比例高，近 85.7% 的农户如果需要借贷首先会向亲戚朋友借贷，亲友借款是一种依据血缘、地缘等关系形成的互助性合约，借款的获得是依靠农户的社会资本和信誉，而借款的偿还与执行是靠农户自身对社区小团体的归属感和责任感以及社区内的非正规制度合约为保障机制。但是仍然有一部分农户会向民间金融机构借贷；40.2% 的农户很少会去银行借贷。农户生活性借款更多地来自非正规渠道，即使是生产性借款，资金需求仍需要通过非正规管道满足。

表 5－69　　T7

		频数	百分比	有效百分比	累积百分比
样本	1.00	26	13.2	13.7	13.7
	2.00	133	67.5	70.0	83.7
	3.00	28	14.2	14.7	98.4
	4.00	3	1.5	1.6	100.0
	总数	190	96.4	100.0	
缺失	系统	7	3.6		
总数		197	100.0		

表 5－70　　T8

		频数	百分比	有效百分比	累积百分比
样本	1.00	15	7.6	7.7	7.7
	2.00	72	36.5	36.7	44.4
	3.00	61	31.0	31.1	75.5
	4.00	48	24.4	24.5	100.0
	总数	196	99.5	100.0	
缺失	系统	1	0.5		
总数		197	100.0		

表 5－71　　T9

		频数	百分比	有效百分比	累积百分比
样本	1.00	135	68.5	71.4	71.4
	2.00	11	5.6	5.8	77.2
	3.00	6	3.0	3.2	80.4
	4.00	37	18.8	19.6	100.0
	总数	189	95.9	100.0	
缺失	系统	8	4.1		
总数		197	100.0		

表 5－72　　T10

		频数	百分比	有效百分比	累积百分比
样本	1.00	25	12.7	13.0	13.0
	2.00	139	70.6	72.4	85.4
	3.00	14	7.1	7.3	92.7
	4.00	14	7.1	7.3	100.0
	总数	192	97.5	100.0	
缺失	系统	5	2.5		
总数		197	100.0		

项目 7 到项目 10 从调查农户对正规金融与民间金融的态度：（1）67.2%的农户认为之所以不到银行贷款的原因是“手续麻烦，条件要求高，需要担保等”；36.5%的农户偶尔会向民间金融进行借贷；74.1%的农户认为民间金融的优点是“方便灵活”，所以参加民间借贷。（2）72.4%的农户认为民间借贷对自己发展有一定帮助。

调查表明由于正规金融不能够完全满足农户的融资需求，而且隐形成本高（需要担保抵押等），从而使农户的融资需求呈现非正规化趋势。

表 5－73　　T11

		频数	百分比	有效百分比	累积百分比
样本	1.00	76	38.6	39.2	39.2
	2.00	53	26.9	27.3	66.5
	3.00	30	15.2	15.5	82.0
	4.00	35	17.8	18.0	100.0
	总数	194	98.5	100.0	
缺失	系统	3	1.5		
总数		197	100.0		

表 5－74 T12

		频数	百分比	有效百分比	累积百分比
样本	1.00	78	39.6	41.7	41.7
	2.00	68	34.5	36.4	78.1
	3.00	20	10.2	10.7	88.8
	4.00	21	10.7	11.2	100.0
	总数	187	94.9	100.0	
缺失	系统	10	5.1		
总数		197	100.0		

表 5－75 T13

		频数	百分比	有效百分比	累积百分比
样本	1.00	25	12.7	13.0	13.0
	2.00	79	40.1	40.9	53.9
	3.00	60	30.5	31.1	85.0
	4.00	29	14.7	15.0	100.0
	总数	193	98.0	100.0	
缺失	系统	4	2.0		
总数		197	100.0		

表 5－76 T14

		频数	百分比	有效百分比	累积百分比
样本	1.00	72	36.5	37.7	37.7
	2.00	58	29.4	30.4	68.1
	3.00	60	30.5	31.4	99.5
	4.00	1	0.5	0.5	100.0
	总数	191	97.0	100.0	
缺失	系统	6	3.0		
总数		197	100.0		

表 5 - 77 T15

		频数	百分比	有效百分比	累积百分比
样本	1.00	34	17.3	17.9	17.9
	2.00	73	37.1	38.4	56.3
	3.00	83	42.1	43.7	100.0
	总数	190	96.4	100.0	
缺失	系统	7	3.6		
总数		197	100.0		

项目 11 到项目 15 主要调查农户参与民间借贷的行为。

（1）农户具有较高的融资需求频度。27.3% 的农户在 3 年来至少有一次民间借贷行为，15.5% 农户至少借贷 3 次。显示三分之一在近 3 年有向民间借贷的需求。（2）借款数额显示 41.7% 的农户向民间金融的借贷金额在 1 万元以内，36.4% 的农户向民间金融借贷金额在 1 万到 3 万元之间，可看出这一地区农户的民间借贷资金并不完全是小额借贷，万元以上乃至数万元的贷款很常见，应该是处于满足简单再生产阶段。（3）40.9% 的农户认为民间金融的借款人比较关注借贷者对钱财的实际用途，同时 37.7% 的民间借贷行为需有书面借贷合同，而 30.4% 的借贷行为会依照借贷金额而定是否需要书面合同，43.7% 的认为民间借贷行为不需要担保人，可看出担保在当前民间借贷中并不是完全凭口头协定，借贷合同的签订并视资金数额作为是否签订合同的依据已经表明农户对契约已有要求。

调查表明，农户民间借贷是一般每年都会进行的活动，并且农户借款以小额为主。随着农业和农村产业结构不断调整以及生活消费支出的增长，农户对资金产生越来越大的需求。68.9% 的农户所期望的借款金额都在 5000 元以上，有万元以上借款需求的农户占到了 31.1%。

表 5－78　　T16

		频数	百分比	有效百分比	累积百分比
样本	1.00	85	43.1	45.5	45.5
	2.00	19	9.6	10.2	55.6
	3.00	82	41.6	43.9	99.5
	4.00	1	0.5	0.5	100.0
	总数	187	94.9	100.0	
缺失	系统	10	5.1		
总数		197	100.0		

表 5－79　　T18

		频数	百分比	有效百分比	累积百分比
样本	1.00	64	32.5	33.7	33.7
	2.00	72	36.5	37.9	71.6
	3.00	54	27.4	28.4	100.0
	总数	190	96.4	100.0	
缺失	系统	7	3.6		
总数		197	100.0		

表 5－80　　T19

		频数	百分比	有效百分比	累积百分比
样本	1.00	16	8.1	8.5	8.5
	2.00	29	14.7	15.4	23.9
	3.00	38	19.3	20.2	44.1
	4.00	105	53.3	55.9	100.0
	总数	188	95.4	100.0	
缺失	系统	9	4.6		
总数		197	100.0		

表 5 - 81　　T20

		频数	百分比	有效百分比	累积百分比
样本	1.00	88	44.7	46.6	46.6
	2.00	39	19.8	20.6	67.2
	3.00	15	7.6	7.9	75.1
	4.00	47	23.9	24.9	100.0
	总数	189	95.9	100.0	
缺失	系统	8	4.1		
总数		197	100.0		

表 5 - 82　　T22

		频数	百分比	有效百分比	累积百分比
样本	1.00	156	79.2	80.8	80.8
	2.00	15	7.6	7.8	88.6
	3.00	15	7.6	7.8	96.4
	4.00	7	3.6	3.6	100.0
	总数	193	98.0	100.0	
缺失	系统	4	2.0		
总数		197	100.0		

表 5 - 83　　T23

		频数	百分比	有效百分比	累积百分比
样本	1.00	97	49.2	67.4	67.4
	2.00	20	10.2	13.9	81.3
	3.00	13	6.6	9.0	90.3
	4.00	14	7.1	9.7	100.0
	总数	144	73.1	100.0	
缺失	系统	53	26.9		
总数		197	100.0		

表 5－84　　T24

		频数	百分比	有效百分比	累积百分比
样本	1.00	30	15.2	15.5	15.5
	2.00	156	79.2	80.8	96.4
	3.00	7	3.6	3.6	100.0
	总数	193	98.0	100.0	
缺失	系统	4	2.0		
总数		197	100.0		

表 5－85　　T25

		频数	百分比	有效百分比	累积百分比
样本	1.00	7	3.6	3.6	3.6
	2.00	157	79.7	81.3	85.0
	3.00	19	9.6	9.8	94.8
	4.00	10	5.1	5.2	100.0
	总数	193	98.0	100.0	
缺失	系统	4	2.0		
总数		197	100.0		

项目 16 到项目 25 从民间借贷后收益变化调查民间金融借贷的影响。

（1）农户借贷并不完全是高利贷性质的，也有互助成分，借贷成本并不一定非常高。45.5% 的农户认为民间借贷时利息比银行要高，但是 43.9% 的农户认为民间借贷比银行利息低，由此可以判断民间金融的利息首先还没有统一的标准，其次是浮动的，并不一定都是高利贷，有些甚至低于正规金融利率，这体现部分民间借贷的互助性质。（2）贷款用途。37.9% 的农户会将从民间机构借贷的资金用于生产方面；20.2% 的农户将从民间机构借贷的资金 30% 用于生活开支，70% 用于生产开支；46.6% 的农户认为从民间机构借贷的资金用于生产或生活方面后其水准都有所提高；7.8% 的农户会将富余的资金存入钱庄或入会；67.4% 农户认为之所以不将富余资金存入银行是因为银行存款利息低。

调查表明，农户同时是一个生产经营单位和生活消费单位，既需要生产性借款，又需要生活性借款。借款用途主要是用于生产性用途。此结果与林毅夫（1989）的研究有所不同。根据林毅夫等的案例研究，农村非正式借贷（民间借贷）通常不增加农业生产中的净流动资金。显然农户民间借贷的主要用途是生产性的，那么民间借贷就对农村经济发展及农户收入增加具有重要的贡献。而与此相比，农户的生产性投资需要则具有更大弹性，一旦面临信贷约束，生产性资金需求（特别是扩大再生产需求）将首先被压缩，因而严重影响未来的收入状况。同时农户认为，从民间借贷的资金用于生产或生活方面后，其水准都有所提高。

三 方差分析

表 5－86　　描述性统计

	数量	最小值	最大值	均值	标准差
区域	196	1	4	2. 55	1. 15
维度一	196	6	18	12. 54	2. 33
维度二	196	5	17	10. 50	2. 16
维度三	201	0	18	12. 17	2. 59
维度四	196	4	18	11. 63	2. 67
Valid N	196				

表 5－87　　组间因素

区域	值标签	数量
余姚	1	48
慈溪	2	49
宁海	3	42
象山	4	57

表 5－86 从维度方面统计了各个维度的得分情况，表 5－87 从区域方

面统计了各个区域参与调查的农户的基本数量。

表 5 -88　　因变量：维度一

区域	均值	标准误差	95%置信区间	
			下限	上限
余姚	12.19	0.34	11.52	12.85
慈溪	12.78	0.33	12.12	13.43
宁海	12.62	0.36	11.91	13.33
象山	12.58	0.31	11.97	13.19

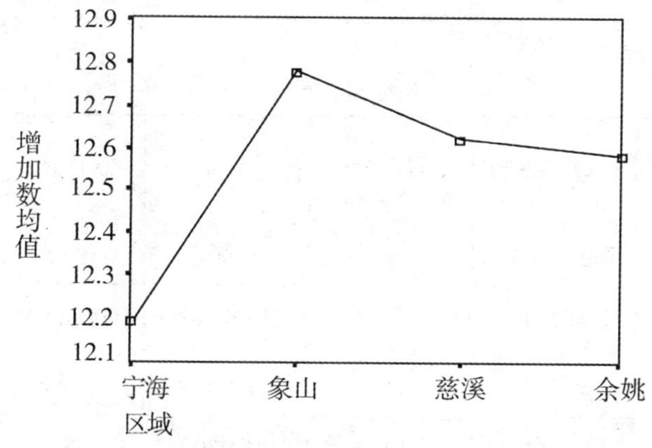

图 5 -5　维度一的增加数均值图

由于维度一即各个区域的农户对民间金融的需求是有差异的，那么每个区域的农户对民间金融的需求到底情况如何，从上表中可以看出各个区域的农户对民间金融需求的不同，慈溪最为强烈，其次是宁海，接下来是象山，最后是余姚。慈溪我们前文已经做过分析，由于中小企业发达民间资金需求量较大，农户收入也比较高，而宁海是典型的农业县，由于不够发达，资金约束明显，农户信贷需求才更加强烈，与其他区域还是有差别的。图 5 -5 进一步用直观的图像表示，各个区域中小企业对民间金融的需求程度是不一样的，明显地支援表 32 的结论。所以即使是在同一个区域内的不同地方，民间借贷的普遍程度也有较大的差异，造成这种差异的原因很多，如农户金融需求差异、正规金融覆盖率和贷款的可得性差异等，更为重要的是不同地方的经济环境差异。

表 5－89　　组间因素

区域	值标签	数目
余姚	1.00	48
慈溪	2.00	49
宁海	3.00	42
象山	4.00	57

表 5－90　　因变量：维度二

来源	偏差平方和	自由度	均方	F 值	显著水平
校正模型	3.182（a）	3	1.061	0.224	0.880
截距	21407.467	1	21407.467	4517.646	0.000
区域	3.182	3	1.061	0.224	0.880
误差	909.818	192	4.739		
总和	22522.000	196			
校正偏差平方和	913.000	195			

注：a　R Squared = 0.003（Adjusted R Squared = －0.012）。

我们可以从中得出结论，在5%的显著水准下，不同地区在维度二上存在显著差异。

表 5－91　　因变量：维度二

区　域	均值	标准误差	95%置信区间	
			下限	上限
余姚	10.479	0.314	9.859	11.099
慈溪	10.429	0.311	9.815	11.042
宁海	10.738	0.336	10.076	11.401
象山	10.404	0.288	9.835	10.972

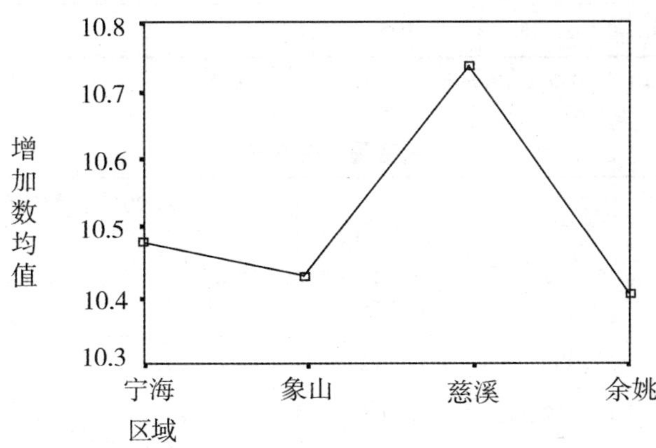

图 5－6　维度二的增加数均值图

根据表 5－90、表 5－91 和图 5－6 可以看出，虽然各个区域的农户对民间金融的需求程度不同，但是各地农户对正规金融与民间金融的态度也不一致，宁海农户需求更强烈，态度更积极。

表 5－92　　组间因素

区域	值标签	数目
余姚	1.00	48
慈溪	2.00	49
宁海	3.00	42
象山	4.00	57

表 5－93　　因变量：维度三

来源	偏差平方和	自由度	均方	F 值	显著水平
校正模型	13.930（a）	3	4.643	0.686	0.561
截距	28468.095	1	28468.095	4208.470	0.000
区域	13.930	3	4.643	0.686	0.561
误差	1298.780	192	6.764		
总和	30237.000	196			
校正偏差平方和	1312.709	195			

注：a　R Squared = 0.011（Adjusted R Squared = －0.005）。

表 5－94　　因变量：维度三

区域	均值	标准误差	95% 置信区间	
			下限	上限
余姚	12.021	0.375	11.280	12.761
慈溪	11.980	0.372	11.247	12.712
宁海	11.929	0.401	11.137	12.720
象山	12.561	0.344	11.882	13.241

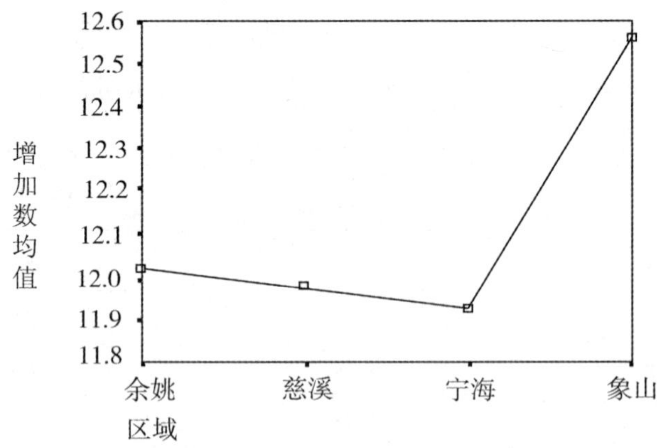

图 5－7　维度三的增加数均值图

我们从中可以得出结论，在5%的显著水准下，不同地区在维度三上存在显著差异。从表5-93、表5-94可以看出，各个区域对民间金融在参与与行为方面表现差异很显著，象山和余姚地区的民间金融相对来说比较活跃，慈溪地区的民间金融活动又比宁海区域显著活跃。图5-7也进一步验证了此结论。

表5-95　组间因素

区域	值标签	数目
余姚	1.00	48
慈溪	2.00	49
宁海	3.00	42
象山	4.00	57

表5-96　因变量：维度四

来源	偏差平方和	自由度	均方	F值	Sig值
校正模型	83.051（a）	3	27.684	4.055	0.008
截距	26192.289	1	26192.289	3836.643	0.000
区域	83.051	3	27.684	4.055	0.008
误差	1310.760	192	6.827		
总和	27893.000	196			
校正偏差平方和	1393.811	195			

注：a　R Squared = 0.060（Adjusted R Squared = 0.045）。

表5-97　因变量：维度四

区域	均值	标准误差	95%置信区间	
			下限	上限
余姚	12.167	0.377	11.423	12.911
慈溪	12.388	0.373	11.652	13.124
宁海	10.905	0.403	10.110	11.700
象山	11.053	0.346	10.370	11.735

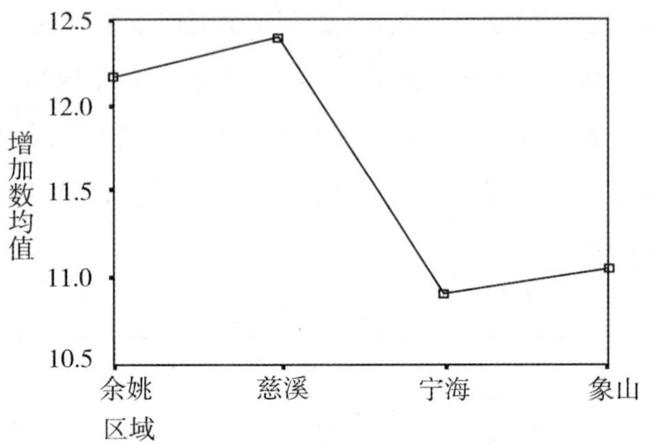

图 5－8　维度四的增加数均值图

同样，我们可以得出结论，在5%的显著水准下，不同地区在维度四上存在显著差异。表5－96、表5－97 表明在民间金融获益方面每个区域具有显著差异，从民间金融获益方面余姚和慈溪的农户由于借贷收入增加比象山和宁海更明显。图5－8 也进一步验证了此结论。

四　相关分析与回归分析

（一）相关分析

根据样本资料可计算出借贷量与收入之间的 Pearson 样本相关系数为0.744，在1%的显著水准下表明两者高度正相关，验证了假设二，具体的 SPSS13.0 结果输出如下：

表 5－98　相关分析

		借贷量	收入
借贷量	相关系数	1	0.744（＊＊）
	Sig 值（＊＊）	0.000	0.000
收入	相关系数	0.744（＊＊）	1
	Sig 值（＊＊）	0.000	0.000

注：＊＊　表明在1%水平下显著。

由以上分析可以发现，在1%的显著水准下，农户借贷量与收入显著相关。

（二）回归分析

为进一步说明农户民间金融借贷量对收入的影响，以借贷量X为变量，以收入量Y为因变量，建立回归模型，采用OLS方法得到的样本回归方程为Y＝8699.377＋0.638X，在1%的显著水准下通过T检验与F检验，结果表明借贷量每增加1个单位，会引起收入平均增加0.638个单位。

SPSS13.0计算结果如下：

表5－99　方差分析

来源	平方和	自由度	均方	F值	显著水平
回归	156990298364.107	1	156990298364.107	234.911	0.000
残差	126976504602.560	190	668297392.645		
总和	283966802966.667	191			

表5－100　系数

	非标准系数		标准系数	显著水平	
	B值	标准误差	β值		
常数项	8699.377	2044.085		4.256	0.000
借贷量	0.638	0.042	0.744	15.327	0.000

从以上分析可以得出，在宁波地区由于正规金融的缺失，民间金融的供给成为满足信贷需求的关键，通过验证，假设一、假设二成立。由于有了民间金融，中小企业产出得以增长，由于有了民间金融，农户的收入得以增长。由于中小企业是民营经济的微观基础，由此可以推论，宁波地区民间金融在一定的秩序框架下与宁波地区民营经济增长具有正向之关联性，假设三成立。

第三节　宁波地区民间金融效率的分析

张杰认为一种制度安排是否具有效率，依存于一定的产权结构形式，即市场主体产权形式的多元化和产权的可交易性。多元化的产权主体经过竞争性交易达到均衡时，市场才会处于有效状态。当然，这种均衡状态只是暂时的，不同的交易过程可能会出现不同的均衡点。本章对浙江的杭州、宁波、温州、台州、金华五市作为样本，对五市的农村金融市场的金融资源配置效率进行比较分析，从而可以更加清晰地判断宁波地区民间金融效率。

一　研究方法与样本选择

本研究以浙江的杭州、宁波、温州、台州、金华五市作为样本，对五市的农村金融市场的金融资源配置效率进行比较分析，包括正规金融机构和非正规金融机构。之所以选择五城市是前文分析了宁波四个地区特征。但与作为民间金融发达的浙江其他地区相比，宁波地区民间金融效率如何呢？因此选择五城市进行比较分析。在方法上，使用的是数据包络分析（Data Envelopment Analysis，简称 DEA）方法和 Malmquist 生产率指数。在本研究中，选取了浙江省的杭州、宁波、温州、台州、金华五城市作为样本，这五个地区分别选自浙江的东北地区和西南地区，可以体现不同的经济发展水平。分析五地区正规金融机构与非正规金融机构的相对效率状况，在分析中将正规与非正规金融均被视为一个整体，不考虑单个金融机构的情况。在本部分，我们将分别对五城市的农村金融市场中的正规金融机构的运行效率和 Malmquist 生产率指数进行评价；同时，在本部分的最后，运用其他学者的研究成果，对农村金融市场中的非正规金融的规模进行了粗略估算，并分析了其效率状况，也以此作为对正规金融估算结果的一个验证。

DEA 方法是 Charnes、Cooper 和 Rhodes 在《DMU 的效率衡量》中提

出的，它运用线性规划模型评价和研究具有多投入和多产出的若干决策单元（Decision Making Unit，简称 DMU）的相对有效性。基本思路是：通过对投入产出资料综合分析，确定有效生产前沿面，并根据各 DMU 与有效生产前沿面的距离状况，确定各 DMU 是否为 DEA 有效。DEA 方法将经济系统看做是只有一系列输入和一系列输出的“黑箱”，不考虑黑箱内部的结构，只以系统是否能以较少的投入带来较大的产出来评价系统的优劣。DEA 方法在效率评价上的优势，对于农村金融市场来说，它的金融生产函数难以确定，传统的效率评价方法难以奏效，而 DEA 方法恰好可以弥补这一不足。在研究中，评价各样本城市农村金融市场各年度的有效性的主要指标为技术效率（Technical Efficiency），它表示的是某个 DMU 在一定投入之下获得最大产出的能力，而计算这一效率的最主要的模型就是 C^2R 模型。

假设有 n 个决策单元（DMU_j，$1 \leqq j \leqq n$），DMU_j的输入向量（m 种输入）和输出向量（s 种输出）分别为：

$$X_i = (x_{1j}, x_{2j}, \cdots\cdots, x_{mj})^T > 0, \ j = 1, 2, \cdots\cdots n$$

$$Y_i = (y_{1j}, y_{2j}, \cdots\cdots, y_{sj})^T > 0, \ j = 1, 2, \cdots\cdots n$$

而，$v = (v_1, v_2, \cdots\cdots, v_m)^T$和 $u = (u_1, u_2, \cdots\cdots, u_s)^T$分别为每种输入和输出的权重。则 DMU_j的效率评价指数为：

$$h_j = \frac{u^T Y_j}{v^T X_j}, \ j = 1, 2, \cdots\cdots, n$$

我们总可以选取权系数 v 和 u，使得

$$h_j \leqq 1, \ j = 1, 2, \cdots\cdots, n$$

它的经济含义是：在权系数 v 和 u 之下，投入为 $v^T X_j$，产出为 $u^T Y_j$时的投入与产出之比，即 h_j越大，表明该决策单元越能以较小的投入获得较高的产出，从而体现其效率水平越高。在这种思路下，如果要对 DMU_j进行评价，就可以构造下面的 C^2R 模型：

$$(C^2R)^1\begin{cases}\max \dfrac{u^TY_j}{v^TX_j}=V_P^I,\\ \dfrac{u^TY_j}{v^TX_j}\leqslant 1,\ j=1,\ 2,\ \cdots\cdots,\ n,\\ u\geqslant 0,\ v\geqslant 0\end{cases}$$

这是一个分式规划，使用 C^2 变换可将其化为一个等价的线性规划的形式，即，

$$\begin{cases}\max\mu^TY_j,\\ \omega^TX_j-\mu^TY_j\geqslant 0,\ j=1,\ \cdots,\ n,\\ \omega^TX_j=1,\\ \omega\geqslant 0,\ \mu\geqslant 0\end{cases}$$

其对偶规划为

$$\begin{cases}\min\theta,\\ \sum_{j=1}^{n}X_j\lambda_j\leqslant\theta X_j,\\ \sum_{j=1}^{n}Y_j\lambda_j\leqslant Y_j,\\ \lambda_j\geqslant 0,\ j=1,\ n\end{cases}$$

其中，$\omega=tv$，$\mu=tu$。

通过此模型计算出来的 θ 即为决策单元（DMU）的技术效率（TE）。另外，通过分别计算规模报酬不变（CRS）和规模报酬可变（VRS）模型下的技术效率，可以得到该 DMU 的规模效率（Scale Efficiency），以衡量此 DMU 是否处于最佳规模之上。

在研究中，使用的是由不同年度的数据构成的面板数据，因此还需要用到 Malmquist 生产率指数。Malmquist 指数用于研究不同时期决策单元的效率演化，它是根据距离函数的基础定义的，因而和 Farrell 效率理论有着密切的联系。（《基于 Malmquist 指数的商业银行效率的实证分析》）

Fare 等给出了一个产出导向的 Malmquist 生产率指数：

$$m(u_t,x_t,u_{t+1},x_{t+1})=\left[\frac{d_o^t(u_{t+1},x_{t+1})}{d_o^t(u_t,x_t)}\times\frac{d_o^{t+1}(u_{t+1,x_{t+1}})}{d_o^{t+1}(u_t,x_t)}\right]^{1/2}$$

其中包含了四个产出距离函数。距离函数是 Farrell 技术效率的倒数，以点（x_t，y_t）为例，产出距离函数 d_o^t（x_t，y_t）的表达式为：d_o^t（x_t，y_t）$=1/\max_{\phi\lambda}\phi$。

通过计算这四个距离函数，也即四个线性规划问题，可以解出 Malmquist 生产率指数。若其值大于 1，表示全要素生产率呈现上升趋势，反之，表示全要素生产率呈现衰退趋势。可以把它进一步分解为两部分，如下式：

$$m(u_t,x_t,u_{t+1},x_{t+1})=\frac{d_o^{t+1}(u_{t+1},x_{t+1})}{d_o^t(u_t,x_t)}\left[\frac{d_o^t(u_{t+1},x_{t+1})}{d_o^{t+1}(u_{t+1},x_{t+1})}\times\frac{d_o^t(u_t,x_t)}{d_o^{t+1}(u_t,x_t)}\right]^{1/2}$$

公式中，第一部分（中括号前）为技术效率变化（Technical Efficiency Change，简称 TEC），第二部分（中括号内）为技术变化（Technical Change，TC），从而可以比较几个时期的技术效率和规模效率状况。技术效率变化（TEC）涉及 DMU 生产和产出前沿面的关系。TEC 值大于 1，说明这个 DMU 在比上一时期更加接近效率前沿面的地方运行，小于 1 则相反。这个指数仅仅表示 DMU 的生产和效率前沿面的接近关系。技术变化（TC）表示的是两个时期效率前沿面本身的移动，这受技术和经济或监管环境的变化的影响。TC 值小于 1，表示效率前沿面向内移动，而当它大于 1 时，则表示效率前沿面向外移动，其值为 1 时，表示在相应的时间段内效率前沿面没有发生移动。

二　农村金融市场中正规金融机构的效率分析

拟先采用 DEA 方法，以五市 2000—2006 年的农业年度银行存款余额和贷款余额作为输入数据，同时以年度的农林牧渔业产值作为输出数据，对五市农村金融机构各年度的运行效率进行比较；再使用 Malmquist 生产率指数进行动态评价。计算过程中使用的是 DEAP 软件 2.1 版。

（一）对技术效率的分析

技术效率（TE），在这里表示全市农村金融市场中的正规金融机构所组成的整体在一定的投入之下获得最大产出的能力，由固定规模报酬下的DEA 模型求得。通过计算，我们得到如下结果：

表 5－101　　五市农村金融市场正规金融机构的技术效率

	杭　州	宁　波	温　州	台　州	金　华
2000	0.492	1.000	0.709	0.922	0.481
2001	0.901	0.331	1.000	0.324	0.674
2002	0.893	1.000	0.948	1.000	0.900
2003	0.727	1.000	0.655	0.776	0.628
2004	0.617	0.409	0.831	1.000	0.421
2005	1.000	0.396	0.293	0.333	0.805
2006	0.631	1.000	0.720	0.763	0.529
均值	0.731	0.658	0.694	0.667	0.614

通过上表可知，在以上五城市的农村金融市场中，正规金融机构的技术效率状况有较大起伏，最小值为温州市在 2005 年取得的，仅为 0.293。就均值（这里的均值为几何均值）而言，评价期间，杭州市的技术效率均值最高，为 0.731，金华市最低，为 0.614，体现了不同经济发展水平下的金融效率差异。虽然有些地区（例如宁波）在几个年份的技术效率值都是 1，但由于较大的波动而影响了其均值状况。总体而言，五城市农村金融市场中正规金融机构的效率状况不容乐观，这与第三部分中关于浙江省农村金融市场现状的描述是一致的。影响技术效率的因素是多方面的，如农村金融市场中的竞争程度、市场发育程度等，但这些归根结底是源于各地区间不同的经济发展水平。

（二）Malmquist 生产率指数分析

通过对五市农村金融市场正规金融机构的 Malmquist 生产率指数的分析，可以得到下表。

表 5－102　五城市农村金融市场正规金融系统的 Malmquist 生产率指数变化

	杭　州	宁　波	温　州	台　州	金　华
2000	1.000	1.000	1.000	1.000	1.000
2001	3.072	0.468	2.365	0.485	2.368
2002	0.461	1.338	0.422	1.374	0.608
2003	0.526	0.712	0.448	0.526	0.495
2004	1.318	0.532	1.969	2.003	1.042
2005	2.062	1.232	0.429	0.385	2.413
2006	0.384	1.543	1.496	1.397	0.400
均值	0.959	0.876	0.909	0.850	0.946

上表反映了几年来五城市农村金融市场中正规金融机构 Malmquist 生产率指数的变化。作为基期的 2000 年均被设为 1，均值表示的是对 2001—2006 六年中生产率指数的几何平均数。总体而言，相对于 2000 年，2001—2006 年的均值在五地区都出现了下降，且降幅明显，也就是说，相对于 2000 年，其后六年中的全要素生产率出现了下降。

那么是什么原因引起了该生产率指数的下降呢？由前面的论述可知，Malmquist 生产率指数的变化可以分解为技术效率变化（Technical Efficiency Change，简称 TEC）和技术变化（Technical Change，简称 TC）两项。其中，技术效率变化是相对效率变化指数，表示 DMU 在 t 期至 t+1 期的技术效率变动程度，为由 DMU 在 t+1 期的投入产出与具有效率的 DMU 的差距除以该 DMU 在 t 期的投入产出与具有效率的 DMU 的差距所衡量的值。技术变化表示银行在 t 期至 t+1 期的生产技术变化的程度，为由 t+1 期的生产技术变动值与以 t 期衡量的生产技术变动值的集合平均数所求得。它代表两个时期内生产前沿面的移动，表明了技术进步或创新的程度。下面两表分别反映的就是五城市农村金融市场中正规金融机构在评价期间的技术效率变化和技术变化状况。

表 5-103　五城市农村金融市场中正规金融机构的技术效率的变化状况

	杭　州	宁　波	温　州	台　州	金　华
2000	1.000	1.000	1.000	1.000	1.000
2001	1.833	0.331	1.411	0.352	1.400
2002	0.990	3.017	0.948	3.085	1.334
2003	0.815	1.000	0.692	0.776	0.698
2004	0.849	0.409	1.267	1.289	0.671
2005	1.620	0.968	0.353	0.333	1.912
2006	0.631	2.525	2.454	2.291	0.657
均值	1.042	1.000	1.003	0.969	1.016

表 5-104　五城市农村金融市场中正规金融机构的技术变化状况

	杭　州	宁　波	温　州	台　州	金　华
2000	1.000	1.000	1.000	1.000	1.000
2001	1.676	1.411	1.676	1.380	1.691
2002	0.466	0.444	0.445	0.445	0.455
2003	0.645	0.712	0.647	0.678	0.709
2004	1.553	1.300	1.553	1.553	1.553
2005	1.273	1.273	1.157	1.214	1.262
2006	0.608	0.611	0.610	0.610	0.610
均值	0.920	0.876	0.899	0.885	0.931

以上两表可对 Malmquist 生产率指数的变化做出解释。由表 5-103 可得到五地区农村金融市场正规机构在评价期间技术效率变化的状况，它们 2001—2006 年的均值较 2000 年变化不大，说明在技术效率变化上未出现大的波动。表 5-104 反映的技术变化状况则不同，2001—2006 年的均值相对于基期 2000 年都出现了较大程度的下降，这是引起五地区农村金融市场中正规金融机构 Malmquist 生产率指数下降的主要原因。由此反映的问题是创新不足，这也是我国金融界普遍存在的问题。

三　对前述结论的验证：非正规金融的效率测算

同时，本研究也对五市农村金融市场中的非正规金融的效率进行了测算，以此作为对以上分析结果的一个检验。而要对农村金融市场中非正规金融机构的效率进行评价，第一步应进行的是对它们的规模的匡算。测算非正规金融的资本规模可以通过将各项资产加总所计算的资本规模和按照资本产出比率推算的资本规模平均得出①。陈晓红等人则更加细化了这种方法：首先，将各种资产加总即货币形式的流动资产（包括外币存款和历年现金净投放）、投资形成的固定资产（包括历年投资累计和固定资产折旧）及实物形式的流动资产（包括产业资本和商业资本中的库存商品）并剔除一些其他因素。其次，按照资本产出比率推算即通过产出倒推资本存量规模。将两个方法测算得出的平均值即得到当年的民间金融资本规模②。通过这一方法，我们计算得到了关于五市农村金融市场中的非正规金融规模的大体数据，并以此作为输入，以各年度相应的农林牧渔业产值为输出进行 DEA 分析，关于各市的非正规金融的技术效率得到如表 5 - 105 结果。

表 5 - 105　　五城市农村非正规金融机构的技术变化状况

	杭　州	宁　波	温　州	台　州	金　华
2000	0.998	0.939	0.970	0.962	1.000
2001	0.950	1.000	0.927	0.995	0.878
2002	1.000	0.932	0.977	0.946	0.846
2003	0.969	0.929	0.949	0.935	1.000
2004	0.993	0.985	0.971	0.958	1.000
2005	0.811	0.933	1.000	0.953	0.828
2006	0.947	0.918	0.932	0.962	1.000
均值	0.950	0.948	0.961	0.959	0.933

① 张军、章元：《对中国资本存量 K 的再估计》，载《经济研究》2003 年第 7 期，第 35—43 页。

② 陈晓红等：《基于 DEA 方法的民间金融资本运用的效率研究——对温州市民间金融的实证分析》，载《经济问题探索》2007 年第 5 期，第 101—105 页。

通过表 5 - 104 与表 5 - 105 的比较可以发现，相对于正规金融机构技术效率的较大变动，非正规金融机构技术效率在五地区均较为稳定。七年均值的变化也不大，总体保持了较高且稳定的技术效率。这与五地区农村金融市场中正规金融机构的技术效率状况形成了鲜明的对比。

另外，通过对五地区农村金融市场中非正规金融机构的 Malmquist 生产率指数的分析可以发现，2001—2006 年五地区农村金融市场非正规金融机构的 Malmquist 生产率指数较与 2000 年相比，虽有下降，但幅度很小，这也与农村金融市场中正规金融机构的状况不同。通过分析影响 Malmquist 生产率指数的两个因素可以知道：在这六年中，技术效率变化和技术变化均无太大变动。

表 5 - 106　五城市农村非正规金融机构的 Malmquist 生产率指数变化状况

	杭　州	宁　波	温　州	台　州	金　华
2000	1.000	1.000	1.000	1.000	1.000
2001	0.959	1.074	0.963	1.043	0.885
2002	1.023	0.906	1.025	0.923	0.937
2003	0.908	0.934	0.910	0.926	1.108
2004	1.084	1.122	1.083	1.084	1.058
2005	0.884	1.026	1.115	1.077	0.897
2006	1.074	0.905	0.857	0.929	1.111
均值	0.986	0.991	0.988	0.994	0.995

使用 DEA 方法对五个样本城市的农村金融市场效率进行的评价，主要是对技术效率和 Malmquist 生产率指数进行了分析。首先是对于农村金融市场中的正规金融机构，我们通过分析得到，五地区在技术效率上差别不大，相对而言，杭州最高，金华最低，这也体现了不同经济发展程度下正规金融机构对农村经济的重视程度不同；而 Malmquist 生产率指数在七年的考察期间都呈下降的趋势，且下降幅度明显。但是浙江省作为全国民营经济发展最快和所占比重最高的省份之一，其经济成就是有目共睹的，

这似乎与正规金融机构的效率水平相矛盾。李永平认为，“对该问题合乎逻辑的解释是非正规金融提供了民营经济发展所需要的资金，而民营经济推动了地区的经济增长”。因此，同时作为对正规金融效率评价结果的一个验证，文章又对五市农村金融市场中的非正规金融的效率进行了评价。在这个过程中，首先通过张军、章元和陈晓红等人提供的估算方法测算了五城市农村金融市场中非正规金融的规模，然后以 DEA 方法分析了它们的技术效率和 Malmquist 生产率指数，得出的结论是温州的非正规金融的技术效率最高，与其正规金融机构的效率状况形成对比。这也是符合我们的预期的，即在非正规金融发达的浙江省的农村，非正规金融的技术效率较正规金融机构为高。另外，Malmquist 生产率指数方面，非正规金融在所考察的年份中变化很小，也与正规金融的较大幅度的下降形成了鲜明对比。

但同时我们也要指出，非正规金融规模的计算是学术界公认的难题，由于数据的不易获得，这个验证过程虽然可以反映其大致情况，但在数据上仍不够精确，这也是本研究需要进一步改正的方向之一。

第六章　发挥民间金融优势　推动经济社会发展的政策框架

第一节　研究成果与讨论

虽然宁波地区民间金融广泛存在并发挥着积极作用，但民间金融存在非法运作、扰乱金融秩序等不利因素，其对经济增长有没有贡献。由于民间金融的特殊身份始终不明确，贡献大小、效果怎样，甚至成为一个谜团，民间金融也成为理论与实践研究的敏感命题。学术界承认对其研究困难重重，困难主要在于：第一，非法性及运作的地下性与隐蔽性，使得探究很难深入及真实，深入分析运作机理往往受其他因素所制约；第二，民间金融内涵丰富、形式多样，目前尚无权威或统一的衡量体系（指标），缺乏一个能够有效识别、衡量信贷需求的分析框架，无法有效而具体描述民间金融对经济增长贡献及据以考核其成效，并且未有已受到广泛使用的民间金融相关议题之量表供参考；第三，资料的可获得性和真实性有可能影响最终的结果。中小企业、农户活动的复杂性和单一的横截面资料加大了解决内生性、非观测效应和测量误差等问题的难度。鉴于此，本研究在对农村金融供求非均衡的基础上，通过实证分析检验在二元金融结构下宁波民间金融深化程度与中小企业发展、农户收入提高之间的关联性，试图对以上的研究困境有所突破。

宁波地区民间金融弥补正规金融的缺口，在一定程度上解决中小企业、农户融资难问题，实现中小企业产出增加、农户收入提高，成为宁波地区民营经济增长的重要变数。本研究经问卷调查实证分析后，对所提出的三项假设进行验证。

（一）宁波地区民间金融对中小企业发展具有显著之关联性获得显著支持

假设一获得显著支持，显示宁波地区中小企业通过民间融资，产出提高，两者显著相关，样本资料计算出借贷量与产出之间的 Pearson 样本相关系数为 0.998，在 1% 的显著水准下表明两者高度正相关，验证了假设一。为进一步说明借贷量对产出的影响，得到的样本回归方程为 $Y = -60481.71 + 1.34X$，在 1% 的显著水准下通过 T 检验与 F 检验，结果表明借贷量每增加 1 个单位，会引起产出平均增加 1.34 个单位。罗丹阳认为民间金融有助于克服中小企业的弱质性，民间金融不仅有助于克服中小企业的融资约束，同时也克服了中小企业的融资需求约束，促进了中小企业发展和壮大。其中值得关注的是，由于民间金融的特殊地位，使得分析中“自有资本”这一概念所包含的内容有些特别，“自有”的分量究竟有多大，还需要进行进一步探讨。

（二）宁波地区民间金融对农户增收具有显著关联性获得显著支持

假设二获得显著支持，显示宁波地区农户信贷需求通过民间融资，实现收入的增加。根据样本资料可计算出借贷量与收入之间的 Pearson 样本相关系数为 0.744，在 1% 的显著水准下表明两者高度正相关，验证了假设二。为进一步说明农户民间金融借贷量对收入的影响，通过建立回归模型，得到的样本回归方程为 $Y = 8699.377 + 0.638X$，在 1% 的显著水准下通过 T 检验与 F 检验，结果表明借贷量每增加 1 个单位，会引起收入平均增加 0.638 个单位。张杰曾表示中国农贷制度是一个迄今尚未破解的谜团。在计划经济体制下，由于所有金融机构都是国有或集体所有，贷款对象不涉及个人或家庭，农户发生的只是最简单的现金储蓄行为（也很有限），在当时不可能、也没有必要参与信贷活动。改革开放以来，农户成为独立的财产所有者和生产经营者。资金需求也开始产生并加强。但在中国农村中最大的资金使用者和受益者——农户的信贷行为还处于最原始的状态，现代的金融服务还没有惠及到农民。由于信贷约束，使农户处于融资难的困境，而实证结果表明农户通过民间金融突破信贷约束，收入提高。

（三）宁波地区民间金融对民营经济增长具有显著关联性获得显著支持

假设三获得显著支持，由于中小企业、农户是民营经济的微观基础，有了民间金融融资，中小企业产出得以增长、农户收入得以增加，由此可以推论，宁波地区民间金融在一定的秩序框架下与宁波地区民营经济增长具有正向之关联性。浙江农村民间金融已比正规金融更多样化的组织结构和金融工具更容易满足无法从正规金融市场取得金融支持的农户和民营中小企业的金融需求，并以此促进地方经济发展①。民间金融填补了金融服务的空白，促进了民营经济发展。

因此，本研究各假设经实证分析后所显示之结果，可汇整如下表。

表 6－1　　本研究假设验证结果

研究假设	实证结果
在一定的秩序框架下，宁波地区民间金融的金融深化程度与宁波地区中小企业产出增加具有正向之关联性。	显著支持
在一定的秩序框架下，宁波地区民间金融其金融深化程度与宁波地区农户收入增长具有正向之关联性。	显著支持
在一定的秩序框架下，宁波地区民间金融与宁波地区民营经济增长具有正向之关联性。	显著支持

第二节　结　论

由于农村金融供需结构性失衡，中小企业与农户寻求民间金融成为现实环境与制度环境下不得已的选择。本研究通过对宁波地区中小企业、农户利用民间金融融资产生影响的分析得出如下结论：中国现代民间金融是中国经济体制改革的产物，是民营经济的飞速发展和个人、企业或政府为

① 陈时兴：《农村地方金融机构、地方政府行为与支农绩效》，载《农业经济研究》2001年第7期，第70—78页。

满足自身经济发展目标的策略选择的结果（马忠富，2001）。通过对宁波地区民间金融实证分析验证了在麦金农—肖的分析框架下，民间金融是一种效率低下的融资安排，无论是在成熟的市场经济国家还是在发展中国家都不重要的观点并不完全符合宁波地区民间金融及民营经济发展态势。宁波地区民间金融发展有效地改善了交易各方的福利及实现经济增长。

（1）宁波地区民间金融的发展，既符合民间金融发展的一般原理，体现民间金融发展的一般规律，又具有自身发展的特征，具有明显的区域特征。

（2）宁波民间金融发展是为克服金融抑制下的资金短缺而由农村民间自发创造的、旨在改变原有资金流动格局并促进农村经济发展的一项制度供给，宁波地区民间金融在制度非均衡中实现了诱致性制度变迁及制度创新，民间金融发展在我国并不是一项过渡性制度安排。

（3）宁波地区民间金融并非完全缺乏效率，不具竞争力和充满混乱。宁波农村民间金融在一定的秩序框架下其金融深化程度与经济发展之间表现为正相关关系，民间金融的效率与作用可以反映满足中小企业和农户信贷需求。

（4）宁波地区民间金融的发展及在资本配置中的作用，促进了资本的形成与经济增长，成为宁波民营经济发展的重要变量。

第三节　管理意涵

在此借用樊纲在《论体制转轨的动态过程——非国有部门的成长与国有部门的改革》一文中的观点表达宁波地区民间金融发展与宁波经济增长的内在逻辑关系，（1）经济的持续增长取决于改进资源的配置，使其从效率较低的部门体制下释放出来，转移到利用效率较高的体制中；（2）资源配置的改进在转轨经济中表现为非国有部门在制度结构中比重加大；（3）非国有经济的发展不仅支撑整个经济的增长，而且改善了国有企业改革的条件与环境。再结合上述之研究讨论，研究结论的管理意涵包括以下几方面。

第一，民营经济的金融困境是渐进改革过程中的内生现象，其实质是信用困境。民营经济金融困境的解除不能依赖于现有的国有金融框架，而要寻求以内生性为特征的金融制度创新。民间金融作为诱致性制度变迁是正规金融无法实现的潜在收益而进行的制度创新，民间金融在我国不应该是一项过渡性制度安排。农村民间金融的兴起作为一种底层改革，对中国整个农村金融制度变迁有着重要的意义。

第二，由于没有一个稳定的、有效的农村金融体系，金融机构向农业和农村配置资金方面缺乏效率，使得农村金融的快速发展并没有带动农业的相应增长，两者甚至呈负相关关系。在国有商业银行垄断并控制着大约70%的金融资源、直接融资市场中又被国有企业垄断着大约90%的资源配置下，民间金融存在与发展则有助于金融体系产权形式的多元化，有利于降低我国金融的垄断程度，增强市场的竞争性，同时可以提高正规金融机构效率。多元化的产权主体经过竞争性交易达到均衡时，市场才会处于有效状态。

第三，中国民间金融从地下走向公开应该是大势所趋。央行在部分省区进行“小额非政府信贷”试点，2008 年宁波各个区都相继成立了小额贷款公司，而《放贷人条例》已经走到了国务院审批层面，都表明了我国金融管理当局开始重视民间金融的作用，并逐步使之规范化，这也是金融抑制进一步减弱的表现。如何规范民间金融发展，整合民间资本力量，是我们需要思考的问题。因为民间金融的发展有其内在的规律和自然法则，人为地从外部供给“体制安排”，恐怕难以取得预期的效果。基于民间金融的自然法则之上的金融监管与金融调控体制的构建，才是针对民间金融合法化目标取向改革的核心所在①。大力发展民间金融，才有可能使其公开化，才可便于管理。

---

① 李建军：《中国地下金融规模与宏观经济影响研究》，中国金融出版社 2005 年版，第 172 页。

第四节　发挥宁波地区民间金融优势　推动经济社会发展的政策框架

目前国家从宪法、法律上日渐体现了对以民企、民资为主体的草根经济的合法性认可和保护必要性认同，但在具体的落实过程中，各大既得利益集团、一些地方政府和国有资本垄断的行业，设置了重重阻碍，民企、民资一直无法获得与国企特别是国有大企业平等的法律和政策地位，甚至一些地方和行业出现了严重的“国进民退”现象。这种总体强势发展基础下的非均衡态势，是一种“排斥性增长”。在排斥性增长的态势下，很多与民生息息相关的行业，比如石油、通信、交通、金融等领域依然高度垄断，民营资本无法与公有资本平等相处平等竞争，要真正实现包容性增长，其实就是扩大民企、民资的生存空间。

宁波民间投资在过去与政府投资相比并不享有同等“国民待遇”的情况下，却以较少的资源获得了较快的增长，说明其投资效益、效率比政府投资要高。新制度经济学观点表明，产权在经济运行中具有极端的重要性，交易成本对产权运作具有重要意义，如果产权界定不清楚，代替市场的价格机制来界定产权，或是否定私人产权的存在，或是政府过多干预资源配置，那么必将导致资源配置的低效率。Allen 等人指出，由于繁荣的非正规金融市场的存在，使得中国经济增长并未被一个功能不完善的正规金融投资所拖累。改革开放以来民间资本的活力和效率在宁波经济发展的实践中已经得到了充分的证明，对经济的成长和发展起着至关重要的支持作用，尤其是对民营经济的发展。

一　当前发挥民间金融的优势对推动宁波经济社会发展的现实意义

第一，从量上来看，宁波民间投资占到全省固定资产投资的 2/3 以上，就业人数占全省就业人数的 90% 左右，是拉动经济发展的重要引擎；从质的角度来看，民间投资的效率高于国有投资，而且自改革开放以来，民间投资对宁波经济发展的贡献一直都高于国有投资，这一现象与全国大部分地区刚刚相反。这充分说明了宁波的民间投资一直走在全国前列，其经验和模式对其他地区的民间投资发展具有示范效应。发展民间投资更有助于宁波经济的快速发展。

第二，当前启动并促进民间投资有助于投资动力的转化。我国在遏制住经济下滑之后，下一阶段应是投资动力的切换，重点从以政府投资拉动为主，向以民间投资拉动为主切换。1998 年我国政府以 1500 亿元投资启动而带出了上万亿元民间资本共同参与，最终克服了亚洲金融危机。而如今 4 万亿经济刺激计划如何带动约 12 万亿民间投资（据测算 2009 年中国民间投资达到 11 万亿—12 万亿的规模），如何动员民间投资则成为下一步发展的关键。从目前的情况来看，政府投资的局限性已经暴露，没有民间投资的跟进，4 万亿投资计划在效率上会大打折扣。因此，后危机时代如何更好地构建适合民间投资发展的政策环境来促进民间投资的发展，对于宁波经济趋稳回升具有重要的现实意义。

第三，理论上，政府投资的作用应主要体现在对经济全局的宏观调控，补充市场失灵造成的投资空缺，以及发展基础产业、基础设施、改善投资环境等方面；其投资领域应主要是基础设施、社会公益事业等公共产品行业。但是，近些年来发生的“国进民退”现象，说明部分国有企业凭借着其规模和“所有制”优势大量挤占社会资源并挤入生产性领域，对民间投资产生了一定的排挤效应。当前背景下，通过探讨宁波民间投资、国有投资对经济增长的贡献及其差异性有助于从根本上认清国有投资和民间投资的关系，确立民间投资的政策定位。

第四，通过探讨当前宁波民间投资发展的运行势态，有助于从制度层面打破民间投资的发展障碍，为“新 36 条”的实施奠定政策基础。早在 2001 年，原国家计委发布《关于促进和引导民间投资的若干意见》就提出鼓励民间投资参与基础设施和公共事业建设；其后，在 2004 年颁布的《国务院关于投资体制改革的决定》、2005 年颁布的《国务院关于鼓励支持和引导个体私营等非公有制经济发展的若干意见》（旧 36 条）和 2009

年颁布的《国务院关于进一步促进中小企业发展的若干意见》中都是对民间投资的政策措施，但一些行业和垄断行业的准入壁垒依然没有打破，民营企业融资难问题依然没有得到有效解决，民间投资的政策环境远远没有达到所期望的高度。针对民间投资所遭遇到的“弹簧门”、“玻璃门”和种种障碍，2010 年 5 月颁布了《国务院关于鼓励和引导民间投资健康发展的若干意见》(新 36 条)，紧随其后又出台了具体分工的后续文件，进一步明确了各地方和部门的主要工作任务。“新 36 条”的出台对于宁波民间投资的发展究竟会产生什么样的影响？分析影响宁波民间投资的政策因素，有利于更好的构建适合其发展的制度环境，为建立健全符合东部沿海发达地区特点和发展趋势的民间投资体系提供依据。

最后，积极发展民间投资有助于缓解宁波经济发展中的现实矛盾。首先，发展民间投资有利于增加就业维持社会稳定，并且以此带动国内消费需求的增加，使经济增长更加平衡。近年来，宁波民间资本吸纳的劳动力增长远快于国有资本，宁波非公有制企业占到全省总数的 80% 以上，吸引了 90% 以上的就业人口。其次，发展民间投资有助于降低资产价格的泡沫风险。当前，在新的投资机会缺失的环境下，民间资本大量涌入股市和房地产市场等“虚拟经济”，增加了资产价格泡沫风险。降低管制行业和垄断行业的进入壁垒，引导民间资金流向，将显著降低资产泡沫形成的风险。因此，发展民间投资对于宁波经济的健康、快速发展具有重要的现实意义。

二　制约宁波民间投资发展的困难与障碍

2004 年 3 月“私产入宪”，即把“公民的合法的私有财产不受侵犯”写入宪法，2005 年 5 月国务院出台“非公 36 条”，2007 年出台《反垄断法》，国务院又于 2010 年 8 月出台鼓励民间投资的“新 36 条”，这一切都体现了政策推动民营经济的良苦用心，也为民营资本进入垄断行业扫清了制度上的障碍。虽然大多数领域已经对民营企业开放，但民营企业仍然很难进入，可见建立相对公平的博弈平台仅仅靠一个两个文件的颁布是远远不够的，需要一套完整的法律制度、合理的政府机制、政府定位，推动民间投资的最大阻力在于强大的利益集团与相关政策的博弈。

（一）“非公36条”与“新36条”在宁波的实践

1978年召开的党的十一届三中全会为非公有制经济的起步打开了门路，提出了在以公有制为主体的前提下发展多种经济成分的指导方针。在这一方针的引导下，我国的个体经济首先迅速恢复和发展起来。20世纪80年代后期，我国开始从法律上对非公有制经济加以确认并给予保护。1988年，第七届全国人民代表大会第一次会议通过的《宪法修正案》，用国家根本大法的形式把私营经济的地位确定下来。由于非公有制经济的逐渐壮大和市场经济体制的建立，为适应客观形势，我国不断补充和完善非公有制经济方面的法律，这突出地表现在宪法的修改上，其内容都主要集中在对现行经济制度的修改上，特别是对于非公有制经济的地位和作用，更是实现了多次突破。其中，1999年《宪法修正案》明确提出了非公有制经济的概念：“在法律规定的范围内，个体经济、私营经济等非公有制经济是社会主义市场经济的重要组成部分。”2004年《宪法修正案》将对非公有制经济的引导、监督和管理改为鼓励、支持和引导。2005年2月24日，国务院颁布《国务院关于鼓励支持和引导个体私营等非公有制经济发展的若干意见》（下称“非公36条”），这是新中国成立以来第一部以促进非公有制经济发展为主题的政府文件。2005年“非公36条”的最大突破在于第一次明确提出允许非公资本进入垄断行业和领域，首次宣告打破铁路、电信、石油等传统垄断行业“非公”准入的门槛。但从今天看来，民营企业在进入相关垄断行业时，并没有出现民间资本在这几个行业大显身手，羁绊民企准入的“玻璃门”、“弹簧门”依旧未得到根本缓解，反而在这些领域国企的垄断地位越来越强，比如，在山西民间资本遭到大规模的隐性剥夺。民间资本真正发展还需要更公平的环境。2010年8月国务院发布《国务院关于鼓励和引导民间投资健康发展的若干意见》（下称“新36条”），成为改革开放以来第一个专门关于促进民间投资健康发展的文件。

浙江在全国率先进行投资体制改革，为民间投资发展提供制度保障。1999 年，浙江省计委在全国率先出台《浙江省鼓励和引导非国有投资的若干意见》，2003 年初浙江发展计划委员会又以 1 号文件出台了《关于促进和引导民间投资的意见》，2010 年 8 月宁波市人民政府出台《关于进一步鼓励和引导民间投资及开发中的若干意见》，为民间投资指导方向。

（二）宁波民间投资发展存在的问题

第一，民间投资信心仍未恢复。本轮国际金融危机对宁波而言表现为制造业危机，经济复苏的前景、出口形势不明朗、人民币升值等使得民间资本缺乏投资信心，观望情绪比较浓厚，投资行为更加谨慎。显然国内外市场预期不确定，民间投资缺乏效益驱动。

第二，政府投资挤出效应明显。在社会投资机会一定的情况下，政府投资增加，民间投资就会减少。政府投资会从几个方面减少民间投资：（1）挤占民间可投资领域。目前国企除了在金融、保险、教育、公共设施、邮电、通信、民航等领域垄断经营外，连一般竞争性行业也加快涉足，如房地产等。（2）政府投资引起税收增加，税负增加将妨碍民间投资。用于政府投资的财政资金主要来源于国家税收，为了弥补财政资金缺口，政府通常要增加居民的税负，在过高的税负压力下，必将降低民间投资热情。（3）政府投资过多不利于民间财富的迅速积累，因为投资活动是创造财富的必要前提，是获得财富的重要依据。民间财富积累缓慢将减少居民的投资需求和消费需求，进一步恶化投资的经济环境。因此政府投资过多，具有挤占民间投资，减少社会总财富效应。为应对金融危机，国有投资比重加大，除了传统的基础设施领域和公共设施管理业外，房地产等充分竞争领域的国有资本比例也在大幅攀升，已基本覆盖了国民经济的各个领域，政府投资挤压了民间投资的空间，与民间资本争利润、争投资场所产生了明显挤出效应。

第三，民间资本投资结构扭曲，资金的热钱化趋势。有人认为当前中国经济增长的三驾马车是房市、股市、车市。金融危机以来，出于资金安全和收益方面的考虑，相当数量的民间资本从实体经济中流出，转向房地产市场及股市。民间资金投资与投机需求增强，阻碍了实体经济发展，民间投资更多地在房地产领域和资本运作方面。宁波市近年来房地产投资增速保持在20%以上，房地产投资占民间投资比重在50%以上，越来越多的民间资本进入了房地产、证券市场进行投资，主要是资本市场成本较低、相对公平，没有进入限制等。但也说明民间投资渠道狭窄与不畅通，选择余地较小，资本是趋利的，民间资本在实体经济上没有良好的投资场所，只好去炒股，炒楼等。股市、楼市的非理性增长挫伤了民间资本投入实体经济的热忱，进而阻碍了实体经济的健康、持续发展。

第四，民间资本回流与外流趋势加剧。在通胀预期、流动性充裕、实体经济不太景气的背景下，资金回流也是资本寻求避风港的一种结果。截至2010年8月末，人行宁波市中心支行统计数据显示，宁波市金融机构本外币存款余额已达到9374亿元，其中，企业存款约3183亿元。

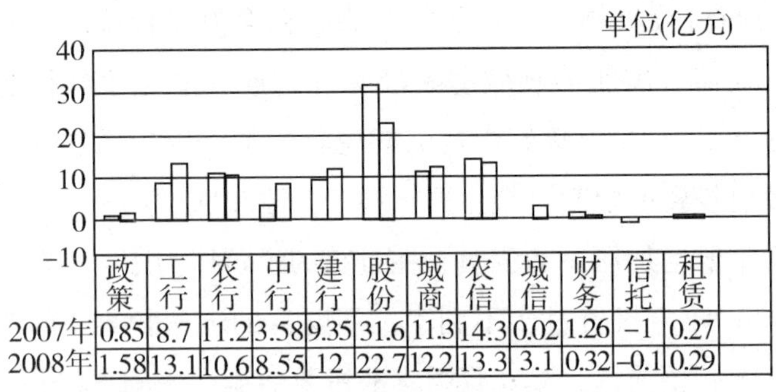

	政策	工行	农行	中行	建行	股份	城商	农信	城信	财务	信托	租赁	
2007年	0.85	8.7	11.2	3.58	9.35	31.6	11.3	14.3	0.02	1.26	–1	0.27	
2008年	1.58	13.1	10.6	8.55	12	22.7	12.2	13.3	3.1	0.32	–0.1	0.29	

各类型机构存款新增份额对比图

三　推动创投、风投、产业投资等基金发展，实现资本有效转化

宁波民间资金更多的呈现“小而散”的局面，应该聚合起来进行规模化投资，进行资本聚集，增强资本规模。投资基金的设立为民间资本开辟了可供选择的投资渠道，通过基金的形式把大量的民间资本吸引进来，再转流到产业领域，这样就可以广泛动员民间的资金，为民间投资开辟合理可靠的投资渠道。

（一）积极发展公共投资基金

包括产业投资基金、风险投资基金、证券投资基金等。浙江省人民政府办公厅发布《关于促进股权投资基金发展的若干意见》，表示将推动组建一批产业投资基金和创业投资引导基金。（1）大力发展私募基金。私募基金是一种典型的民间金融形式。2008 年 6 月宁波与无锡、上海浦东三地成为长三角地区私募股权基金试点，凭借着雄厚的民间资金，宁波本土的私募股权投资企业就有 10 家左右，如雅戈尔、杉杉等，资金规模有 10 亿元左右，潜在的实力更大。但股权投资企业如何通过市场化的资源配置，使得个人和企业投资者也就是民间资本可以通过参股股权投资企业以获得收益，使得成长性企业获得新的融资渠道还需要政府政策支持与动员。（2）还可以借鉴美国的“私募资本”融资，私募资本即无须经由政府监管部门审核或注册的、非公开募集的证券性资本。这一融资方式，大体类似于浙江很多地区存在的“地下钱庄”、“合会”等融资方式，可以尝试将这些地下金融阳光化，目前可以在一些地区进行试点。（3）还可以以现有的民间借贷为基础，着力培育、发展更多服务于“三农”的机构，甚至可以支持一些民间资金以 PE 的形式进入农村金融市场，有助于推进农业产业化、规模化、生态化和多功能化发展。

（二）积极发展公用事业投资基金

可建立公用事业投资基金，由民间资本来经营，用来解决如农民工进城带来的基础设施、教育、环卫等各方面的问题，给予民间资本更多的自主选择权、经营权，将公用事业转变成一种商业模式来经营，使之获得较高回报率，既可以解决双向的城乡一体化问题，也为民间投资提供新的途径。

（三）支持企业发起设立融资性担保公司

多渠道筹集担保资金，为民间投资提供融资性担保和再担保业务。

四　破解民间资金投资难和中小企业融资难“两难”资本困境

金融理论和金融发展的现实已经证明，即便是在一体化的金融体系下，地方金融发展对于区域经济增长的作用仍非常重要，并且是不可替代的。“十二五”期间，要积极发展地方中小金融机构，深化中小企业金融服务，有效改善大银行金融体系与以中小企业为主体的经济结构不匹配的问题，解决金融服务不均衡等问题，实现基本金融服务均等化，促进产业资本、金融资本和人力资本的融合。

（一）鼓励和引导中小金融机构发展。草根经济需要草根金融，“新36条”提出允许民间资本兴办金融机构，例如村镇银行、小额贷款公司等形式，民企、民资更加希望拥有属于自己的金融机构，虽然目前村镇银行与小额贷款公司在经营上遇到诸如存贷比严重失调，资金“贫血”等困难，但这些金融机构的设立，在一定程度上缓解了小企业贷款融资难，农村地区金融机构网点覆盖率低、金融供给不足、竞争不充分等问题。然而目前金融领域仍然管得很严，民资进去很难，中国银行监督管理体制是由银监会垂直管理，地方几乎没有管理权力。比如村镇银行，按理说是由民间资本来出资建设。但银监会的《村镇银行管理暂行规定》中规定：村镇银行最大股东或唯一股东必须是银行业金融机构，且最大银行业金融机构股东持股比例不得低于村镇银行股本总额的20%。这样一来，一旦银行业金融机构控股村镇银行，那村镇银行岂不就成了其旗下的一个分行支行了，因此在准入门槛与激励机制方面还有调整的空间。

（二）可在动态、审慎监管的前提下，尽可能最大限度地放开民间资本准入，适度放宽民间资本组建小型金融机构（投资公司、担保公司等等）市场准入管制。

（三）可以按照从非存款类金融机构到存款类金融机构、从小型金融机构到大型金融机构这一路径逐步放开发展。对于诸如消费金融公司、汽车金融公司等金融机构，由于其不吸收公众存款，因此风险的可控性程度高，对民间资本开放的风险也较小，地方政府和监管机构可以有所突破。

（四）推进金融机构产权多元化，优化金融机构治理结构，共同发展民间金融、中小金融、区域金融和创业金融。目前宁波市18家法人金融机构中，民资参股率100%，另外16家小额贷款公司100%由民间资本出资设立，注册资本总额达30.3亿元，可以进行“金融创新试验区”和“民间金融规范发展示范区”尝试。

第五节　研究限制与后续研究建议

本节研究限制与建议部分包括（1）量表设计，（2）样本选取，（3）理论拓展等方面，有待后续研究的进一步探讨。

一　量表设计之改进

由于民间金融是特殊的群体，“地下金融”、“草根金融”具有非法的阴影，民间金融对经济贡献尚未有绝对客观、公正的评价。迄今为止，国内的文献还没有对中小企业、农户民间金融信贷需求的定义达成共识，在实证研究中，缺乏一个能够有效识别、衡量信贷需求的分析框架。目前还没有广为一般人所接受之衡量方式，无法有效而具体描述民间金融对经济增长贡献及据以考核其成效。由于资料的可获得性、真实性及有效性，抽样调查中难免会有局限，可能影响最终的结果。而且农户活动的复杂性和单一的横截面资料加大了解决内生性、非观测效应和测量误差等问题的难度。希望今后继续跟踪，尽可能完善实证资料。

问卷设计是本研究最大的遗憾，没有考量标准，没有成熟的量表可借鉴。问卷设计只有自主开发，量表的权威性受到一定的影响，虽然进行了信度、效度分析，但本研究认为，如果有更加成熟的量表，结论也许更具有解释力及说服力。同时问卷基本上以填答者主观意识为主，但由于研究主题的特殊身份，填写问卷者尽量回避这个敏感的话题，这样有可能导致结论的偏差。后续研究者可尝试建构更具客观性之评价量表，以弥补此项缺憾。

本研究的两个量表主要分为四大部分，以衡量本研究的四方面的问题。当然还需要删改与修正，效度与信度仍有待进一步之提升。

另外，为求问卷填写有效，将量表设计尤其是语言表达的设计应该更接近填写者的身份。如农户问卷中，在问卷的发放中遇到的困难是事前设计问卷时所没有考虑周全的。许多农户文化水准都不高，有的甚至是文盲，对一些书面表达及书面语言理解很困难。其实开始在设计问卷中有些问题已经考虑到，问卷语言设计尽量通俗易懂，但还是遇到很大的麻烦，有些很简单的问题，还需要一一进行讲解，如“货币”、“现金”、“担保人”等，以后应尽量使用“老百姓自己的语言”。同时语言交流不畅通也是一大问题，有些农户不会讲普通话，有些甚至听不懂普通话等，影响到问卷的发放、填写及研究效果。

农村金融调研本身就是一项极其复杂的研究，需要特殊的调查设计，调查成本很高，实施难度大。民间金融就更加困难，尤其是对于本研究这样个体研究者则难上加难。希望后续研究者能够有所突破。

二　样本选取

本研究为探讨宁波地区民间金融发展状况，尝试对民间金融发展程度不同及地区经济发展不同的四个县市的中小企业和农户进行抽样，以获取民营经济发展状况及民间金融发展状况的应用之概况，虽然抽样调查，但现实的借款人能不能代表有信贷需求的中小企业、农户的整体特征，也是值得考量的。在这样的情况下，即使采用随机抽样，也可能产生选择性偏差，也许会导致估计结果的偏差。而且四个地区是否完全代表宁波地区民间金融情况，选取代表性上存在讨论空间。

此外，为能了解民间金融在各个不同行业融资中存在的问题，虽然选取了三类行业，但讨论中没有进一步深入了解行业对于民间金融融资需求的不同差异。同时，为求民间金融有效与一般化结论之意涵，以后可将量表进行若干修正，尝试以不同行业、行业的不同发展阶段、农户收入水准进行实证调查。可望通过实证结果，了解不同行业、不同发展阶段、收入水准不同的农户对于民间金融议题应用之现况，使得结论的解释更具有说服力。

最后，没有对民间金融进行进一步分类，将民间金融做整体讨论，使得研究的针对性不足，可能在一定程度上会影响到研究的准确性。而且在讨论中没有对民间金融利率进行专门的分析，主要是考虑到已有的研究都比较成熟，没有进行更多的探讨，但对民间金融研究来讲也许是不能够回避的问题，这些都有待于以后进一步深入研讨。

三　理论拓展

本研究是针对宁波地区民间金融活动问题展开讨论的，即主要探讨民间金融对中小企业、农户信贷需求的影响，较少分析其他因素的作用。因此，作为研究的局限条件，影响中小企业发展、农户增收的因素很多，当适用条件一旦放宽，技术因素、规模因素的影响模型将作何改变，……类似的问题是值得探究的。同时，构建中小企业、农户信贷需求的金融服务体系应该与环境变化、主体地位变化、社会需求变化相适应，构建规范的民间融资秩序框架。

2008 年 5 月央行首次表态建议给民间借贷合法地位，发布了《关于小额贷款公司试点的指导意见》，2009 年 9 月 22 日发布《国务院关于进一步促进中小企业发展的若干意见》，提出 8 大方面 29 条具体而具有突破性的意见，其中对鼓励民间资本参与发起设立村镇银行等具有突破性的意义。而《放贷人条例》也进入了国务院审批程序。在《放贷人条例》即将推出之际作为不可或缺的典型案例的深入分析与探讨，可成为民间金融未来发展组织化与制度化的研究前提。随着民间金融的逐步开放透明，以宁波地区民间金融为例，从更深层次角度对中国的民间金融进行理论与实证的探讨与剖析是必要和紧迫的。

在本研究结束时恰逢 2009 年诺贝尔经济学奖颁发之际，奥斯特罗姆由于“对经济治理的分析，尤其是对普通人经济治理活动所做的研究”而获奖。她认为，经济学模型分析资源管理体制时，过分强调了人类个体理性自利的特性。而自然资源共同管理能够取得成功，是由于在群体内部存在相互信任和相互依赖的特质（也就是社会资本）。有了这种特质，人们就会产生合作的愿望，就可以通过自组织行为产生一套规则、个体利用行为规范、监督和惩戒机制等，从而使资源利用服务于社区共同和长远利益。虽然民间金融管理不同于自然资源管理，但其内生的运行机制及合约治理机制有共同之处。自然公共管理能够取得成功，民间金融在一定秩序框架下谋求发展服务局部利益。显然未来民间金融之发展，单一的金融资源配置模式是行不通的，应该在保证资源利用符合利益最大化的要求下，同时满足资源配置的有效性是某必然选择。

第六节 “温州乱象”引发的进一步思考

在民营经济与民间金融发达的“借贷之城”温州，高利贷引发近百民企老板成群结队“跑路”，中小企业推迟付账，老板拒付工资一跑了之，从 2011 年 3 月份到现在，江南皮革、三旗集团、港尚记、波特曼、以至于温州最大的眼镜商信泰集团董事长胡福林突然失踪，揭开了温州老板的“跑路”风潮。很显然温州中小企业“扎堆”倒闭，温州老板“跑路”已经超出简单经济事件的范畴，甚至被认为有可能为引发中国的“次贷危机”，或“中国式的金融风暴”。随着企业推迟付账，老板不付工资一走了之，如果继续下去，这些就会使中小企业开始大量倒闭，可能就会引起经济进一步减速。虽然这些倒闭企业的规模行业各不相同，但老板纷纷跑路的原因只有一个——资金链断裂。其表象是民间金融盛行，民间利率偏离基准利率，高利贷引发老板跑路，企业倒闭。但这些企业中有相当部分是些经营不错的企业，如江南皮革从事的是皮革制造行业，其行业的平均利润率为 3%，而该企业去年一年的销售收入有 34147 万元，净利润 3425 万元，销售利润率达 12.2%，问题出在哪里？“在中国过去 30 年的经济成功是建立在廉价资本、廉价劳动力、廉价能源及廉价土地的基础之上的，但如今，这种模式已造成了一种的不平衡和效率低下，引发了越来越多的问题”。

一 “温州乱象”的由来

温州企业的现状，应该是中国中小企业生存状况的一个缩影，在紧缩政策之下，今年全社会融资总量减少，实体经济普遍感觉信贷供应偏紧，中小企业面临现金周转困难，东部地区中小企业的经营压力甚至已超过2008年金融危机时期，贷款无门，资金链断裂。

由于金融发展中存在独特的“中国农村金融之谜”，这种现象在以农民创业和农村工业化为特征，通过民营经济得以发展的浙江及温州等地区更加显著，温州不仅是我国民营经济最为发达的区域，同时也是破除城乡二元结构的“样板”，正是依靠民间资本在正规金融供给不足的情况下这些地区民营经济实现了高速增长。但在信贷紧缩背景下，资金的需求比任何时期都要旺盛，众多的中小型企业无法通过合理合法的渠道取得足够的资金，就会寻求民间资本，来解决中小型企业融资难问题。大量的调研事实证明，农村经济主体（农户和中小企业）在产生金融需求的时候，更多的是依赖民间金融。中小企业难以获得融资使得民间借贷兴盛起来，但又缺乏有效保值增值渠道。2011年以来，温州民间借贷空前活跃，根据中国人民银行温州中心支行的二季度调查，温州已有89%的家庭个人、59.67%的企业参与民间借贷，民间借贷规模高达1100亿元。而温州中小企业发展促进会的调查也显示，目前，温州30多万家中小企业中，有70%左右的主要资金源于民间借贷。上半年，温州当地发生的民间借贷高达485.5亿元，成为中小企业资金来源的主要渠道之一。

表6－2　　浙江涉高利贷老板出逃事件一览表

事发时间	公司名称	董事长姓名	详细情况
2011年4月初	江南皮革有限公司	黄鹤	江南皮革有限公司董事长黄鹤逃往国外，传因赌博欠下巨额赌资
2011年4月	波特曼咖啡	严勤为	波特曼咖啡老板严勤为出逃，因公司经营不善向民间借入高息资金，最终导致资金链断裂
2011年4月	三旗集团	陈福财	三旗集团老板陈福财出逃，缘于公司资金链出现困境，企业互保出现问题

续表

事发时间	公司名称	董事长姓名	详细情况
2011 年 6 月初	温州铁通电器合金实业有限公司	—	温州铁通电器合金实业有限公司股东之一范某出逃，传因涉及千万元民间借贷
2011 年 6 月中旬	浙江天石电子公司	叶建乐	浙江天石电子公司老板叶建乐出逃，传因欠下 7000 万巨额债务无法偿还
2011 年 7 月	恒茂鞋业	虞正林	恒茂鞋业老板虞正林出逃，原因和所涉资金不详
2011 年 7 月底	巨邦鞋业有限公司	王和霞	巨邦鞋业有限公司董事长王和霞出逃，传其参股担保公司出问题，涉资金 1 亿
2011 年 8 月 24 日	锦潮电器有限公司	戴列竣	锦潮电器有限公司董事长戴列竣出逃，传其参与经营的担保公司出问题
2011 年 8 月 29 日	耐当劳鞋材有限公司	戴志雄	耐当劳鞋材有限公司董事长戴志雄出逃，传因欠下巨额债务
2011 年 8 月 31 日	部落之神鞋业公司	吴伟华	部落之神鞋业公司董事长吴伟华出逃，原因和所涉资金不详
2011 年 8 月 31 日	唐鹰服饰	胡绪儿	唐鹰服饰董事长胡绪儿携妻儿出逃，胡绪儿曾向多家商业银行贷款，债务总额 2 亿元左右
2011 年 9 月 1 日	蝶梦儿鞋厂	黄杰	蝶梦儿鞋厂老板黄杰出逃，原因和所涉资金不详
2011 年 9 月 9 日	百乐家电	郑珠菊	百乐家电董事长郑珠菊携款潜逃被警方追捕归案，共欠债权人现金借款、银行承兑汇票等共 2.8 亿元

续表

事发时间	公司名称	董事长姓名	详细情况
2011 年 9 月 13 日	奥米流体设备科技有限公司	—	奥米流体设备科技有限公司董事长总经理等负责人出逃，公司价值千万精密加工设备不翼而飞
中秋节期间	新耐宝鞋业	—	新耐宝鞋业董事长出逃，原因和所涉资金不详
中秋节期间	唐风制鞋	黄伯鹤	唐风制鞋董事长黄伯鹤出逃，原因和所涉资金不详
中秋节期间	星际鞋业	—	星际鞋业董事长出逃，原因和所涉资金不详
中秋节期间	欧霸标准件有限公司	—	欧霸标准件有限公司董事长出逃，原因和所涉资金不详
2011 年 9 月 15 日	宝康不锈钢制品有限公司	吴保忠	宝康不锈钢制品有限公司吴保忠失踪，欠银行贷款 2 亿多元，民间借贷 8000 万元，承兑汇票 5000 万元
2011 年 9 月 19 日	福燕兄弟实业有限公司	—	福燕兄弟实业有限公司董事长出逃，传其欠上亿高利贷，资金链断裂后房产被银行转卖
2011 年 9 月 22 日	龙湾蓝天大药房	—	龙湾蓝天大药房董事长出逃，涉案资金 8000 万元
2011 年 9 月 21 日	浙江信泰集团	胡福林	浙江信泰集团董事长胡福林出逃，所欠款项达 8 亿元，知情人透露实际欠款 20 多亿元

二　“企业缺钱、资本缺路”的现实背景

目前温州民间借贷量大概是在 1100 个亿左右，但约占 40% 资金规模没有进入生产投资领域。投资领域分为三类：竞争投资领域、基础性投资

领域和公益性投资领域。目前民间投资主要集中在竞争性营利性投资领域，政府投资集中在非营利性投资领域。浙江省工商联针对近800家企业的调查显示，浙江民间投资已经进入到垄断行业、基础设施领域及公用事业领域的企业还不到10%，民间投资受到很大的限制。行业垄断的后果是民间资本只能在充分竞争领域内进行。民营资本进入电、煤、气、水等领域的民营企业所占比例只有1.1%，进入金融业的只有0.1%，进入公共设施领域的只有0.4%。

温州乱象的表面是高利贷盛行，而乱象的背后实际上是实业不兴，温州危机的根本问题在于产业空心化的加剧与蔓延。在温州金融史上，如此大规模的"跑路"潮实属罕见，被人们形容为"炒钱"。但从跑路及倒闭的企业在20到25家来看，绝大多数都是属于做实业的，涉及皮革、电线、电缆、眼镜等实体部门。虽然中小企业融资难、过度的金融抑制等状况的存在，但当下的温州更多的只是泡沫经济和过度投机破产后的表象，问题并没有那么简单，类似问题也不仅仅存在于温州及温州模式。

（一）实业不兴导致投资"去浙江化、去实体化"

浙江民间投资对经济增长的贡献份额一直很高，30年来的年均增长率为25.2%。在全社会固定资产投资中，民间投资的平均贡献率为54.7%，限额以上民间投资占全社会投资的比重近67%。从产业结构看，民间投资主要集中在第二产业竞争性行业中，从投资增速看，近7年来竞争性行业中民间投资的平均增速为18.2%，高于国有投资平均增速14.6%，制造业占竞争性行业民间投资总量的56%，可见民间投资在竞争性行业中有很强的竞争力，但随着人民币大幅度升值、劳动力成本、原材料成本大幅度提高，2010年来劳动力成本上升了30%，原材料成本上涨了20%，投资却过剩，制造业利润空间只有3%—5%。今年1—3月，温州市经贸委监测的102家制革企业、22家造纸企业、80家金属冶炼企业等高耗能行业利润总额同比均为负增长，而分别属于眼镜、打火机、制笔、锁具、剃须刀等出口导向型行业的35家企业，利润同比下降30%左右，难以盈利成为普遍现象。

出于资金安全和收益方面的考虑，相当数量的民间资本从实体经济中流出，投机需求增强，转向“炒房”、“炒煤”、“炒蒜”，最后升温到“炒钱”。在温州只有30%的民间资金回归实体经济，而65%则流向了投机有关投资，阻碍了实体经济的发展。随着越来越多的民营企业外迁和民间资金外流，在温州出现了“产业空心化”现象。2010年温州市人行的一份《金融支持工业经济运行分析》报告称，金融危机后，温州企业外迁、民资外流加剧。每年外迁的企业有1000家左右，外流的资金量更大。曾占据全国产量90%以上的温州金属打火机，鼎盛时有500多家企业，如今只剩下100家左右。而在这100家中，只有30余家的企业老板在专心经营，“一些企业，已经把重心转移到其他行业，比如房地产、矿产以及第三产业”。“低压电器之都”柳市镇的规模以上企业，70%以上利润不再投资本地产业，而是转移到外省市开发房地产、建高科技项目，也有不少资金在买楼、开矿等。在温州限额以上固定资产投资202.13亿元，同比增长3.5%，其中民间投资仅增长3.0%，这比浙江全省平均水平低26.2个百分点。多年来温州除了正泰、德力西、华峰氨纶等20多家企业，再没有在本土形成有影响力的经济主体。近年来温州发展速度在全省首位推后到全省末位，主要原因是投资率不足（从38.7%下降到2010年31.8%），2009年，温州人均GDP仅4604美元，全省倒数第三位，不到杭州的一半，温州经济增速排名全省倒数，与民企外迁、民资流向转移不无关系，这极大影响了温州可持续发展和竞争力。只有实体经济与资本市场的回报趋于一致，才能影响民间资本流向的均衡，整体经济才能良性发展。

（二）产业升级转型的不畅引发投资盲目扩张

“淘汰产能过剩，产业升级转型”是温州民营经济既定战略，温州制造业升级的最大瓶颈在于“体制”，行业垄断的后果是民间资本只能在充分竞争领域内进行，部门垄断阻碍民间投资基础设施等行业，国家垄断阻碍民间资本投资于金融、保险、通信、卫生等新型服务业。民营资本只限于传统的消费品工业和商、饮、服务业……今年以来，温州眼镜、打火机、锁具等40多家出口导向型企业利润同比下降约30%，亏损面超过1/4。受到挤压的民间资本投资渠道越来越匮乏，市场准入没有解决，“非公36条”、“新36条”都没有落实，为了寻找出路，这些企业便出现了盲目扩张。三旗集团，原以电缆为主业，在货币政策宽松期间，这家企业频频投资房地产、酿酒等行业，2006年以来，投资固定资产累计超过一亿元，但是各个投资项目产出并不大；信泰集团进军太阳能光伏以及房地产行业，光伏投资有6个多亿，但它的成本回收较慢，过大过快的投资规模将信泰推到了资金链断裂的边缘；天石电子生产环节上的某一重要手续一直未获审批，导致银行对其部分信贷资金进行压缩，公司使用了一些非正规的融资手段，造成该公司资金链断裂；霸力集团，原以制鞋为主业，2009年起南下广西开矿，先后将数千万元砸在矿上，最终资不抵债，老总外逃。疯狂的扩张，无序地转型，导致资金链断裂，企业倒闭。

一些企业的倒闭，实质原因是经营不善和盲目扩张，而不能归咎于民间融资比例过高。一些盲目扩张的企业、“三高一低”的行业、需要淘汰落后产能的行业，本身就不应获得更多资金支持。但由于传统的金融体系却无法充分吸纳和转化逐利性的民间资本，民间资本表现为，一方面缺乏有效投资渠道，另一方面面临着一些看得见却进不去的“玻璃门”，或进去了又不得不在非市场因素干扰下被迫退出的“弹簧门”存在。在浙江，温州垄断性行业中的民间投资比重很低，并有逐年下降的趋势，铁路、航空、邮政业的民间投资几乎为零。可见，垄断性行业的“闸门”并未实质性的打开，产业升级面临准入门槛和市场要素瓶颈，使温州陷入“资金洼地，资本凹地”的困境。

（三）市场失衡导致融资成本高升

民间信贷、地下钱庄等做法被认为是银根紧缩倒逼市场优化资金配置的结果，温州乱象的背后是由于过高的融资成本。急需资金的实体资金由于回报率低，愈加缺乏发展吸引力，而资本市场由于其高杠杆性，可以放大投入回报率。2010年银根收紧之后，企业对资金的巨大需求缺口拉高了民间金融的利率，市场上，长期民间借贷利率的平均月息为30%～

50%，个别甚至有180%的，2008年温州民间借贷向公众吸储的平均月息为8厘，2009年涨到1.5分，2010年上涨到3分（年息36%），逐年翻番。据官方数据统计，2011年来，温州中小企业获取银行贷款综合成本比2010年同期上升15%以上，1—5月全市规模以上的工业企业利息净支出同比增长46%。整个市场的平衡被打破。随着近年来房地产调控而“高利贷”利润走高，藏富于民的温州人的闲置资本逐渐从房地产投资转移到民间借贷上，停留在民间借贷市场上的资金规模高达40%（440亿元），但这笔巨额资金在空转。

当前央行已将基准贷款利率上调100个基点，但小型企业面临更加陡峭的利率上升。省工商联在调研中发现，目前小企业手上并不缺订单，但就是贷不到款。有的即使贷到款，银行往往对小企业实行基准利率上浮30%至50%的政策，加上存款回报、搭购相关理财产品、支付财务中介费用等，实际的贷款成本接近银行基准利率的两倍。从根本来看，由于利率市场化程度不高，银行没有资金定价自主权，便没有对风险程度较高的中小企业提供资金支持的动力。当信贷缩减时，银行就不会将有限的贷款额度给予中小企业，其实这就是为什么当前高利贷能够盛行的主要原因。刘伟认为，把贷款需求更为迫切的民营企业推到承担成本的第一线，导致现在民间高利贷猖獗，这就等于在正规金融的体制内外都提高了融资成本。

三　小结

在“企业缺钱、资本缺路”现实背景，在经济转型升级的关键时期，民间投资扩张引发“温州乱象”主要是由于长时期的实际负利率及投资渠道狭窄导致更多的资金偏离正规金融体系以寻求保值与收益而在持续紧缩政策下的爆发，只有金融市场化创新才是源于制度摩擦下的资源错配的根本出路。

市场经济准入政策存在很大差异，民间投资在将近39个产业领域存在着实际上的“限进”情况，导致民间投资的产业进入深度不足，影响民间投资扩张。行业垄断的后果是民间资本只能在充分竞争领域内进行，但目前这些行业当大多数趋于饱和，盈利空间有限，在制造业等领域低利润使得民间投资裹足不前，严重影响投资积极性。国企与民企争利，导致民间资本投资结构扭曲。当民间资本逐渐从股市、房市、矿产中被挤压出来，以温州资本为代表的民间资本面临着何去何从。但从具体“跑路”企业的负债情况来看，有些企业民间借贷占总负债的比例并不高，江南皮革21%，唐鹰服饰1%；三旗集团的陈福财更是坦言，不会进行高利贷借款……民间借贷自古有之，问题之所以爆发，主要是由于长时期的实际负利率及投资渠道狭窄导致更多的资金偏离正规金融体系以寻求保值与收益的结果。浙江实证研究表明，民间投资受银行信贷支持影响较大，1个单位的银行信贷减少能降低民间投资0.368个百分点。当民间投资部门不能从银行得到足够的资金支持时，往往只能寻求以民间金融为主体的非正规金融市场支持，而这种疏于监管的金融体制很容易造成非法金融活动的发生与国家调控政策的失效。应该在确立民间资本法律地位并加强监管。

1. 金融改革的根本是放开疏通，中国应努力改革当前过度集中的金融体系，以适应农村和中小企业相对分散的、小规模的金融需求，提高金融体系效率。因此，政府还应加大对民间投资部门的资金支持力度，加快中小银行、村镇银行、小额贷款公司等中小型金融机构的建立，尽快将非正规金融纳入到正规金融的框架监管下，并建立多种方式、多元渠道、多种层次的融资体系。

2. 短期来看，需要推进专门为中小企业服务的融资平台，并且通过减税以及特殊的融资渠道扶持真正参与实体经济的中小企业。中金公司的研究报告认为，虽然社会融资规模总量略有减少，但由于上半年银行新增贷款减少了4600亿元，两相抵消，表明社会融资扣除银行贷款的剩余部分不减反增，仍然产生了庞大的可贷资金。那么，如何让这些庞大的可贷资金用于真正需要的中小企业？长期来看，利率市场化改革是破解困局的根本出路。

3. 从政策层面，2011年10月12日国务院常务会议更是确定了金融支持小企业的数项举措，包括加大信贷支持，拓宽债券融资等融资渠道，提高不良贷款容忍度，以及减免企业所得税等。从国家的政策看，政府希望通过进一步拓宽民间投资领域与范围，并积极采取措施，但真正吸引民间投资进入，还需要坚持“让利于民”的原则，在现有的市场规模下，应该让民间投资更多地进入利润丰厚的行业，而不仅仅是进入一些过剩的、不获利的行业及领域，要为民间投资提供公平竞争的法律环境，规范引导，促进经济转型发展。

“非公 36 条”、“新 36 条”的实施结果证明了民营企业、民间资本难以在众多行业取得发展的关键原因是不公平竞争，但市场主体地位的形成、各方利益的重新分配是一个渐变的过程，基于在温州民间投资的发展状况和当前所面临的宏观、微观政策环境障碍，要想发挥民间投资对经济增长的作用，既要从当前民间投资所面临的困难和发展趋势出发，更要从战略定位、政策环境、金融改革、社会服务等各方面建立与市场经济相适应的民间投资运行机制和运行环境，将民间投资引导到规范的发展道路上来。

目前温州市政府已经开始着手金融市场化改革，并出台金融创新的具体方案，从利率市场化、扩大小额贷款公司数量等等措施，从某种角度来讲通过“温州乱象”这次事件对民间资本进行规范，将民间金融纳入监管轨道，最终实行阳光政策也许成为破解中小企业及农户融资之难的契机。

参考文献

一、中文文献

（1）中文著作

王群琳：《中国农村金融制度——缺陷与创新》，北京：经济管理出版社2006年版。

王广谦：《经济发展中金融的贡献与效率》，北京：中国人民大学出版社1997年版。

王曙光：《农村金融与新农村建设》，北京：华夏出版社2006年版。

世界银行：《1996世界发展报告：从计划到市场》，北京：中国财政经济出版社1996年中文版。

世界银行：《金融与增长——动荡条件下的政策选择》，北京：经济科学出版社2001年中文版。

史晋川、汪炜、钱滔：《民营经济与制度创新：台州现象研究》，杭州：浙江大学出版社2004年版。

史晋川等：《中小金融机构与中小企业发展研究——以浙江温州、台州地区为例》，杭州：浙江大学出版社2003年版。

田剑英：《民营经济可持续发展的对策研究》，北京：中国社会科学出版社2007年版。

江曙霞：《中国地下金融》，福州：福建人民出版社2001年版。

何广文、冯兴元：《中国农村金融发展与制度变迁》，北京：中国财政经济出版社2005年版。

宋宏谋：《中国农村金融发展问题研究》，太原：山西经济出版社2003年版。

李建军：《中国地下金融规模与宏观经济影响研究》，北京：中国金融出版社 2005 年版。

周天芸：《中国农村二元金融结构研究》，广州：中山大学出版社 2005 年版。

周立：《中国各地区金融发展与经济增长》，北京：清华大学出版社 2003 年版。

武翔宇：《中国农村正规金融与民间金融关系研究》，北京：中国农业出版社 2008 年版。

法兰西斯·福山：《大分裂：人类本性与社会秩序的重建》，刘榜离译，北京：中国社会科学出版社 2002 年版。

法兰西斯·福山：《信任、社会道德与创造经济繁荣》，海口：海南出版社 2001 年版。

段光清：《镜湖自撰年谱》，北京：中华书局 1960 年版。

科斯、诺斯、威廉姆森：《制度、契约与组织》，北京：经济科学出版社 2005 年版。

胡必亮、郑红亮：《中国的乡镇企业与乡村发展》，太原：山西经济出版社 1996 年版。

约翰·格利、爱德华·肖：《金融理论中的货币》，上海：上海人民出版社 1997 年中文版。

徐笑波：《中国农村金融的变革与发展（1978—1990)》，北京：当代中国出版社 1994 年版。

祝健：《中国农村金融体系重构研究》，北京：社会科学文献出版社 2008 年版。

马宏运等：《中国农户经济行为研究》，上海：上海人民出版社 1991 年版。

张国辉：《晚清钱庄和票号研究》，载宁波金融志编纂委员会《宁波金融志》（第 1 卷），北京：中华书局 1996 年版。

张杰：《中国农村金融制度：结构、变迁与政策》，北京：中国人民大学出版社 2003 年版。

张杰：《经济变迁中的金融中介与国有银行》，北京：中国人民大学出版社 2003 年版。

张庆亮：《体制转轨中的中国民间金融研究》，北京：经济科学出版社 2003 年版。

陈军：《农村金融深化与发展评价》，北京：中国人民大学出版社 2008 年版。

陈关其：《中国农村金融供求问题研究》，厦门：厦门大学出版社 2005 年版。

彭兴韵：《金融发展的路径依赖于金融自由化》，上海：上海三联书店、上海人民出版社 2002 年版。

焦瑾璞：《小额信贷和农村金融》，北京：中国金融出版社 2006 年版。

冯兴元、何广文、杜志雄：《中国乡镇企业融资与内生民间金融组织制度创新研究》，太原：山西经济出版社 2006 年版。

爱德华·肖：《经济发展中的金融深化》，上海：上海三联书店 1988 年中文版。

杨小凯、黄有光：《专业化与经济组织：一种新兴古典微观经济学框架》，北京：经济科学出版社 2000 年版。

杨德勇、吕素香、汪增群、张鹏：《区域金融发展问题研究》，北京：中国金融出版社 2006 年版。

刘易斯：《二元经济论》，北京：北京经济学院出版社 1989 年版。

道格拉斯·诺斯：《经济史中的结构与变迁》，上海：上海三联书店 1991 年中文版。

雷蒙德·W. 戈德史密斯：《金融结构与金融发展》，周朔等译，上海：上海三联书店 1990 年中文版。

宁波金融志编纂委员会：《宁波金融志》（第 1 卷），北京：中华书局 1996 年版。

刘民权：《中国农村金融市场研究》，北京：中国人民大学出版社 2006 年版。

德布拉吉·瑞：《发展经济学》，陶然等译，北京：北京大学出版社2002年版。

樊刚：《渐进改革的政治经济学分析》，上海：上海远东出版社1996年版。

谈儒勇：《金融发展理论与中国金融发展》，北京：中国经济出版社2000年版。

郑振龙、陈国进：《金融制度设计与经济增长》，北京：经济科学出版社2009年版。

姜旭朝：《关于民间金融几个理论问题》，上海：复旦大学出版社2003年版。

姜旭朝：《中国民间金融问题研究》，济南：山东人民出版社1996年版。

谢平：《中国金融制度的选择》，北京：中国金融出版社1996年版。

韩延春：《金融发展与经济增长——理论、实证与政策》，北京：清华大学出版社2002年版。

韩俊：《中国农村金融调查》，上海：远东出版社2007年版。

罗奈尔得·I. 麦金农：《经济发展中的货币与金融》，上海：上海三联书店1988年中文版。

（2）中文论文

《2004年中国区域金融运行报告》。

《2007年浙江中小企业发展报告》。

《2008年宁波民营经济发展报告》。

千山：《农村金融运行的中国特例及理论解释》，载《金融时报》，2004年12月7日。

王芳：《我国农村金融需求与农村金融制度：一个理论框架》，载《金融研究》2005年第4期，第89—97页。

王金龙：《我国农村金融供求状况分析》，载《农业经济问题》2005年第11期，第17—20页。

王海龙：《基于农村信贷的扩大内需战略研究：宁波案例》，载《金融理论与实践》2008 年第 3 期，第 32—36 页。

王绍宏：《中国农村金融发展研究综述：农村信用社与非正规金融组织》，载《华北金融》2008 年第 4 期，第 37—41 页。

王群琳：《农村非正式进入的产生与发展：需求诱致性制度变迁过程》，载《湖湘论坛》2007 年第 1 期，第 94—95、103 页。

王凤京：《地下金融合法化为民营银行的制度建设分析》，载《金融与经济》2006 年第 1 期，第 75—76 页。

王满四、邵国良：《基于金融体系自身缺陷的中小民营企业融资障碍分析》，载《民营经济与中小企业管理》2007 年第 4 期，第 63—67 页。

王曙光：《村庄信任、关系共同体与农村民间金融演进——兼评胡必亮等著〈农村金融与村庄发展〉》，载《中国农村观察》2007 年第 4 期，第 75—79 页。

王曙光：《民间金融的演变与走势》，载《银行家》2009 年第 2 期，第 117—118 页。

王双进：《农村民间金融问题研讨评述》，载《经济研究导刊》2009 年第 9 期，第 73—74 页。

王苏英：《近代宁波钱庄业的发展历程及其经营特色》，载《浙江万里学院学报》2006 年第 3 期，第 10 页。

中国人民银行成都分行课题组:《贫弱地区农村金融制度绩效研究——甘孜州案例分析》，载《金融研究》2006 年第 9 期，第 15—29 页。

中国人民银行广州分行课题组：《从民间借贷到民间金融：产业组织与交易规则》，载《金融研究》2002 年第 10 期，第 101—109 页。

中国经济增长与宏观稳定课题组：《金融发展与经济增长：从动员性扩张向市场配置的转变》，载《经济研究》2007 年第 4 期，第 4—17 页。

尹建中：《民营制造企业资本结构与融资效率的实证分析》，载《乡镇企业》、载《民营经济》2006 年第 10 期，第 57—60 页。

方阳娥、鲁靖：《农户特征、金融结构与我国农村经济发展的金融支持》，载《农业经济导刊》，2006 年第 12 期，第 117 ~ 121 页。

孔令学：《促进中小企业间接融资的国际经验及其借鉴》，载《金融教学与研究》2002 年第 3 期，第 2—7 页。

左臣明、王莉：《资讯不对称、非正规金融与农村金融改革》，载《新观察》2005 年第 6 期，第 32—34 页。

左臣明、马九杰：《正规金融与非正规金融关系研究综述——增加农村金融供给的一个制度视角》，载《农村经济导刊》2006 年第 4 期，第 134—137 页。

北京大学中国经济研究中心宏观组：《2006 年农村家庭借贷情况调查研究》，载《农业经济导刊》2008 年第 4 期，第 64—76 页。

史晋川、叶敏：《制度扭曲环境中的制度安排：温州案例》，载《经济理论与经济管理》2001 年第 1 期，第 63—68 页。

史清华、卓建伟：《农户家庭储蓄借贷行为的实证分析》，载《当代经济研究》2003 年第 8 期，第 53—58 页。

史清华等：《农产家庭储蓄借贷行为的实证分析——以湖北监利县 178 户调查为例》，载《四川大学学报》（哲学社会科学版）2005 年第 2 期，第 89—93 页。

冉光和等：《农村金融与农村经济发展不协调的制度分析》，载《经济体制改革》2006 年第 3 期，第 111—115 页。

朱冰、刘钟钦：《论农村金融产业的可持续发展》，载《农业经济》2005 年第 6 期，第 44—45 页。

朱南、卓贤、董屹：《关于我国国有商业银行效率的实证分析与改革策略》，载《管理世界》2004 年第 2 期，第 18—25 页。

朱喜、李子奈：《改革以来我国农村信贷的效率分析》，载《管理世界》2006 年第 7 期，第 68—75 页。

任旭华：《金融制度短缺与民间金融发展的现实性》，载《经济参考研究》2003 年第 39 期，第 22—23 页。

任森春：《非正规金融的研究与思考》，载《金融理论与实践》2004

年第9期，第9—12页。

任曙明、原毅军:《中小企业与金融中介在债务融资中的博弈分析——中小企业融资难的另一新解释》，载《民营经济与中小企业管理》2007年第4期，第68—72页。

米建国、李健:《我国金融与经济增长关系的理论思考与实证分析》，载《管理世界》2002年第4期，第79—90页。

江春、许立成:《内生金融发展：理论与中国的经验证据》，载《财经科学》2006年第5期，第1—8页。

江朝旭、丁昌锋:《民间金融理论分析：范畴、比较与制度变迁》，载《金融研究》2004年第8期，第100—110页。

江曙霞:《民间信用的演化模拟、失序控制与渐进性变革》，载《财经理论实践》2004年第7期，第26—31页。

江曙霞:《中国农村反贫困过程中民间信用的作用探讨》，载《东岳论丛》2005年第5期，第44—50页。

江曙霞、秦国楼:《信贷配给理论与民间金融中的利率》，载《农村金融研究》2000年第7期，第4—7页。

江曙霞、马理:《民间信用的演化模拟、失序控制与渐进式变革》，载《金融与保险》2004年第7期，第26—31页。

江曙霞、严玉华:《中国农村民间信用缓解贫困的有效性分析》，载《农业经济导刊》2007年第2期，第103—111页。

安翔:《我国农村金融发展与农村经济增长的相关分析——基于帕加诺模型的实证检验》，载《经济问题》2005年第10期，第49—51页。

李延敏:《不同类型农户借贷行为特征》，载《农业经济导刊》2008年第10期，第130—135页。

杜志雄:《对农村企业信贷需求与供给的实证分析》，载《中国农村经济》2004年第5期，第46—55页。

李松龄:《制度变迁方式理论的比较研究》，载《经济评论》1999年第4期，第12—17页。

李明贤：《农村信用社小额信贷可持续性问题探析》，载《金融教学与研究》2003 年第 1 期，第 5—7 页。

李明贤、李学文：《我国农村金融发展的经济基础分析》，载《农业经济导刊》2008 年第 4 期，第 95—101 页。

李明贤、李学文：《对我国农村金融服务覆盖面的现实考虑与分析》，载《农业经济导刊》2008 年第 7 期，第 124—129 页。

李建民：《台湾地区的民间金融》，载《银行家》2005 年第 5 期，第 108—112 页。

李思维：《农户视角下的中国农村金融制度结构》，载《农业经济导刊》2008 年第 3 期，第 105—108 页。

杜秋莹：《民营经济内生性融资机制的构建》，载《商业研究》2006 年第 4 期，第 138—141 页。

李刚：《发展民间金融的制度经济学分析》，载《商业时代》2006 年第 3 期，第 53—54 页。

李国璋、孔令宽、汪金荣：《农村信用社与农村经济增长关系的实证分析》，载《经济经纬》2008 年第 1 期，第 109—112 页。

李喜梅：《农村金融机构与农民间显结构和隐结构的协调发展——破解中国农村金融困境的有效途径》，载《农业经济导刊》2008 年第 7 期，第 119—123 页。

杜朝运：《制度变迁背景下的农村非正规金融研究》，载《农业经济问题》2001 年第 3 期，第 23—27 页。

李胜军、张兰：《经济转轨中非正式金融的产生与发展展望》，载《金融教学与研究》2004 年第 5 期，第 15—22 页。

李富有：《民间资本供求及其组织系统研究》，载《经济学家》2002 年第 6 期，第 9—15 页。

李富有：《民间资本供求与民营企业融资：对陕西的实证分析》，载《当代经济科学》2005 年第 1 期，第 52—57 页。

李富有：《民营经济内生性融资的东西部地区差异》，载《乡镇企业、民营经济》2006 年第 3 期，第 17—23 页。

李锐、朱喜：《农户金融抑制及其福利损失的计量分析》，载《经济研究》2007 年第 2 期，第 146—155 页。

李锐、李宁军：《农户借贷行为及其福利效果分析》，载《经济研究》2004 年第 12 期，第 96—104 页。

李静：《农村金融发展和改革的地区差别》，载《中国农村观察》2005 年第 6 期，第 17—29 页。

李树杰、牛国艳：《美国农业金融体制演变研究》，载《金融教学与研究》2002 年第 1 期，第 23—26 页。

杜晓山：《农村金融体系框架、农村信用社改革和小额信贷》，载《中国农村经济》2002 年第 8 期，第 4—9 页。

吴胜：《民间金融的存在与发展：一个供给的视角》，载《上海金融学院学报》2008 年第 3 期，第 17—22 页。

吴双颖：《宁波民间短期高利贷调查》，载《今日财富》2008 年版，第 37—39 页。

何大安、丁芳伟：《中国农村金融市场化非均衡推进现象分析》，载《中国农村经济》2006 年第 6 期，第 32—37 页。

何田：《“地下经济”与管制效率：民营信用合法化问题实证研究》，载《金融研究》2002 年第 11 期，第 100—106 页。

何广文：《从农村居民借贷行为看农村金融抑制与金融深化》，载《中国农村经济》1999 年第 10 期，第 42—48 页。

何广文：《中国农村金融供求特征及均衡供求的路径选择》，载《中国农村经济》2001 年第 10 期，第 40—45 页。

何广文：《中国农村经济金融转型与金融机构多元化》，载《中国农村观察》2004 年第 2 期，第 36—38 页。

何德旭、饶明：《我国农村金融市场供求失衡的成因分析：金融排斥性视角》，载《农业经济导刊》2008 年第 7 期，第 130—135 页。

汪春、许立成：《内生金融发展：理论与中国的经验证据》，载《财经科学》2006 年第 5 期，第 1—8 页。

汪曙霞、秦国楼：《信贷配给理论与民间金融中的利率》，载《农村金融研究》2000 年第 7 期，第 4—7 页。

沈冰：《农村金融业可持续发展战略研究》，载《财政与金融》2005 年第 5 期，第 64—67 页。

范学俊：《金融体系与经济增长：来自中国的实证检验》，载《金融研究》2006 年第 3 期，第 58—66 页。

林毅夫、李永军：《中小金融机构发展与中小企业融资》，载《经济研究》2001 年第 1 期，第 10—18 页。

林毅夫、孙希芳：《资讯、非正规金融与中小企业融资》，载《经济研究》2005 年第 7 期，第 35—44 页。

季凯文、武鹏：《农村金融深化与农村经济增长的动态关系——基于中国农村统计资料的时间序列分析》，载《农业经济导刊》2008 年第 10 期，第 97—105 页。

周立：《中国农村金融体系发展逻辑》，载《农业经济导刊》2005 年第 12 期，第 44—47 页。

周兆生：《中小企业融资的制度分析》，载《财经问题研究》2003 年第 5 期，第 28—33 页。

周素彦：《民间借贷：理论、现实与制度重构》，载《山西财经大学学报》2005 年第 10 期，第 32—38 页。

周振、谢家智、高庆鹏：《内生金融发展的二元经济增长模型》，载《金融理论与实践》2008 年第 1 期，第 20—23 页。

胡必亮：《关于促进农村民间金融加快发展的几点意见》，载《中国经贸导刊》2007 年第 3 期，第 45 页。

胡金焱、李永平：《正规金融与非正规金融：比较成本优势与制度互补》，载《东岳论丛》2006 年第 2 期，第 116—120 页。

胡金焱、张乐：《非正规金融与小额信贷：一个理论述评》，载《金融研究》2004 年第 7 期，第 123—131 页。

胡军、王霄、钟永平：《家族式中小企业融资及其文化基础——一项基于亲缘选择的演化分析》，载《民营经济与中小企业管理》2007 年第 4 期，第 73—80 页。

胡德官：《我国民间金融问题研究述评》，载《中国农村观察》2005 年第 5 期，第 69—74 页。

柳松、程昆：《中国农村非正规金融：绩效、缺陷与治理》，载《农业经济问题》2005 年第 8 期，第 35—38 页。

姜旭朝、丁昌锋：《民间金融理论分析：范畴、比较与制度变迁》，载《金融研究》2004 年第 8 期，第 100—111 页。

洪凯、温思美：《农户金融资产：增长、机构变迁与形成机理》，载《农业经济导刊》2008 年第 10 期，第 123—129 页。

姚耀军：《中国农村金融发展与经济增长关系的实证分析》，载《经济科学》2004 年第 5 期，第 24—31 页。

姚耀军：《中国农村金融研究的进展》，载《浙江社会科学》2005 年第 4 期，第 177—183 页。

姚耀军：《农村金融理论的演变及其在我国的实践》，载《金融教学与研究》2005 年第 5 期，第 2—4 页。

姚耀军：《中国农村金融发展状况分析》，载《财经研究》2006 年第 4 期，第 11—14 页。

姚耀军：《农村金融体系资金配置：金融功能观视角下的反思与展望》，载《金融理论与实践》2006 年第 4 期，第 29—31 页。

姚耀军、陈德付：《中国农村非正规金融的兴起：理论及其实证研究》，载《中国农村经济》2005 年第 8 期，第 45—51 页。

纪志耿：《农户借贷动机的演进路径研究——基于三大“小农命题”的分析》，载《农业经济导刊》2008 年第 4 期，第 77—82 页。

马九杰：《农村金融：多元竞争与互补合作》，载《农业经济导刊》2006 年第 5 期，第 136—138 页。

殷本杰：《金融约束：新农村建设的金融制度安排》，载《中国农村经济》2006 年第 6 期，第 38—42 页。

徐忠、程恩江：《利率政策、农村金融机构行为与农村信贷短缺》，载《金融研究》2004 年第 12 期，第 34—44 页。

殷俊华：《金融缺口、非正规金融与农村金融制度改革——沈阳农村民间借贷研究》，载《金融研究》2006 年第 8 期，第 103—110 页。

高小琼：《制度背景、经济运行于民间借贷》，载《金融研究》2004 年第 12 期，第 135—139 页。

郭沛：《中国农村非正规金融规模估算》，载《中国农村观察》2004 年第 2 期，第 21—25 页。

郭为：《民间金融、金融市场分割与经济增长》，载《现代经济探讨》2004 年第 5 期，第 49—52 页。

郭敏、屈艳芳：《农户投资行为实证研究》，载《经济研究》2002 年第 2 期，第 86—92 页。

郭斌、刘曼路：《民间金融与中小企业发展：对温州的实证分析》，载《经济研究》2002 年第 10 期，第 3—10 页。

高兰根、王晓中：《中国金融制度演进的逻辑与困境——兼论民营经济融资困境的制度根源》，载《金融研究》2006 年第 6 期，第 170—178 页。

陈百里、武大雷：《浅析我国农村非正规金融》，载《农村金融研究》2008 年第 11 期，第 69—71 页。

陈旭鸣：《民间合会与民营中小企业融资——以福建省晋江市为个案分析》，载《乡镇企业》2006 年第 2 期，第 34—38 页。

陈李宏：《民营企业融资的自身障碍及解决途径》，载《民营经济与中小企业管理》2007 年第 4 期，第 60—62 页。

孙莉：《中国民间金融的发展及金融体系的变迁》，载《上海经济研究》2000 年第 5 期，第 62—65 页。

陈时兴：《农村地方金融结构、地方政府行为与支农绩效》，载《农业经济研究》2009 年第 7 期，第 70—78 页。

陈时兴、蔡祖森：《农村民间金融的双重效应与发展对策》，载《中共浙江省委党校学报》2007 年第 4 期，第 95—98 页。

孙阳：《民间金融微观基础的经济学分析——基于轮转基金的文献综述》，载《经济评论》2009 年第 2 期，第 154—159 页。

孙琳：《关于发展我国农户小额信贷的思考》，载《世界经济情况》2006 年第 14 期，第 5—9 页。

陈莹：《中国民间金融：产生逻辑、制度绩效与引导原则》，载《金融教学与研究》2005 年第 2 期，第 17—18 页。

陈键、毛霞：《中小企业资金来源、需求与供给现状分析——以宁波为例》，载《浙江金融》2007 年第 1 期，第 58—59 页。

常明明：《我国农村非正规金融的特点及内在缺陷》，载《农业经济导刊》2006 年第 4 期，第 129—133 页。

闫福：《中小企业为何能在融资制约中发展》，载《中国经贸导刊》2004 年第 2 期，第 36—37 页。

许崇正、高希武：《农村金融对增加农户收入支持状况的实证分析》，载《金融研究》2005 年第 9 期，第 173—185 页。

张兵、朱建华、贾红刚：《我国农村金融深化的实证检验与比较研究》，载《南京农业大学学报》（社会科学版）2002 年第 2 期，第 105—109 页。

张希慧：《民间金融与我国经济增长的实证分析》，载《财经理论与实践》2009 年第 1 期，第 204—206 页。

张希慧：《我国民间金融发展规范边界研究》，载《金融与保险》2009 年第 1 期，第 26—29 页。

张改清：《中国农村民间金融的内生成长——基于社会资本视角的分析》，载《经济经纬》2008 年第 2 期，第 129—131 页。

张松：《民间金融与我国金融制度变迁》，载《江苏社会科学》2003 年第 6 期，第 38—42 页。

张建：《农村金融供给多元化与金融需求》，载《农村金融研究》

2004 年第 4 期，第 31—34 页。

张建华、卓凯：《非正规金融、制度变迁与经济增长：一个文献综述》，载《改革》2004 年第 3 期，第 37 页。

张玲、陕立勤：《非对称资讯、民间金融与中小企业融资的经济学研究》，载《生产力研究》2007 年第 17 期，第 133—134 页。

张军、季虹：《农村金融与乡镇企业民营化》，载《改革》2003 年第 4 期，第 93—98 页。

张捷：《中小企业的关联式借贷与银行组织结构》，载《经济研究》2002 年第 6 期，第 32—37 页。

张惠茹：《影响农村金融服务需求的因素分析》，载《农业经济导刊》2008 年第 8 期，第 100—104 页。

张杰：《中国金融改革的检讨与进一步改革的途径》，载《经济研究》1995 年第 5 期，第 10—12 页。

张杰：《二重结构与制度演进——对中国经济史的一次新的尝试性解释》，载《当代经济科学》1998 年第 6 期，第 1—11 页。

张杰：《民营经济的金融困境与融资次序》，载《经济研究》2000 年第 5 期，第 3—10 页。

张杰：《转轨经济中的金融中介及其演进——一个新的解释框架》，载《管理世界》2001 年第 5 期，第 90—100 页。

张杰：《农户、国家与中国农贷制度：一个长期视角》，载《货币金融评论》2004 年第 6 期，第 8—27 页。

张杰：《解读中国农贷制度》，载《金融研究》2004 年第 2 期，第 1—8 页。

张胜林：《交易成本与自发激励对传统农业民间借贷的调查》，载《金融研究》2002 年第 2 期，第 56—58 页。

张胜林、姜春：《配给与调控：沿海农村经济融资症结问题研究》，载《农业经济导刊》2008 年第 1 期，第 123—128 页。

张宁：《试论中国的非正式金融状况以及对主流观点的重大纠正》，

载《管理世界》2003 年第 3 期，第 3—60 页。

张乐柱：《悖论中的农村金融改革》，载《金融理论与实践》2005 年第 11 期，第 6—9 页。

张乐柱：《农村民间金融合作化问题研究》，载《农业经济问题》2006 年第 4 期，第 10—14 页。

张德强：《农村民间金融运行机理的内因——基于非正式制度视角》，载《农业经济导刊》2008 年第 1 期，第 129—133 页。

彭克强、陈池波：《农村合作金融存量改革与增量发展：一个增量渐进发展论的分析框架》，载《农业经济导刊》2008 年第 4 期，第 87—94 页。

彭建刚、王睿：《交易成本与地方中小金融机构发展的内在关联性》，载《财经理论与实践》2005 年第 6 期，第 17—22 页。

黄玉英：《基于资金成本分析的中小企业外部金融制度研究》，载《经济社会体制比较》2008 年第 6 期，第 68—71 页。

黄祖辉等：《中国农户的信贷需求：生产性抑或消费性——方法比较与实证分析》，载《管理世界》2007 年第 3 期，第 73—80 页。

叶敬忠、朱炎洁、杨洪萍：《社会学视角的农户金融需求与农村金融供给》，载《中国农村经济》2004 年第 8 期，第 31—43 页。

黄卫红：《中国农村融资问题与金融抑制、金融深化关系研究》，载《农村经济》2006 年第 5 期，第 75—77 页。

黄薇、李然、郑炎成：《基于合会的农村非正规金融研究》，载《经济研究导刊》2007 年第 10 期，第 79—80 页。

黄锦锦、杨立社：《农村民间金融组织发展研究》2008 年第 33 期，第 358 页。

董晓林、吴昌景：《四大担保模式化解农民贷款难题》，载《农业经济问题》2008 年第 9 期，第 35—40 页。

惠国琴、胡胜德：《农村金融机构研究综述》，载《农业经济导刊》2008 年第 8 期，第 121—126 页。

冯文丽：《我国农业保险市场失灵与制度供给》，载《金融研究》2004 年第 4 期，第 124—129 页。

冯兴元：《从民间金融视角看农村金融发展战略选择》，载《银行家》2007 年第 8 期，第 100—103 页。

冯兴元、何梦笔、何广文：《试论中国农村金融的多元化——一种局部知识规范视角》，载《中国农村观察》2004 年第 5 期，第 17—29、59 页。

冯霞、李刚：《民间金融的制度经济学分析》，载《理论探索》2006 年第 6 期，第 83—85 页。

彭建刚、李至政：《我国金融发展与二元经济结构内在关系实证分析》，载《金融研究》2006 年第 4 期，第 90—100 页。

蒲祖河：《基于温州正规金融与民间金融结构现状的博弈分析》，载《经济社会体制比较》2007 年第 3 期，第 82—85 页。

杨玉萍、王茵、李鹏：《农户资金借贷状况调查报告》，载《农业经济导刊》2008 年第 8 期，第 115—120 页。

杨思群：《中小企业融资：理论与政策》，载《财贸经济》2000 年第 3 期，第 41—45 页。

裘晓飞：《透析浙江省中小企业集群的金融支援——以宁波产业集群为例》，载《浙江金融》2008 年第 1 期，第 55—56 页。

雷娜、赵邦巨：《农户资讯需求与农业资讯供给失衡实证研究——基于河北省农户资讯需求的调查》，载《农业经济》2007 年第 3 期，第 37—39 页。

温涛、冉光和、熊德平：《中国金融发展与农民收入增长》，载《经济研究》2005 年第 9 期，第 30—43 页。

赵丙奇、冯兴元：《农村金融发展战略选择：一个民间金融视角》，载《经济与管理研究》2008 年第 1 期，第 60—66 页。

赵永亮、张记伟、郭祥：《信贷配给、民间金融及农村社会环境》2009 年第 2 期，第 54—57 页。

赵振全、薛丰慧：《金融发展对经济增长影响的实证分析》，载《金融研究》2004 年第 8 期，第 94—99 页。

赵会玉：《农户金融需求、二元金融结构与农村金融：一个理论综述》，载《山西财经大学学报》2000 年第 6 期，第 1—27 页。

蒋满霖 、王彪：《新农村建设中的金融发展与经济增长的互动研究》，载《统计教育》2008 年第 4 期，第 44—46 页。

［法］裴天士：《从民间金融组织到正规金融机构———谈台湾中小企业融资之问题》，载《东岳论丛》2005 年第 5 期，第 51—58 页。

郑振龙、林海：《民间金融的利率期限结构和风险分析：来自标会的检验》，载《金融研究》2005 年第 4 期，第 133—142 页。

郑笔锋、费宪进：《浙江个私企业融资结构调查》，载《浙江金融》2003 年第 2 期，第 46—47 页。

翟小丽：《农村民间金融存在的合理性探讨——基于新制度经济学的视角》，载《现代商业》2008 年第 11 期，第 42—43 页。

邓志勇、熊惠平：《基于“微小”的浙江样本：正规金融与民间金融的对接研究》，载《特区经济》2008 年第 7 期，第 59—60 页。

邓宏图：《转轨期中国制度变迁的演进论解释——以民营经济的演化过程为例》，载《中国社会科学》2004 年第 5 期，第 130—140 页。

熊德平：《农村小额信贷：模式、经验与启示》，载《财经理论与实践》2005 年第 2 期，第 39—43 页。

楼远：《非制度信任与非制度金融：对民间金融的一个分析》，载《财经丛论》2003 年第 11 期，第 49—54 页。

鲁靖：《我国农村金融体系中的金融压制与突破》，载《农业经济导刊》2008 年第 3 期，第 102—105 页。

刘仁和、柳松、米运生、傅波：《农村金融改革与发展高层论坛综述》，载《农业经济问题》2008 年第 9 期，第 45—47 页。

刘民权、徐忠、俞建拖：《信贷市场中的非正规金融》，载《世界经济》2003 年第 7 期，第 61—73 页。

刘西川等：《贫困地区农户的正规需求：直接识别与经验分析》，载《金融研究》2009 年第 4 期，第 36—51 页。

诸葛隽：《民间金融创新：温州的实践》，载《上海经济研究》2009 年第 4 期，第 58—64 页。

刘新华：《中小企业融资：一个产业集群的视角》，载《民营经济与中小企业管理》2007 年第 3 期，第 72—78 页。

刘福毅、邹东海：《从金融抑制到政策导向型金融深化：农民增收的金融支持研究》，载《金融研究》2004 年第 12 期，第 128—134 页。

潘士远、罗德明：《民间金融与经济发展》，载《金融研究》2006 年第 4 期，第 134—141 页。

潘朝顺、程昆：《中国农村民间金额制度环境变迁研究》，载《金融理论与教学》2005 年第 3 期，第 1—4 页。

姜长云：《乡镇企业资金来源于融资结构的动态变化：分析与思考》，载《经济研究》2000 年第 2 期，第 3—12 页。

姜新旺：《关于村域金融转型的思考》，载《农业经济问题》2008 年第 9 期，第 16—22 页。

韩俊、罗丹、程郁：《农村金融现状调查》，载《农业经济导刊》2008 年第 3 期，第 87—97 页。

谢玉梅：《新一轮农村利率改革：垄断竞争定价的温州案例》2006 年第 4 期，第 50—53 页。

谢行恒：《宁波民营中小企业金融支持对策分析》，载《商场现代化》2008 年第 4 期，第 5—7 页。

谢亚轩：《金融发展与经济增长实证研究方法综述》，载《南开经济研究》2003 年第 1 期，第 77—80 页。

谢琼等：《农村金融发展促进农村经济增长了吗?》，载《农业经济研究》2009 年第 9 期，第 95—103 页。

苏士儒、段成东、李文靖：《从非正规金融发展看我国农村金融体系的重构》，载《金融研究》2005 年第 12 期，第 131—144 页。

罗丹阳、王小敏：《中国诱致性制度变迁路径分析：以民间金融为例》，载《南方金融》2005 年第 4 期，第 19—21 页。

罗丹阳、殷兴山：《民营中小企业非正规融资研究》，载《金融研究》2006 年第 4 期，第 142—150 页。

严谷军、闻岳春：《经济转轨中的民营金融与经济发展：基于台州的实证分析》，载《金融研究》2005 年第 7 期，第 182—191 页。

罗杰、黄君慈：《非正式社会结构下民间信用演进与生命周期》，载《财经研究》2005 年第 9 期，第 50—59 页。

二、外文文献

ABD. 1990. *Informal Finance in Asia. Asian Development Outlook* 1990. Manila：Asian Develop Bank.

Adams, I. H. P. Brunner, and Raymond F. 2003. Interactions of Informal and Formal Agents in South Asian Rural Credit Markets. *Review of Development Econmics*. 7（3）：431—444.

Albert Park , A. 1998. *Rural Financial Market Development in China- A Report to the World Bank.*

Allen, F. and A. M. Santomero. 1997. The Theory of Financial Intermediation. *Journal of Banking and Finance*. 21：1461—1486.

Ambec, S. and Treich, N. 2007. ROSCAS as Financial Agreements to Self-control Problems. *Journal of Development Economics*. 82：120—137.

Anderson S, Baland J M. 2002. The Economics of ROSCAS and Intra-household Resource Allocation. *Quarterly Journal of Economics*. 117：963—995.

Angist, J. D. , G. W. Imbens, and D. B. Rubin. 1996. Identification and Causal Effects Using Instrumental Variables. *Journal of the American Statistical Association*. 91：444—455.

Anjini Kochar. 1997. An Empirical Investigation of Rationing Constraints in Rural Credit Markets in India. *Journal of Development Economics*. 53：

339—371.

Banerjee, A. V. , Besley, T. and Guinnane, T. W. , 1994, "The Neighbor's Keeper: The Design of a Credit Cooperative with Theory and a Test", *Quarterly Journal of Economics*, Vol. 109, p. 491—515.

Basley, and Levenson. 1996. The Role of Informal Finance In Household Capital Accumulation: Evidence from Taiwan. *The Economic Journal*, 106 (January) .

Beck, T. , and Levine, R. . 2003. *Legal Institutions and Financial Development World Bank Working Paper*. No. 3136.

Beck, T. , Kevin, R. and Loyaza, N. . 2000. Finance and the Sources of Growth. *Journal of Financial Economics.* 58: 261—300.

Beck, T. , Demiguc-kunt, A. and Kevin, R. . 1996. A New Database on Financial Development and Structure. *World Bank Policy Reseach Working Paper*. 2146: 5—19.

Beck, T. ; Levin, R. and Loyaza, N. 2000. Financa and the Sources of Growth. *Journal of Financial Economics*. 58: 261—300.

Benhabib J. , Spiegel M. M. 2000. The Role of Financial Development in Growth and Investment. *Journal of Economic Growth*. 15 (14): 341.

Berger, A. N and Udell G. F. 2002. Small Business Credit Availability and Relationship Leading Lending: the Importance of Banking Organization Structure. *Economical Journal* . 112 (477): 32—54.

Berger, A. N. and Udell, G. F: The Economics of Small Business Finance-The Roles of Private Equity and Debt Markets in the Financial Growth Cycle, *Journal of Banking and Finance* 22, 1998 .

Berger, A. N. , Saunders, A. , Scalise, J. M. , and Udell, G. F. . 1998. The Effects of Bank Mergers and Acquisition on Small Business Lending. *Journal of Financial Economic*. 50.

Berger, A. N. , Mester, L. J. 1997. Inside the Black Box: What Explains

Differences in the Efficiency of Financial Institutions. *Journal of Banking and Finance*. 21: 895—947.

Besley, T., levenson, A. R. 1996. The Role of Informal Finance in Household Capital Accumulation: Evidence From Taiwan. *The Economic Journal*. 434: 39—59.

Besley, Timothy; Stepthen Coate, and Glenn Loury. 1993. The Economics of Rotating Savings and Credit Associations. *American Economic Review*. 83 (4): 793—809.

Bester, Helmut. 1985. Screening vs. Rationing in Credit Markets with Imperfect Information. *the American Economic Review*. 75 (4).

Bhattacharya, Utpal and B. Ravikumar. 2001. Capital Markets and the Evolution of Family Businesses. *Journal of Business*. 74: 187—220.

Bonin, J. P., Hasan, I., Wachtel, P.. 2005. Bank Performance, Efficiency and Ownership in Transition Countries. *Journal of Banking and Finance*. 29: 31—53.

Bose P. 1998. Formal-informal Sector Interaction in Rural Credit Markets. *Journal of Development Economics*. 56: 265—280.

Callier, P. 1990. Informal Finance: the Rotating Saving and Credit Association, *Kyklos*. 43: 273—276.

Carter, M. R.. 1988. Equilibrium Credit Rationing of Small Farm Agriculture. *Journal of Development Studies*. 28: 83—103.

CASSAR G, HOLMES S. Capital Structure and Financing of SME: Australian Evidence. *Accounting and Finance*. 2003 (2): 123—147.

Chandavarkar, A. G: The Noninstitutional Financial Sector in Development Countries: Macroeconomic Implications for Saving Policies, *Savings and Development*, No. 2, 1985.

Chayanov, A. V.. 1925. *The Theory of Peasant Economy*. Madison: University of Wisconsin Press. 1986.

Claudio Gonzalea-Vega. 1994. Stages in the Evolution of Thought of Rural Financial: a Vision from the Ohio State University. Washington. D. C: *Economics and Sociology Occasional Paper*. 2134: 3—25.

Dekle & Hamada. 2000. On the development of Rotating Credit Association in Japan. *Economic Development and Culture Change*. 49 (1): 77—90.

Diamond, Douglas and Philip Dybvig. 1983. Bank Runs, Deposit Insurance, and Liquidity, *Journal of Political Economy*. 91: 401—419.

Du Zhixiong. 2004. Credit Demand of Rural Enterprise and Loan Supply in China. *The Chinese Economy*. 5: 37—58.

Duncan J, Myers R J. 2000. Crop Insurance Under Catastrophic Risk. *Journal of Agricultural Economics*. 82 (11): 842—855.

F Allen, J Qian, Law, Finance, and Economic Growth in China. *Journal of Financial Economics*, 2002, 77: 57—116.

F. J. A. Bouman. Rotating and Accumulating Saving and Credit Associations: A Development Perspective. *World Development*, 1995, (5): 371—384.

Floro, M. S., D. Ray. 1997. Vertical Links Between Formal and Informal Financial Institutions. *Review of Development Economics*. 1: 34—56.

Fries, S., Taci, A. (2005). Cost Efficiency of Banks in Transition: Evidence from 289 Banks in 15 Post-communist Countries. *Journal of Banking and Finance*. 29: 55—81.

Galor Oded, Josph Zeira. 1993. Income Distribution and Macroeconomics. *Review of Economic Studies*. 60 (1): 35—52.

Garmaise Mark L. and Moskowitz, Tobias J.. 2002. *Informal Financial Networks: Theory and Evidence*. NBER Working Paper 8874.

Geertz, Clifford. 1962. The Rotating Credit Association: A "Middle Rung" in Development. *Economic Development and Cultural Change*, X3.

Gennidis Dimitri: Interlinking the Formal and Informal Financial sectors in Developing Countries, *Savings & Development*, 1990. XIV (1).

Gershon Feder, Lawrence J. Lau, Jusin Y. Lin, and Xiaopeng Luo. 1990. The Relationship between Credit and Producticity in Chinese Agriculture: A Microeconomic Model of Disequilibrium. *American Journal of Agricultural Economics*. 1151—1157.

Ghate, P.. 1992. *Informal Finance: Some Findings from Asia*. Asian Development Bank & Oxford University Press.

Goldsmith R. W.. 1969. *Financial Structure and Development*. New Haven: Yale University Press. 155—213.

Grossman, Sanford, J. and Stiglitz, J. E. 1980. On the Impossibility of Informationally Efficiency Markets. *American Economic Review*. 70: 393—408.

Guiso, L., P. Sapienza and L. Zingales. 2004. The Role of Social Capital in Financial Development, *American Economic Review*. 94: 526—556.

Gupta, M. R., and S. Chaudhuri (1997): "Formal Credit, Corruption and the Informal Credit Market in Agriculture: A Theoretical Analysis", *Economica* 64.

Hans Dieter Seibel. 1999. *Informal Finance: Origins, Evolutionary Trends and Donor Options*. IFAD Rural Finance Working Paper Series. A3.

Hasan, I., Marton, K. 2003. Development and Efficiency of the Banking Sector in a Transitional Economy: Hungarian Experience. *Journal of Banking and Finance*. 27: 2249—2271.

Henk A. J. Moll. 2005. *The Performance of Bank in Rural Financial Markets*. Washington. D. C: FLR: 1—2.

Henk Van Gernert. 2001. Financing Rural Economic Development. *World Economy & China*.

Hesser, L. F. and G. C. Schuh. 1962. The Demand for Agricultural Mortgage. *Journal of Farm Economics*. 44.

Hoff, K., and J. E. Stiglitz. 1990. Introduction: Imperfect Information and Rural Credit Markets: Puzzles and Policy Perspectives. *World Bank Economic*

Review. 4 (3): 235—250.

Hospes, O. 1992. People That Count: The Forgotten Faces of Rotating Savings and Credit Associations inIndonesia. *Savings and Development*. 4: 371—400.

Howorth, C.. 2001. Small Firms Demand for Finance: a Research Note. *International Small Business Journal*. 19 (4) .

IFAD. 2001. Rural Financial Services in China. *Thematic Study*. Volume Ⅰ—Main Report No. 1147—CN Rev. 1.

IFAD. 2002. Double-edged Sword? Efficiency vs Equity in Lending to the Poor. IFAD's Thematic Study on Rural Finance China. *Evaluation Profile*. No. 3.

IFC: China's Emerging Private Enterprise. *International Finance Company Report* 2000.

Impavido, Gregorio. 1998. Credit Rationing, Group Lending and Optimal Size. *Annals of Public & Cooperative Economics*. Vol. 69 Issue 2.

Iqbal, F. 1983. The Demand for Funds by Agricultural Household: Evidences from Rural India. *Journal of Development Studies*. Vol. 20, No. 1.

Iqbal, F. 1986. *The Demand and Supply of Funds among Agricultural Household in India, in Agricultural Household Models: Application and Policy*, editors Singh, Squire and Strauss. World Bank Publication, John Hopkins University Press, Baltimore and London.

Isaksson, A. 2002. *The Importance of Informal Finance in Kenyan Manufacturing*, SIN Working Paper Series. No. 5.

J. Williamson. Regional Inequality and the Process of National Development. *Economic Development and Culture Change*. 1965, 4.

J. D. Von Pischke. 2000. Financing Market in Developing Countries. The Economic Development Institute of The World Bank.

Jain, S. Symbiosis vs. Crowding-out: Interaction Of Formal and Informal

Credit Markets in Developing Countries . *Journal of Development Economic*. 1992 (2)：419—444.

Jeffrey SACHS. 2000. Globalization, Dual Economy and Economic Development. *China Economic Review*. 11：189—209.

Jensen E. 2000. The Farm Credit System as a Government-sponsored Enterprise. *Review of Agricultural Economics*. 22.

Jones, Larry E. and Rodolfo E. Manuelli. 1990. A Convex Model of Equilibrium Growth：Theory and Policy Implications. *Journal of Political Economy*. 98：1008—1038.

Kai Yuen Tsui . 1991. China' s Regional Inequality, 1952—1985. *Journal of Comparative Economics*. 15.

Kamhon Kan. Informal Capital Sources and Household Investment：Evidence From Taiwan. *Journal of Development Economics*, 2000, (62)：209—232.

Kar, Muhsin and Pentecost, Eric. 2001. *Financial Development Growth in Turkey：Further Evidence on Causality Issue*. Loughborough University Economics Research Paper. No. 00/27.

Kellee Tsai. 2001. Beyond Banks：*The Local Logic of Informal Finance And Private Sector Development in China*. Department of Political .

King R. and Levin, R.. 1993. Finance, Entrepreneurship, and Growth：Theory and Evidence. *Journal of Monetary Economics*. 3：523—542.

King R. , Levine R.. 1993. Finance and Growth Schumpeter might be Right. *Quarterly Journal of Economics*. 108：717—738.

King, Robert G and Ross Levine. 1993. Finance and Growth：Schumpeter might be Right. *Quarterly Journal of Economics*. 8.

Kochar, A. 1997. An Empirical Investigation of Rationing Constraints in Rural Credit Markets in India. *Journal of Development Economics*. 53：339—371.

Kuznets, S.. 1995. Economic Growth and Income Inequality. *American Economic Review*. 45: 1—28.

Levine R, Zervos S. 1998. Stock Markets, Bank, and Economic Growth. *American Economic Review*. June: 537—558.

Levine R. 1996. *Financial Development and Economic Growth: Views and Agenda*. IMF Working Paper. 1678.

Levine R. 1997. Financial Development and Economic Growth views and Agenda. *Journal of Economic Literature*. 35: 688—726.

Levine, R.. 2004. *Finance and Growth: Theory and Evidence*, National Bureau of Economic Research Working Paper No. 10766.

Lins, D. A.. 1972. Determinants of Net Changes in Farm Real Estate Debt. *Agricultural Economic Research*. 24.

Long, M. G.. 1968. Why Peasant's Farmers Borrow? *American Journal of Agricultural Economics*. Vol. 50, No. 4.

Loyzan N., Beck T., Levine R.. 2000. Financial Intermediation and Growth Causality and Cause. *Journal of Monetary Economics*. 46: 131—177.

Lucas, R. E. Jr.. 1988. On the Mechanics of Economic Development. *Journal of Economics*. 49: 783—792.

M Ayyagari, *A Demirguc-Kunt*, *V Maksimovic Formal versus Informal Finance: Evidence form China* [R]. Mimeo World Bank, 2007.

M. Schreiner: Informal Finance and the Design of Microfinance, Development in Practice. 2000. 11.

Mckinnon R.I.. 1973. *Money and Capital in Economic Development*. Washington Brookings Institution. 121—145.

Milde, H., Riley, J. G.. 1988. Signaling in Credit Markets. *Quarterly Journal of Economics* February. 101—129.

Mohieldin, M. S., and P. W. Wright. 2000. Formal and Informal Credit Markets in Egypt. *Economic Development and Culture Change*. 48 (3): 657—

670.

Morduch, Jonathan. 1999. The Microfinance Promise. *Journal of Economic Literature*. 37 (3): 1569—1614.

Myers, R. H. , Nagarajan G. . 2000. *Rural Financial Markets in Asia: Policies, Paradigms, and Performance*. Oxford University Press. 5—7.

Neusser, K. and Kugler, M. . 1998. Manufacturing Growth and Financial Development: Evidence from OECD Countries. *The Review of Economics and Statistics*. 15: 638—646.

Oded G. , Zeira J. . 1993. Income Distribution and Macroeconomics. *Review of Economic Studies*. 60: 35—52.

On-Kit Tam. 1988. Rural Finance in China. *China Quarterly*. 113: 60—76.

Pagano. 1993. Financial Markets and Growth: An Overview. *European Economic Review*. 7: 613—622.

Parkan, C. . 1987. Measuring the Efficiency of Service Operations: An Application to Bank Branches. *Engineering Costs and Production Economics*. 12: 237—242.

Paxton, J. 2002. Depth of Outreach and its Relation to the Sustainability of Microfinance Institutions. *Saving and Development*. 26 (1): 68—85.

Porter, M. E. . 1998. Cluster and New Economics of Competition. *Harvard Business Review*. 11.

Raja, R. and L. Zingales. 1998. . Finance Dependence and Growth. *American Economic Review*. 88 (3): 559—586.

Rajan, R. G. , and L. Zingales . 2003. *Saving Capitalism from the Captialists*, New York, NY: Random House.

Rajan, R. and Zingales, L. 1996. *Financial Dependence and Growth*. University of Chicago Mimeo.

Ray Debra J. . 1998. *Development Economics*. New Jersey: Princeton University Press.

Rebel A. Cole, Lawrence G. Goldberg, and Lawrence J. White. 2004. Cookie Cutter vs. Charater: The Micro Structure of Small Business Lending by Large and Small Banks. *Journal of Financial and Quantitative Analysis*. Vol. 39, No. 2.

REID G C. . 2003. Trajectories of Small Business Financial Structure. *Small Business Economics*. 4: 273—285.

Rogier van den Brink and Jean-Paul Chavas. 1997. The Microeconomics of an Indigenous African Institution: The Rotating Savings and Credit Association. *Economic Development and Culture Change*.

Ross Levine and Sara Zervos. 1998. Stock Markets, Banks, and Economic Growth. *American Economic Review*. 3.

Schaffnit, C. , D. Rosen, and J. C. Paradi. 1997. Best Practice Analysis of Bank Branches: An Application of DEA in a Large Canadian Bank. *European Journal of Operational Research*.

Schreiner, M. 2001. Informal Finance and the Design of Microfinance. *Development in Practice*. 11.

Seibel H. D. . 1997. *Upgrading, Downgrading, Linking, Innovating: Microfinance Development Strategies-a Systems Perspective*. University of Cologne Development Research Center.

Smith, L. E. D. , M. Stockbridge, and H. R. Lohano (1999): "Facilitating the Provision of Farm Credit: The Role of Interlocking Transactions between Traders and Zamindars in Crop Marketing System in Sindh", *World Development* 27 (2) .

Stiglitz J. , and A Weiss, "Gredit Rationing in Markets with Imperfect Information" *American Economic Review*, Vol. 71, No. 3, June 1983, p. 393—419.

Stiglitz . J . E and Weiss: Credit Rationing in Markets with Imperfect Information. , *American Economic Review*, Vol. 71, Issue 3, 1981.

Stiglitz J. , and A. Weiss, "Credit Rationing in Markets with Imperfect Information" *American Economic Review*, Vol. 71, No. 3, June 1983.

Stiglitz, Joseph. 1974. Incentives and Risk Sharing in Sharecropping. *Review of Economic Studies.*

Stiglitz, J. and Weiss. 1981. Credit Rationing in Markets with Imperfect Information. *American Economic Review* . 71: 393—410.

Stiglitz, J. . 1989. Markets, Market Failures, and Development. In: *American Economic Review.* 79: 197—203.

Tang, S. . 1995. Informal Credit Markets and Economic Delopment in Taiwan. *World Development* . 23 (5): 845—855.

William F. Steel, et al. 1997. Informal Financial Markets Under Liberalization In Four African Countries. *World Development.* Vol. 25, No. 5.

Xiaoqing Fu and Shelagh Heffernan. 2005. *Cost X-efficiency in China's Banking Sector.* Cass Faculty of Finance Working Paper. WP - FF - 14 - 2005.

Yaron, Jacob. 1992. Successful Rural Finance Institutions. *World Bank Discussion Paper* 150, Washington D. C.

附　录

附录一　调查问卷

宁波地区农村企业金融状况的调查问卷

您好：本调查的目的在于了解我国农村企业的信贷服务，属于不记名调查，对于您的回答，我们将严格保密。谢谢您的合作与帮助！

问卷编号________

调查时间________年________月________日；调查地点________县________镇（乡）________村（居委会）

调查对象：农村中小企业

企业类型：____________。

企业规模：资金____________，人数____________。企业建立时间：____________。

1．现阶段影响该企业发展的主要因素是

A．资金不足　B．技术落后　C．员工素质　D．管理体制

2．该企业最想得到的金融服务是？

A．资金需求　B．结算服务　C．金融咨询方面

3．该企业开始从事非农产业所需要的资金大约是________万元。

A．其中自有资金________万元，约占________%；

B．亲友入股________万元，约占________%；

C．政府投资________万元，约占________%；

D．民间借贷________万元，约占________%；

E. 其他来源________万元，约占________%。

4. 该企业生产经营什么时期对资金需求最强烈

A. 初创期　B. 成长期　C. 成熟期　D. 衰退期

5. 实际生产中，该企业的借款主要来源为：

A. 银行贷款　B. 亲戚朋友　C. 民间金融　D. 高利贷

6. 该企业借款的主要用途是

A. 扩大生产　B. 流动资金需求　C. 技术引进　D. 其他

7. 您认为本地区国有银行的服务如何？

A. 很好　B. 较好　C. 一般　D. 较差　E. 很差

8. 一般情况下，该企业能否及时从本地区的正规银行取得所需贷款？

A. 大多数时间能　B. 有时能

C. 基本不能　D. 大多数时间不能

9. 从正规金融机构，该企业是否可获得所需的足额贷款？

A. 大多数时间能　B. 有时能

C. 基本不能　D. 大多数时间不能

10. 该企业得到所需贷款，是否需要支付正常利息以外的其他费用？如请客送礼等

A. 需要　B. 有时需要　C. 不需要　D. 视金额而定

11. 您认为不能从正规银行得到贷款的原因是

A. 风险大　B. 频率高　C. 数量少　D. 手续复杂　E. 成本高

12. 您认为正规银行存在哪些问题？

A. 效率低　B. 网点少　C. 服务差　D. 利率高　E. 其他

13. 您所在地区存在民间金融活动吗？

A. 很多　B. 较多　C. 较少　D. 没听说过

14. 您对本地区的民间金融活动及民间金融机构了解吗？

A. 非常了解　B. 基本了解　C. 不太了解　D. 很不了解

15. 该企业是否有过从民间金融机构借贷的经历？

A. 经常　B. 偶尔　C. 从不

16．该企业从民间金融机构贷款原因是？

A. 容易得到　　　　　　　　　　B. 利率较低

17．相对于正规金融，该企业更愿从民间金融处获得资金的原因？

A. 手续复杂　　B. 隐含成本（如送礼等）高

C. 效率低，不能及时得到

18．在该企业参与的私人借贷中，一般的利率状况如何？

A. 无利率　　B. 低于银行　　C. 比银行略高

D. 比银行高很多（银行利率的四倍以上）

19．该企业一般的民间借贷金额是

A. 100 万元以内

B. 100 万元— 500 万元

C. 500 万元以上

20．该企业一般一年进行几次的民间借贷？

A. 一次　　B. 三次　　C. 不太清楚

21．该企业 2007—2008 年间向民间金融借贷量是多少？（　　元）

22．该企业所参与的贷款中，一般需要担保人及需要抵押物吗？

A. 要　　B. 不要　　C. 不太清楚　　D. 视金额而定

23．该企业民间借贷资本投入主要是用于企业

A. 增加流动资金　　　　　　　　B. 固定资产更新

C. 增加职工福利　　　　　　　　D. 其他

24．该企业通过民间借贷投入生产是否实现了利润的增长？

A. 增长　　B. 下降　　C. 不清楚　　D. 无变化

25．该企业由于民间借贷资本投入导致企业利润增长了吗？

A. 增长　　B. 没有　　C. 下降　　D. 不清楚

26．该企业民间借贷资本投入与企业利润增长有关吗？

A. 有　　B. 没有　　C. 不清楚

27．您认为该企业民间借贷与企业利润增长有什么关系？

A. 正相关　　B. 负相关　　C. 不清楚

28. 您认为该企业民间借贷对企业利润增长的贡献有多大?

A. 30%　　B. 50%　　C. 70%　　D. 90%

29. 该企业实现利润增长后是否继续扩大了再生产?

A. 是　　B. 不是　　C. 不清楚

30. 该企业实现利润增长后主要用于

A. 增加流动资金　　B. 固定资产更新

C. 增加职工福利　　D. 借贷出去

31. 该企业通过民间借贷后企业利润比借贷前增加了多少?(　　元)

32. 据您所知,本地区中小企业通过民间金融途径融资规模有多大?

A. 规模接近或超过了通过正规金融机构的融资规模

B. 规模不到正规金融机构融资规模的一半

C. 规模不到正规金融机构融资规模的 10%

D. 没有从非正规金融机构融资

33. 您是否会将自己企业的富余资金用于放贷?

A. 会　　B. 某些情况下会　　C. 不会

34. 您是否会将钱借给有资金困难、关系良好但存在竞争关系的同行?

A. 会　　B. 不会

35. 您的企业的富余资金是否参与过民间的互助基金等组织?

A. 经常　　B. 偶尔　　C. 从不

36. 您认为民间金融机构的可靠性如何?

A. 比较高　　B. 一般　　C. 较差

37. 您认为当地民间金融机构的经营

A. 比较规范　　B. 有待提高　　C. 很不规范

38. 您认为民间金融机构的存在对您的企业

A. 带来方便　　B. 带来麻烦　　C. 无影响

39. 您认为政府对民间金融机构的发展应持何种态度?

A. 促进其发展　　B. 限制其发展　　C. 取缔

宁波地区农户民间金融的调查问卷

您好：本调查的目的在于了解我国农村居民的信贷服务，属于不记名调查，对于您的回答，我们将严格保密。谢谢您的合作与帮助。

问卷编号________

调查时间

基本情况：

家中人数：________，其中，子女数________，年龄段________，老人________。

户主年龄：________，主要收入来源：________，月收入水准：________家庭年平均收入：________。

1. 您会出现经济问题吗？

A. 经常　B. 偶尔　C. 很少　D. 从不

2. 您会向别人借钱吗？

A. 经常　B. 偶尔　C. 很少　D. 从不

3. 您在以下哪种情况下可能向别人借钱？（可以选择多项）

A. 子女教育

B. 出现意外事件

C. 做生意需要资金

D. 建房

E. 购买化肥、种子等

4. 实际生活中，您借钱的主要来源是

A. 亲戚朋友邻居　B. 银行

C. 农村信用社等　D. 民间金融机构

5. 您会向银行借钱吗？

A. 经常　B. 偶尔　C. 很少　D. 从不

6. 当您急需现金时，通常通过哪种形式获得？

A. 私人之间借（包括亲戚、朋友和其他人）

B. 向银行贷款

C. 民间金融机构（合会、互助会、当铺、钱庄等）

D. 高利贷

7. 您不到银行贷款是因为

A. 利息高

B. 手续麻烦，条件要求高（担保等）

C. 根本贷不到（达不到银行的要求）

D. 服务差

8. 您是否有过民间私人借贷的经历？

A. 经常　　B. 偶尔　　C. 很少　　D. 从不

9. 您参加民间借贷的理由是什么？

A. 方便、灵活　　B. 利息低　　C. 还款期限长　　D. 条件低

10. 在您看来，民间借贷

A. 非常合理　　B. 对自己的发展有一定帮助

C. 没有帮助　　D. 混乱，应取缔

11. 近三年从事民间金融借贷活动是？

A. 从来没有　　B. 一次

C. 三次　　D. 记不清楚，很多次了

12. 您通常民间借贷的金额是多少？

A. 一万元以内　　B. 一万到三万元

C. 三万到五万元　　D. 五万元以上

13. 借款人是否关注您家庭借钱的实际用途

A. 非常关注　　B. 比较关注　　C. 不确定　　D. 不关注

14. 您在民间借贷时有无书面合同？

A. 有　　B. 视金额而定　　C. 无

15. 您在民间借贷时是否需要担保人？

A. 需要　　B. 视金额而定　　C. 无

16. 您在民间借贷时存贷利息比银行

A. 高　　B. 相等　　C. 低

17. 您最近一次民间借贷的金额是多少？(　　元)

18. 您从民间借贷所获得资金主要是用于

A. 生活方面　　B. 生产方面　　C. 其他

19. 您从民间借贷所获得资金用于生活开支与生产开支的比重占

A. 生活开支与生产开支各占一半

B. 生活开支占40%，生产开支占60%

C. 生活开支占30%，生产开支占70%

D. 不清楚

20. 您从民间借贷所获得的资金用于生活或生产方面后生活水准是否提高？

A. 提高　　B. 没有　　C. 下降　　D. 不清楚

21. 借贷后的收入比借贷前的收入增长了多少？(　　元)

22. 您通常如何处理自己的富余现金？

A. 存入国家银行（农业银行、信用合作社或其他银行）

B. 存入钱庄或入会

C. 以现金形式保存

D. 借给他人

23. 您不到银行存款是因为

A. 利息低　　B. 网点少

C. 服务差　　D. 距离银行太远

24. 您是否有过借款给别人的经历？

A. 经常　　B. 偶尔　　C. 从不

25. 为什么借钱给别人？

A. 入会　　B. 亲情友情的原因

C. 为了自己下次借贷方便　　D. 可以获得高利

附录二　国务院关于鼓励支持和引导个体私营等非公有制经济发展的若干意见

国务院关于鼓励支持和引导个体私营等非公有制经济发展的若干意见

国发〔2005〕3号

各省、自治区、直辖市人民政府，国务院各部委、各直属机构：

公有制为主体、多种所有制经济共同发展是我国社会主义初级阶段的基本经济制度。毫不动摇地巩固和发展公有制经济，毫不动摇地鼓励、支持和引导非公有制经济发展，使两者在社会主义现代化进程中相互促进，共同发展，是必须长期坚持的基本方针，是完善社会主义市场经济体制、建设中国特色社会主义的必然要求。改革开放以来，我国个体、私营等非公有制经济不断发展壮大，已经成为社会主义市场经济的重要组成部分和促进社会生产力发展的重要力量。积极发展个体、私营等非公有制经济，有利于繁荣城乡经济、增加财政收入，有利于扩大社会就业、改善人民生活，有利于优化经济结构、促进经济发展，对全面建设小康社会和加快社会主义现代化进程具有重大的战略意义。

鼓励、支持和引导非公有制经济发展，要以邓小平理论和“三个代表”重要思想为指导，全面落实科学发展观，认真贯彻中央确定的方针政策，进一步解放思想，深化改革，消除影响非公有制经济发展的体制性障碍，确立平等的市场主体地位，实现公平竞争；进一步完善国家法律法规和政策，依法保护非公有制企业和职工的合法权益；进一步加强和改进政府监督管理和服务，为非公有制经济发展创造良好环境；进一步引导非公有制企业依法经营、诚实守信、健全管理，不断提高自身素质，促进非公有制经济持续健康发展。为此，现提出以下意见：

一　放宽非公有制经济市场准入

（一）贯彻平等准入、公平待遇原则

允许非公有资本进入法律法规未禁入的行业和领域。允许外资进入的行业和领域，也允许国内非公有资本进入，并放宽股权比例限制等方面的条件。在投资核准、融资服务、财税政策、土地使用、对外贸易和经济技术合作等方面，对非公有制企业与其他所有制企业一视同仁，实行同等待遇。对需要审批、核准和备案的事项，政府部门必须公开相应的制度、条件和程序。国家有关部门与地方人民政府要尽快完成清理和修订限制非公有制经济市场准入的法规、规章和政策性规定工作。外商投资企业依照有关法律法规的规定执行。

（二）允许非公有资本进入垄断行业和领域

加快垄断行业改革，在电力、电信、铁路、民航、石油等行业和领域，进一步引入市场竞争机制。对其中的自然垄断业务，积极推进投资主体多元化，非公有资本可以参股等方式进入；对其他业务，非公有资本可以独资、合资、合作、项目融资等方式进入。在国家统一规划的前提下，除国家法律法规等另有规定的外，允许具备资质的非公有制企业依法平等取得矿产资源的探矿权、采矿权，鼓励非公有资本进行商业性矿产资源的勘察开发。

（三）允许非公有资本进入公用事业和基础设施领域

加快完善政府特许经营制度，规范招投标行为，支持非公有资本积极参与城镇供水、供气、供热、公共交通、污水垃圾处理等市政公用事业和基础设施的投资、建设与运营。在规范转让行为的前提下，具备条件的公用事业和基础设施项目，可向非公有制企业转让产权或经营权。鼓励非公有制企业参与市政公用企业、事业单位的产权制度和经营方式改革。

（四）允许非公有资本进入社会事业领域

支持、引导和规范非公有资本投资教育、科研、卫生、文化、体育等社会事业的非营利性和营利性领域。在放开市场准入的同时，加强政府和社会监管，维护公众利益。支持非公有制经济参与公有制社会事业单位的改组改制。通过税收等相关政策，鼓励非公有制经济捐资捐赠社会事业。

（五）允许非公有资本进入金融服务业

在加强立法、规范准入、严格监管、有效防范金融风险的前提下，允许非公有资本进入区域性股份制银行和合作性金融机构。符合条件的非公有制企业可以发起设立金融中介服务机构。允许符合条件的非公有制企业参与银行、证券、保险等金融机构的改组改制。

（六）允许非公有资本进入国防科技工业建设领域

坚持军民结合、寓军于民的方针，发挥市场机制的作用，允许非公有制企业按有关规定参与军工科研生产任务的竞争以及军工企业的改组改制。鼓励非公有制企业参与军民两用高技术开发及其产业化。

（七）鼓励非公有制经济参与国有经济结构调整和国有企业重组

大力发展国有资本、集体资本和非公有资本等参股的混合所有制经济。鼓励非公有制企业通过并购和控股、参股等多种形式，参与国有企业和集体企业的改组改制改造。非公有制企业并购国有企业，参与其分离办社会职能和辅业改制，在资产处置、债务处理、职工安置和社会保障等方面，参照执行国有企业改革的相应政策。鼓励非公有制企业并购集体企业，有关部门要抓紧研究制定相应政策。

（八）鼓励、支持非公有制经济参与西部大开发、东北地区等老工业基地振兴和中部地区崛起

西部地区、东北地区等老工业基地和中部地区要采取切实有效的政策措施，大力发展非公有制经济，积极吸引非公有制企业投资建设和参与国有企业重组。东部沿海地区也要继续鼓励、支持非公有制经济发展壮大。

二　加大对非公有制经济的财税金融支持

（九）加大财税支持力度

逐步扩大国家有关促进中小企业发展专项资金规模，省级人民政府及有条件的市、县应在本级财政预算中设立相应的专项资金。加快设立国家

中小企业发展基金。研究完善有关税收扶持政策。

（十）加大信贷支持力度

有效发挥贷款利率浮动政策的作用，引导和鼓励各金融机构从非公有制经济特点出发，开展金融产品创新，完善金融服务，切实发挥银行内设中小企业信贷部门的作用，改进信贷考核和奖惩管理方式，提高对非公有制企业的贷款比重。城市商业银行和城市信用社要积极吸引非公有资本入股；农村信用社要积极吸引农民、个体工商户和中小企业入股，增强资本实力。政策性银行要研究改进服务方式，扩大为非公有制企业服务的范围，提供有效的金融产品和服务。鼓励政策性银行依托地方商业银行等中小金融机构和担保机构，开展以非公有制中小企业为主要服务对象的转贷款、担保贷款等业务。

（十一）拓宽直接融资渠道

非公有制企业在资本市场发行上市与国有企业一视同仁。在加快完善中小企业板块和推进制度创新的基础上，分步推进创业板市场，健全证券公司代办股份转让系统的功能，为非公有制企业利用资本市场创造条件。鼓励符合条件的非公有制企业到境外上市。规范和发展产权交易市场，推动各类资本的流动和重组。鼓励非公有制经济以股权融资、项目融资等方式筹集资金。建立健全创业投资机制，支持中小投资公司的发展。允许符合条件的非公有制企业依照国家有关规定发行企业债券。

（十二）鼓励金融服务创新

改进对非公有制企业的资信评估制度，对符合条件的企业发放信用贷款。对符合有关规定的企业，经批准可开展工业产权和非专利技术等无形资产的质押贷款试点。鼓励金融机构开办融资租赁、公司理财和账户托管等业务。改进保险机构服务方式和手段，开展面向非公有制企业的产品和服务创新。支持非公有制企业依照有关规定吸引国际金融组织投资。

（十三）建立健全信用担保体系

支持非公有制经济设立商业性或互助性信用担保机构。鼓励有条件的地区建立中小企业信用担保基金和区域性信用再担保机构。建立和完善信用担保的行业准入、风险控制和补偿机制，加强对信用担保机构的监管。建立健全担保业自律性组织。

三、完善对非公有制经济的社会服务

（十四）大力发展社会中介服务

各级政府要加大对中介服务机构的支持力度，坚持社会化、专业化、市场化原则，不断完善社会服务体系。支持发展创业辅导、筹资融资、市场开拓、技术支持、认证认可、信息服务、管理咨询、人才培训等各类社会中介服务机构。按照市场化原则，规范和发展各类行业协会、商会等自律性组织。整顿中介服务市场秩序，规范中介服务行为，为非公有制经济营造良好的服务环境。

（十五）积极开展创业服务

进一步落实国家就业和再就业政策，加大对自主创业的政策扶持，鼓励下岗失业人员、退役士兵、大学毕业生和归国留学生等各类人员创办小企业，开发新岗位，以创业促就业。各级政府要支持建立创业服务机构，鼓励为初创小企业提供各类创业服务和政策支持。对初创小企业，可按照行业特点降低公司注册资本限额，允许注册资金分期到位，减免登记注册费用。

（十六）支持开展企业经营者和员工培训

根据非公有制经济的不同需求，开展多种形式的培训。整合社会资源，创新培训方式，形成政府引导、社会支持和企业自主相结合的培训机制。依托大专院校、各类培训机构和企业，重点开展法律法规、产业政策、经营管理、职业技能和技术应用等方面的培训，各级政府应给予适当补贴和资助。企业应定期对职工进行专业技能培训和安全知识培训。

（十七）加强科技创新服务

要加大对非公有制企业科技创新活动的支持，加快建立适合非公有制中小企业特点的信息和共性技术服务平台，推进非公有制企业的信息化建设。大力培育技术市场，促进科技成果转化和技术转让。科技中介服务机构要积极为非公有制企业提供科技咨询、技术推广等专业化服务。引导和支持科研院所、高等院校与非公有制企业开展多种形式的产学研联合。鼓励国有科研机构向非公有制企业开放试验室，充分利用现有科技资源。支持非公有资本创办科技型中小企业和科研开发机构。鼓励有专长的离退休人员为非公有制企业提供技术服务。切实保护单位和个人知识产权。

（十八）支持企业开拓国内外市场

改进政府采购办法，在政府采购中非公有制企业与其他企业享受同等待遇。推动信息网络建设，积极为非公有制企业提供国内外市场信息。鼓励和支持非公有制企业扩大出口和“走出去”，到境外投资兴业，在对外投资、进出口信贷、出口信用保险等方面与其他企业享受同等待遇。鼓励非公有制企业在境外申报知识产权。发挥行业协会、商会等中介组织作用，利用好国家中小企业国际市场开拓资金，支持非公有制企业开拓国际市场。

（十九）推进企业信用制度建设

加快建立适合非公有制中小企业特点的信用征集体系、评级发布制度以及失信惩戒机制，推进建立企业信用档案试点工作，建立和完善非公有制企业信用档案数据库。对资信等级较高的企业，有关登记审核机构应简化年检、备案等手续。要强化企业信用意识，健全企业信用制度，建立企业信用自律机制。

四、维护非公有制企业和职工的合法权益

（二十）完善私有财产保护制度

要严格执行保护合法私有财产的法律法规和行政规章，任何单位和个人不得侵犯非公有制企业的合法财产，不得非法改变非公有制企业财产的权属关系。按照宪法修正案规定，加快清理、修订和完善与保护合法私有财产有关的法律法规和行政规章。

（二十一）维护企业合法权益

非公有制企业依法进行的生产经营活动，任何单位和个人不得干预。

依法保护企业主的名誉、人身和财产等各项合法权益。非公有制企业合法权益受到侵害时提出的行政复议等，政府部门必须及时受理，公平对待，限时答复。

（二十二）保障职工合法权益

非公有制企业要尊重和维护职工的各项合法权益，要依照《中华人民共和国劳动法》等法律法规，在平等协商的基础上与职工签订规范的劳动合同，并健全集体合同制度，保证双方权利与义务对等；必须依法按时足额支付职工工资，工资标准不得低于或变相低于当地政府规定的最低工资标准，逐步建立职工工资正常增长机制；必须尊重和保障职工依照国家规定享有的休息休假权利，不得强制或变相强制职工超时工作，加班或延长工时必须依法支付加班工资或给予补休；必须加强劳动保护和职业病防治，按照《中华人民共和国安全生产法》等法律法规要求，切实做好安全生产与作业场所职业危害防治工作，改善劳动条件，加强劳动保护。要保障女职工合法权益和特殊利益，禁止使用童工。

（二十三）推进社会保障制度建设

非公有制企业及其职工要按照国家有关规定，参加养老、失业、医疗、工伤、生育等社会保险，缴纳社会保险费。按照国家规定建立住房公积金制度。有关部门要根据非公有制企业量大面广、用工灵活、员工流动性大等特点，积极探索建立健全职工社会保障制度。

（二十四）建立健全企业工会组织

非公有制企业要保障职工依法参加和组建工会的权利。企业工会组织实行民主管理，依法代表和维护职工合法权益。企业必须为工会正常开展工作创造必要条件，依法拨付工会经费，不得干预工会事务。

五　引导非公有制企业提高自身素质

（二十五）贯彻执行国家法律法规和政策规定

非公有制企业要贯彻执行国家法律法规，依法经营，照章纳税。服从国家的宏观调控，严格执行有关技术法规，自觉遵守环境保护和安全生产等有关规定，主动调整和优化产业、产品结构，加快技术进步，提高产品质量，降低资源消耗，减少环境污染。国家支持非公有制经济投资高新技术产业、现代服务业和现代农业，鼓励发展就业容量大的加工贸易、社区服务、农产品加工等劳动密集型产业。

（二十六）规范企业经营管理行为

非公有制企业从事生产经营活动，必须依法获得安全生产、环保、卫生、质量、土地使用、资源开采等方面的相应资格和许可。企业要强化生产、营销、质量等管理，完善各项规章制度。建立安全、环保、卫生、劳动保护等责任制度，并保证必要的投入。建立健全会计核算制度，如实编制财务报表。企业必须依法报送统计信息。加快研究改进和完善个体工商户、小企业的会计、税收、统计等管理制度。

（二十七）完善企业组织制度

企业要按照法律法规的规定，建立规范的个人独资企业、合伙企业和公司制企业。公司制企业要按照《中华人民共和国公司法》要求，完善法人治理结构。探索建立有利于个体工商户、小企业发展的组织制度。

（二十八）提高企业经营管理者素质

非公有制企业出资人和经营管理人员要自觉学习国家法律法规和方针政策，学习现代科学技术和经营管理知识，增强法制观念、诚信意识和社会公德，努力提高自身素质。引导非公有制企业积极开展扶贫开发、社会救济和“光彩事业”等社会公益性活动，增强社会责任感。各级政府要重视非公有制经济的人才队伍建设，在人事管理、教育培训、职称评定和政府奖励等方面，与公有制企业实行同等政策。建立职业经理人测评与推荐制度，加快企业经营管理人才职业化、市场化进程。

（二十九）鼓励有条件的企业做强做大

国家支持有条件的非公有制企业通过兼并、收购、联合等方式，进一步壮大实力，发展成为主业突出、市场竞争力强的大公司大集团，有条件的可向跨国公司发展。鼓励非公有制企业实施品牌发展战略，争创名牌产品。支持发展非公有制高新技术企业，鼓励其加大科技创新和新产品开发力度，努力提高自主创新能力，形成自主知识产权。国家关于企业技术改造、科技进步、对外贸易以及其他方面的扶持政策，对非公有制企业同样适用。

（三十）推进专业化协作和产业集群发展

引导和支持企业从事专业化生产和特色经营，向“专、精、特、新”方向发展。鼓励中小企业与大企业开展多种形式的经济技术合作，建立稳定的供应、生产、销售、技术开发等协作关系。通过提高专业化协作水平，培育骨干企业和知名品牌，发展专业化市场，创新市场组织形式，推进公共资源共享，促进以中小企业集聚为特征的产业集群健康发展。

六　改进政府对非公有制企业的监管

（三十一）改进监管方式

各级人民政府要根据非公有制企业生产经营特点，完善相关制度，依法履行监督和管理职能。各有关监管部门要改进监管办法，公开监管制度，规范监管行为，提高监管水平。加强监管队伍建设，提高监管人员素质。及时向社会公布有关监管信息，发挥社会监督作用。

（三十二）加强劳动监察和劳动关系协调

各级劳动保障等部门要高度重视非公有制企业劳动关系问题，加强对非公有制企业执行劳动合同、工资报酬、劳动保护和社会保险等法规、政策的监督检查。建立和完善非公有制企业劳动关系协调机制，健全劳动争议处理制度，及时化解劳动争议，促进劳动关系和谐，维护社会稳定。

（三十三）规范国家行政机关和事业单位收费行为

进一步清理现有行政机关和事业单位收费，除国家法律法规和国务院财政、价格主管部门规定的收费项目外，任何部门和单位无权向非公有制企业强制收取任何费用，无权以任何理由强行要求企业提供各种赞助费或接受有偿服务。要严格执行收费公示制度和收支两条线的管理规定，企业有权拒绝和举报无证收费和不合法收费行为。各级人民政府要加强对各类收费的监督检查，严肃查处乱收费、乱罚款及各种摊派行为。

七、加强对发展非公有制经济的指导和政策协调

（三十四）加强对非公有制经济发展的指导

各级人民政府要根据非公有制经济发展的需要，强化服务意识，改进服务方式，创新服务手段。要将非公有制经济发展纳入国民经济和社会发展规划，加强对非公有制经济发展动态的监测和分析，及时向社会公布有关产业政策、发展规划、投资重点和市场需求等方面的信息。建立促进非公有制经济发展的工作协调机制和部门联席会议制度，加强部门之间配合，形成促进非公有制经济健康发展的合力。要充分发挥各级工商联在政府管理非公有制企业方面的助手作用。统计部门要改进和完善现行统计制度，及时准确反映非公有制经济发展状况。

（三十五）营造良好的舆论氛围

大力宣传党和国家鼓励、支持和引导非公有制经济发展的方针政策与法律法规，宣传非公有制经济在社会主义现代化建设中的重要地位和作用，宣传和表彰非公有制经济中涌现出的先进典型，形成有利于非公有制经济发展的良好社会舆论环境。

（三十六）认真做好贯彻落实工作

各地区、各部门要加强调查研究，抓紧制订和完善促进非公有制经济发展的具体措施及配套办法，认真解决非公有制经济发展中遇到的新问题，确保党和国家的方针政策落到实处，促进非公有制经济健康发展。

国　务　院

二〇〇五年二月十九日

附录三　国务院关于鼓励和引导民间投资健康发展的若干意见

国务院关于鼓励和引导民间投资健康发展的若干意见

国发〔2010〕13号

各省、自治区、直辖市人民政府，国务院各部委、各直属机构：

改革开放以来，我国民间投资不断发展壮大，已经成为促进经济发展、调整产业结构、繁荣城乡市场、扩大社会就业的重要力量。在毫不动摇地巩固和发展公有制经济的同时，毫不动摇地鼓励、支持和引导非公有制经济发展，进一步鼓励和引导民间投资，有利于坚持和完善我国社会主义初级阶段基本经济制度，以现代产权制度为基础发展混合所有制经济，推动各种所有制经济平等竞争、共同发展；有利于完善社会主义市场经济体制，充分发挥市场配置资源的基础性作用，建立公平竞争的市场环境；有利于激发经济增长的内生动力，稳固可持续发展的基础，促进经济长期平稳较快发展；有利于扩大社会就业，增加居民收入，拉动国内消费，促进社会和谐稳定。为此，提出以下意见：

一　进一步拓宽民间投资的领域和范围

（一）深入贯彻落实

《国务院关于鼓励支持和引导个体私营等非公有制经济发展的若干意见》（国发〔2005〕3号）等一系列政策措施，鼓励和引导民间资本进入法律法规未明确禁止准入的行业和领域。规范设置投资准入门槛，创造公平竞争、平等准入的市场环境。市场准入标准和优惠扶持政策要公开透明，对各类投资主体同等对待，不得单对民间资本设置附加条件。

（二）明确界定政府投资范围

政府投资主要用于关系国家安全、市场不能有效配置资源的经济和社会领域。对于可以实行市场化运作的基础设施、市政工程和其他公共服务领域，应鼓励和支持民间资本进入。

（三）进一步调整国有经济布局和结构

国有资本要把投资重点放在不断加强和巩固关系国民经济命脉的重要行业和关键领域，在一般竞争性领域，要为民间资本营造更广阔的市场空间。

（四）积极推进医疗、教育等社会事业领域改革

将民办社会事业作为社会公共事业发展的重要补充，统筹规划，合理布局，加快培育形成政府投入为主、民间投资为辅的公共服务体系。

二　鼓励和引导民间资本进入基础产业和基础设施领域

（五）鼓励民间资本参与交通运输建设

鼓励民间资本以独资、控股、参股等方式投资建设公路、水运、港口码头、民用机场、通用航空设施等项目。抓紧研究制定铁路体制改革方案，引入市场竞争，推进投资主体多元化，鼓励民间资本参与铁路干线、铁路支线、铁路轮渡以及站场设施的建设，允许民间资本参股建设煤运通道、客运专线、城际轨道交通等项目。探索建立铁路产业投资基金，积极支持铁路企业加快股改上市，拓宽民间资本进入铁路建设领域的渠道和途径。

（六）鼓励民间资本参与水利工程建设

建立收费补偿机制，实行政府补贴，通过业主招标、承包租赁等方式，吸引民间资本投资建设农田水利、跨流域调水、水资源综合利用、水土保持等水利项目。

（七）鼓励民间资本参与电力建设

鼓励民间资本参与风能、太阳能、地热能、生物质能等新能源产业建设。支持民间资本以独资、控股或参股形式参与水电站、火电站建设，参股建设核电站。进一步放开电力市场，积极推进电价改革，加快推行竞价上网，推行项目业主招标，完善电力监管制度，为民营发电企业平等参与

竞争创造良好环境。

（八）鼓励民间资本参与石油天然气建设

支持民间资本进入油气勘探开发领域，与国有石油企业合作开展油气勘探开发。支持民间资本参股建设原油、天然气、成品油的储运和管道输送设施及网络。

（九）鼓励民间资本参与电信建设

鼓励民间资本以参股方式进入基础电信运营市场。支持民间资本开展增值电信业务。加强对电信领域垄断和不正当竞争行为的监管，促进公平竞争，推动资源共享。

（十）鼓励民间资本参与土地整治和矿产资源勘探开发

积极引导民间资本通过招标投标形式参与土地整理、复垦等工程建设，鼓励和引导民间资本投资矿山地质环境恢复治理，坚持矿业权市场全面向民间资本开放。

三　鼓励和引导民间资本进入市政公用事业和政策性住房建设领域

（十一）鼓励民间资本参与市政公用事业建设

支持民间资本进入城市供水、供气、供热、污水和垃圾处理、公共交通、城市园林绿化等领域。鼓励民间资本积极参与市政公用企事业单位的改组改制，具备条件的市政公用事业项目可以采取市场化的经营方式，向民间资本转让产权或经营权。

（十二）进一步深化市政公用事业体制改革

积极引入市场竞争机制，大力推行市政公用事业的投资主体、运营主体招标制度，建立健全市政公用事业特许经营制度。改进和完善政府采购制度，建立规范的政府监管和财政补贴机制，加快推进市政公用产品价格和收费制度改革，为鼓励和引导民间资本进入市政公用事业领域创造良好的制度环境。

（十三）鼓励民间资本参与政策性住房建设

支持和引导民间资本投资建设经济适用住房、公共租赁住房等政策性住房，参与棚户区改造，享受相应的政策性住房建设政策。

四、鼓励和引导民间资本进入社会事业领域

（十四）鼓励民间资本参与发展医疗事业

支持民间资本兴办各类医院、社区卫生服务机构、疗养院、门诊部、诊所、卫生所（室）等医疗机构，参与公立医院转制改组。支持民营医疗机构承担公共卫生服务、基本医疗服务和医疗保险定点服务。切实落实非营利性医疗机构的税收政策。鼓励医疗人才资源向民营医疗机构合理流动，确保民营医疗机构在人才引进、职称评定、科研课题等方面与公立医院享受平等待遇。从医疗质量、医疗行为、收费标准等方面对各类医疗机构加强监管，促进民营医疗机构健康发展。

（十五）鼓励民间资本参与发展教育和社会培训事业

支持民间资本兴办高等学校、中小学校、幼儿园、职业教育等各类教育和社会培训机构。修改完善《中华人民共和国民办教育促进法实施条例》，落实对民办学校的人才鼓励政策和公共财政资助政策，加快制定和完善促进民办教育发展的金融、产权和社保等政策，研究建立民办学校的退出机制。

（十六）鼓励民间资本参与发展社会福利事业

通过用地保障、信贷支持和政府采购等多种形式，鼓励民间资本投资建设专业化的服务设施，兴办养（托）老服务和残疾人康复、托养服务等各类社会福利机构。

（十七）鼓励民间资本参与发展文化、旅游和体育产业

鼓励民间资本从事广告、印刷、演艺、娱乐、文化创意、文化会展、影视制作、网络文化、动漫游戏、出版物发行、文化产品数字制作与相关服务等活动，建设博物馆、图书馆、文化馆、电影院等文化设施。鼓励民间资本合理开发旅游资源，建设旅游设施，从事各种旅游休闲活动。鼓励民间资本投资生产体育用品，建设各类体育场馆及健身设施，从事体育健身、竞赛表演等活动。

五 鼓励和引导民间资本进入金融服务领域

（十八）允许民间资本兴办金融机构

在加强有效监管、促进规范经营、防范金融风险的前提下，放宽对金融机构的股比限制。支持民间资本以入股方式参与商业银行的增资扩股，参与农村信用社、城市信用社的改制工作。鼓励民间资本发起或参与设立村镇银行、贷款公司、农村资金互助社等金融机构，放宽村镇银行或社区银行中法人银行最低出资比例的限制。落实中小企业贷款税前全额拨备损失准备金政策，简化中小金融机构呆账核销审核程序。适当放宽小额贷款公司单一投资者持股比例限制，对小额贷款公司的涉农业务实行与村镇银行同等的财政补贴政策。支持民间资本发起设立信用担保公司，完善信用担保公司的风险补偿机制和风险分担机制。鼓励民间资本发起设立金融中介服务机构，参与证券、保险等金融机构的改组改制。

六 鼓励和引导民间资本进入商贸流通领域

（十九）鼓励民间资本进入商品批发零售、现代物流领域

支持民营批发、零售企业发展，鼓励民间资本投资连锁经营、电子商务等新型流通业态。引导民间资本投资第三方物流服务领域，为民营物流企业承接传统制造业、商贸业的物流业务外包创造条件，支持中小型民营商贸流通企业协作发展共同配送。加快物流业管理体制改革，鼓励物流基础设施的资源整合和充分利用，促进物流企业网络化经营，搭建便捷高效的融资平台，创造公平、规范的市场竞争环境，推进物流服务的社会化和资源利用的市场化。

七 鼓励和引导民间资本进入国防科技工业领域

（二十）鼓励民间资本进入国防科技工业投资建设领域

引导和支持民营企业有序参与军工企业的改组改制，鼓励民营企业参与军民两用高技术开发和产业化，允许民营企业按有关规定参与承担军工

生产和科研任务。

八　鼓励和引导民间资本重组联合和参与国有企业改革

（二十一）引导和鼓励民营企业利用产权市场组合民间资本，促进产权合理流动，开展跨地区、跨行业兼并重组

鼓励和支持民间资本在国内合理流动，实现产业有序梯度转移，参与西部大开发、东北地区等老工业基地振兴、中部地区崛起以及新农村建设和扶贫开发。支持有条件的民营企业通过联合重组等方式做大做强，发展成为特色突出、市场竞争力强的集团化公司。

（二十二）鼓励和引导民营企业通过参股、控股、资产收购等多种形式，参与国有企业的改制重组

合理降低国有控股企业中的国有资本比例。民营企业在参与国有企业改制重组过程中，要认真执行国家有关资产处置、债务处理和社会保障等方面的政策要求，依法妥善安置职工，保证企业职工的正当权益。

九　推动民营企业加强自主创新和转型升级

（二十三）贯彻落实鼓励企业增加研发投入的税收优惠政策，鼓励民营企业增加研发投入，提高自主创新能力，掌握拥有自主知识产权的核心技术

帮助民营企业建立工程技术研究中心、技术开发中心，增加技术储备，搞好技术人才培训。支持民营企业参与国家重大科技计划项目和技术攻关，不断提高企业技术水平和研发能力。

（二十四）加快实施促进科技成果转化的鼓励政策，积极发展技术市场，完善科技成果登记制度，方便民营企业转让和购买先进技术

加快分析测试、检验检测、创业孵化、科技评估、科技咨询等科技服务机构的建设和机制创新，为民营企业的自主创新提供服务平台。积极推

动信息服务外包、知识产权、技术转移和成果转化等高技术服务领域的市场竞争，支持民营企业开展技术服务活动。

（二十五）鼓励民营企业加大新产品开发力度，实现产品更新换代。开发新产品发生的研究开发费用可按规定享受加计扣除优惠政策

鼓励民营企业实施品牌发展战略，争创名牌产品，提高产品质量和服务水平。通过加速固定资产折旧等方式鼓励民营企业进行技术改造，淘汰落后产能，加快技术升级。

（二十六）鼓励和引导民营企业发展战略性新兴产业

广泛应用信息技术等高新技术改造提升传统产业，大力发展循环经济、绿色经济，投资建设节能减排、节水降耗、生物医药、信息网络、新能源、新材料、环境保护、资源综合利用等具有发展潜力的新兴产业。

十　鼓励和引导民营企业积极参与国际竞争

（二十七）鼓励民营企业“走出去”，积极参与国际竞争

支持民营企业在研发、生产、营销等方面开展国际化经营，开发战略资源，建立国际销售网络。支持民营企业利用自有品牌、自主知识产权和自主营销，开拓国际市场，加快培育跨国企业和国际知名品牌。支持民营企业之间、民营企业与国有企业之间组成联合体，发挥各自优势，共同开展多种形式的境外投资。

（二十八）完善境外投资促进和保障体系

与有关国家建立鼓励和促进民间资本国际流动的政策磋商机制，开展多种形式的对话交流，发展长期稳定、互惠互利的合作关系。通过签订双边民间投资合作协定、利用多边协定体系等，为民营企业“走出去”争取有利的投资、贸易环境和更多优惠政策。健全和完善境外投资鼓励政策，在资金支持、金融保险、外汇管理、质检通关等方面，民营企业与其他企业享受同等待遇。

十一　为民间投资创造良好环境

（二十九）清理和修改不利于民间投资发展的法规政策规定，切实保护民间投资的合法权益，培育和维护平等竞争的投资环境

在制订涉及民间投资的法律、法规和政策时，要听取有关商会和民营企业的意见和建议，充分反映民营企业的合理要求。

（三十）各级人民政府有关部门安排的政府性资金，包括财政预算内投资、专项建设资金、创业投资引导资金，以及国际金融组织贷款和外国政府贷款等，要明确规则、统一标准，对包括民间投资在内的各类投资主体同等对待

支持民营企业的产品和服务进入政府采购目录。

（三十一）各类金融机构要在防范风险的基础上，创新和灵活运用多种金融工具，加大对民间投资的融资支持，加强对民间投资的金融服务

各级人民政府及有关监管部门要不断完善民间投资的融资担保制度，健全创业投资机制，发展股权投资基金，继续支持民营企业通过股票、债券市场进行融资。

（三十二）全面清理整合涉及民间投资管理的行政审批事项，简化环节、缩短时限，进一步推动管理内容、标准和程序的公开化、规范化，提高行政服务效率

进一步清理和规范涉企收费，切实减轻民营企业负担。

十二　加强对民间投资的服务、指导和规范管理

（三十三）统计部门要加强对民间投资的统计工作，准确反映民间投资的进展和分布情况

投资主管部门、行业管理部门及行业协会要切实做好民间投资的监测和分析工作，及时把握民间投资动态，合理引导民间投资。要加强投资信息平台建设，及时向社会公开发布国家产业政策、发展建设规划、市场准入标准、国内外行业动态等信息，引导民间投资者正确判断形势，减少盲

目投资。

（三十四）建立健全民间投资服务体系

充分发挥商会、行业协会等自律性组织的作用，积极培育和发展为民间投资提供法律、政策、咨询、财务、金融、技术、管理和市场信息等服务的中介组织。

（三十五）在放宽市场准入的同时，切实加强监管

各级人民政府有关部门要依照有关法律法规要求，切实督促民间投资主体履行投资建设手续，严格遵守国家产业政策和环保、用地、节能以及质量、安全等规定。要建立完善企业信用体系，指导民营企业建立规范的产权、财务、用工等制度，依法经营。民间投资主体要不断提高自身素质和能力，树立诚信意识和责任意识，积极创造条件满足市场准入要求，并主动承担相应的社会责任。

（三十六）营造有利于民间投资健康发展的良好舆论氛围

大力宣传党中央、国务院关于鼓励、支持和引导非公有制经济发展的方针、政策和措施。客观、公正宣传报道民间投资在促进经济发展、调整产业结构、繁荣城乡市场和扩大社会就业等方面的积极作用。积极宣传依法经营、诚实守信、认真履行社会责任、积极参与社会公益事业的民营企业家的先进事迹。

各地区、各部门要把鼓励和引导民间投资健康发展工作摆在更加重要的位置，进一步解放思想，转变观念，深化改革，创新求实，根据本意见要求，抓紧研究制定具体实施办法，尽快将有关政策措施落到实处，努力营造有利于民间投资健康发展的政策环境和舆论氛围，切实促进民间投资持续健康发展，促进投资合理增长、结构优化、效益提高和经济社会又好又快发展。

国　务　院

二〇一〇年五月七日

附录四　宁波市人民政府关于进一步鼓励和引导民间投资健康发展的若干意见

宁波市人民政府关于进一步鼓励和引导民间投资健康发展的若干意见

为贯彻落实国务院、省政府鼓励和引导民间投资健康发展的文件精神，深入实施省委“创业富民、创新强省”和市委“六大联动、六大提升”战略，鼓励和引导民间投资健康发展，增强经济增长的内生动力，促进经济平稳较快发展和经济社会转型升级，推动富民和谐，现就进一步鼓励和引导民间投资健康发展提出如下意见：

一　进一步鼓励和引导民间投资健康发展的总体要求

（一）指导思想

以科学发展观为指导，按照不断完善社会主义市场经济体制的要求，充分发挥好我市民间资本规模大、投资意识强、投资热情高、投资机制活的特色优势，鼓励和引导民间投资健康发展，进一步促进创业富民，促进传统产业转型升级，促进战略性新兴产业发展，促进现代服务业跨越发展，促进节能减排和生态环保建设，促进政府公共服务水平提高，推动民间健康投资实现新跨越、再创新优势，努力实现保增长、调结构、扩消费、促转型、增后劲、惠民生，为我市经济社会转型升级发展作出积极贡献。

（二）基本原则

坚持民间投资健康发展与经济结构战略性调整相统一。既要重视发挥国有资本在重要行业和关键领域的带动作用，又要按照“非禁即入、一视同仁、主动调整”的原则，明确政府投资范围，推动国有资本适度退出一般性竞争领域，加大社会事业领域和公共服务领域的创新力度，为民营资本创造更加广阔的发展空间，形成民间投资健康发展的良好机制，不断增强民间投资对保障经济平稳较快发展的推动作用。

坚持民间投资健康发展与经济社会转型升级相协调。既要注重调动民间资本投资的积极性，扩大民间投资规模，又要注重把握和引导民间资本的投向，引导民间投资重点投向基础设施、传统优势产业升级、战略性新兴产业、节能减排生态建设、现代服务业、社会事业等领域，充分发挥民间资本在转型升级、推动发展中的重要作用，促进经济结构调整和发展方式转变。

坚持民间投资健康发展与富民和谐相一致。既要引导民营企业开展联合创新投资，又要重视鼓励农民、城镇居民、高校毕业生和科技人员的创业投资，进一步扩大就业繁荣经济，增加城乡居民的创业投入，促进资源节约、节能减排，维护社会和谐稳定，让老百姓得到更大实惠。

坚持民间投资健康发展的政策激励、服务支持、优化环境与强化监管相结合，既要加快转变政府职能，改善民间投资的服务，优化民间投资的政策，创造更好的发展环境，又要切实履行政府的监管职能，注重节约集约利用资源保护环境，保护民间投资合法权益，督促民间投资主体依法依规开展投资和经营活动，加强对民间游资的引导，促进民间投资健康发展。

二 以新型城市化和城乡一体化为依托，推进农民创业投资

（三）鼓励农民开展财产性创业投资

深化农村住房制度改革和住房集中改建，实行农村建设用地减少与城镇建设用地增加双挂钩政策，鼓励农民自愿置换、退出原宅基地，在卫星城市、农村集镇、中心村集中建设住房，鼓励农民住房的合理消费、出租，增加财产性收入。建立由市外来务工办、市建委、市总工会等参加的联合协调工作机制，建立完善村企结对挂钩农民租赁房服务体系，引导企业对工作表现好、技能提高快、实绩贡献大的员工建立房租补贴激励政策，培育和规范外来务工人员租赁房市场，促进农民财产性的创业投资。

（四）鼓励农民开展经营性创业投资

完善新型城市化规划布局，加快推进卫星城市试点镇、中心镇和农村集中居住区建设，适当提高物业资产配置比例，充分利用农村人口集聚、农民分工分业、产业转型升级带来的机遇，鼓励农民进城（镇）以合作、入股等方式投资非公益项目等工程建设，依托城镇商贸、旅游、餐饮等特色专业街开展经营性创业投资。鼓励农民兴办或参与农村社区生产、生活、购物、连锁配送等经营性服务业，投资农资供应、农产品购销、日用品消费等“多位一体”的基层便民服务综合体系建设。

（五）鼓励农民参与农业产业化创业投资

鼓励和引导农民以承包土地入股的方式组建土地股份合作社，加快发展农业适度规模经营，完善农民参与农业产业化投资创业的指导服务，鼓励农民投资高效生态农业产业基地、粮食生产功能区和农业科技示范基地。支持农民兴办各类农庄和农业企业，投资与农业生产密切相关的产前服务、产后分级、贮藏保鲜、冷链运输、配送营销等促进现代农业发展的项目，大力发展农林牧渔生产性服务业。

三　加强创业平台建设，促进城镇居民创业投资

（六）鼓励城镇居民依托特色专业街区创业投资

注重发挥自身特色优势，抓好城市中心区的新型特色街规划建设，引导各县（市）区尤其是卫星城市规划建设一批规划布局合理、配套设施完善、环境卫生保障到位的专业街区（园区），为城镇居民开展商业贸易、加工制造、特色餐饮、休闲娱乐、文化展览等创业活动创造条件。加大对外宣传推介力度，提高街区（园区）影响力和辐射力。注重与小街小巷易占道经营的小加工、小餐饮等整治淘汰转型相结合，努力形成城镇居民创业投资的集聚区和新高地。

（七）鼓励城镇居民依托宁波国展中心等创业投资

推进宁波国展中心建设，加快已建成的国展中心常年展和综合配套服务区的功能开发步伐，加快打造集支付、物流配送、报关、信用评级等服

务功能于一体的电子商务平台。深入推进宁波国展中心运营模式创新，提供便利化服务，制订准入标准、房租补贴、费用减免等优惠措施，鼓励城镇居民到宁波国展中心租赁展位和商务办公用房，按照规划布局开展承接国内外贸易、会展及策划、设计、广告、展位布置、信息咨询服务等。会展、外贸等相关职能部门要切实加强创业指导，找准创业突破口和关键点，提高创业投资成功率。

（八）鼓励城镇居民依托专业市场创业投资

围绕产业转型升级，完善市场多元化投融资体制，吸引大企业大集团入驻，促进各类专业市场培育壮大。降低准入门槛，优化配套服务，鼓励和引导城镇居民在专业市场租赁摊位、经营用房开展创业，以进一步提升专业化市场的发展规模和层次。对入驻专业市场创业经营的城镇居民，市场举办者和有关县（市）区政府可给予房租补贴、融资支持等优惠政策的支持。

（九）鼓励城镇居民参与社区专业化服务业创业投资

鼓励和引导城镇居民兴办居家养老、幼儿托管、餐饮配送、家政服务、残疾人康复、健身休闲等城乡居民生活服务企业。结合社区服务实际，挖掘服务领域，广泛调研和论证筛选适合城镇居民创业投资项目，建立健全创业项目资源库，编制完善创业指南。创新政策扶持体系，完善财政补贴、社区公共服务采购、信贷支持、创业培训、政策咨询等“一条龙”服务。

四　充分发挥各类创业和产业基地作用，支持科技人员创业投资

（十）鼓励科技人员在创业基地领办科技服务业

充分发挥研发园、和丰创意广场、新芝 8 号、创 E 慧谷、创新 128、大学生创业园、留学生创业园、科技企业孵化器、软件园等产业创业基地的作用，完善支持创业的扶持政策，协助开展与各类市场主体的对接，大力鼓励科技人员、高校毕业生投资发展工业设计与创意、信息网络软件开发、节能环保与检验检测技术推广及服务、技术交易与技术咨询评估、知

识产权转让中介等领域的民营科技服务业，培育和发展一批民营科技服务业的示范项目、示范企业和示范基地。

（十一）鼓励科技人员在产业基地投资创业

充分利用国际空港、智慧城市、战略性新兴产业、保税区、保税港区等发展的机遇，进一步打造各类先进制造业和现代服务业的产业基地，完善产业基地的政策和环境，引导和鼓励科技人员和各类专业人才在各类产业基地内实现投资创业。各县（市）区要制订完善相关配套政策，规划建设1—2个新兴产业基地，为科技人员、高校毕业生创业创新搭建平台和创造环境。

（十二）加大科技创业政策支持

充分发挥全市21个创业平台引领作用，坚持各创业平台每年至少安排200万元创业扶持资金，专项用于补助高校毕业生和其他符合条件的人员进入基地投资创业，确保每家创业平台每年支持新增创业实体不少于10家。在市、县两级科技创新创业计划项目中，对科技服务业的创业创新项目给予重点支持。加大民营企业科技研发机构建设，对企业与高校、科研机构联合建立的研发总部，根据企业实际投入给予财政科技经费资助。进一步加大政策扶持力度，逐步扩大创业小额担保贷款享受范围、提高担保贷款额度，加强科技服务业发展的信贷支持，鼓励和支持高校开展创业教育和创业培训，在设备引进、科研用房建设和资金资助等方面出台优惠政策。对以先进IT技术、节能环保技术、新材料技术、生物技术等为经营业务的科技服务类企业，可优先认定为高新技术企业和市级科技型企业。

（十三）优化科技创新指导服务

加强科技创新公共服务平台建设和管理，促进公共服务平台建设和运行的规范化、制度化，推进资源开放共享、有效整合、合理利用，为科技创新的市场开发、产业化提供服务和支持。各类创业平台要进一步创新科技创业项目服务机制，及时公布发展规划、投资项目、财税政策、市场需求、行业动态等各类信息，帮助和指导科技人员、高校毕业生开展有针对性的创业投资，提高科技创业的成功率。

五 拓宽民营企业投资空间，推动产业转型升级

（十四）鼓励民营企业投资战略性新兴产业和先进制造业

支持民营企业瞄准产业转型升级方向，投资或联合投资新材料、新能源、新装备、电子信息新技术、海洋高技术、节能环保、生命健康、创意设计等技术含量高、市场需求广、资源消耗低、综合效益好、发展后劲足的战略性新兴产业。引导民营企业依托现有产业基础，开展纺织服装、家电、汽车、船舶、有色金属、建材等传统优势产业的“升级”投资，投资发展一批“补链”型项目，不断提升产业链、价值链和核心竞争力。

（十五）鼓励民营企业投资城市综合体建设

鼓励民间资本联合组建民营投资主体，投资建设并负责统一房产租赁服务经营的商业广场型、商务服务型、商业租赁型、文化广场型等大型城市综合体，创新开发建设和管理运行模式，打造城市综合体发展的集聚优势。研究制订土地专项出让办法以及不同类型城市综合体的信贷、财政扶持政策。各县（市）区可采取“一体一策”对不同类型城市综合体进行依法扶持。

（十六）鼓励民营企业投资发展总部经济

支持有条件的民营企业加强先进制造、科技人才、营销物流、电子商务等重点环节投资，优化设在国内外的分公司、分厂、分支机构的企业组织布局，发展县域总部、浙江总部、长三角总部和国内外的一体化的总部。鼓励民营行业龙头企业采取联合、重组、兼并等方式做大做强，提高产业集聚度，努力发展成为特色突出、竞争力强、增加值率高的制造业为主型的总部企业。

（十七）鼓励民营企业完善营销体系

鼓励民营企业设立研发中心、营销中心、采购中心、物流中心、结算中心。支持民营企业立足开放合作优势，大力开拓国内外市场，在境内外设立地区营销分部、商品分拨中心、贸易代表处、专卖店、销售柜台等直

销网点（机构），打造现代服务业型的总部。鼓励民营企业加强与境内外重点企业的合作，兼并、收购、重组境内外销售网络、成熟品牌和经营主体，完善内外对接的贸易总部型的营销体系。

（十八）鼓励民营企业投资金融产业

鼓励民营企业以入股方式参与商业银行的增资扩股，参与银行、证券、保险等金融机构的改制重组。鼓励民间资本依照有关规定参与设立村镇银行、小额贷款公司、农村资金互助社等金融机构，设立信用担保公司或金融中介服务机构，为本地经济发展提供金融支持，打造富有活力、独具特色的金融体系。

（十九）鼓励民营企业投资节能环保产业

鼓励民间资本适应生态文明建设要求，投资污染治理装备、固废处理装置、环境监测监控仪器等环保装备和产品制造业，投资建设污水治理、燃煤电厂脱硫脱硝、工业有机废气治理、城镇生活垃圾和污泥处理等环境工程。支持民间资本发展环境科技中介性的企业，开展节能环保技术研发、节能环保监测诊断服务、节能环保咨询服务等为重点的环保科技服务，推动集约发展、可持续发展。

（二十）鼓励民营企业投资基础设施

鼓励民营企业以独资、控股、参股等方式投资建设交通、水利、城建、人防等基础设施项目。支持民间资本以投资参股、项目融资、合作、联营等方式参与客运专线、城际铁路、铁路支线、地方铁路及既有线的改造建设。研究建立专项基础设施投资平台，拓宽民间资本参与区域城市轨道交通等项目建设、经营的渠道和途径，提高城市综合承载水平。

（二十一）鼓励民营企业参与发展民办教育和社会培训事业

鼓励民营企业单独或联合举办民办学校，支持通过合资、合作、参股的方式出资办学，实现产权结构和办学形式的多样化。贯彻实施《宁波市民办教育促进条例》，落实对民办学校的公共财政资助政策，鼓励对民办学校实行信用贷款、收费权质押贷款和融资担保，建立完善民办学校教师与公办学校教师同等的社会保障制度，优化民办教育发展环境。鼓励民营企业投资兴办职业教育和高等教育，市里从教育经费中划拨一定资金建立民办教育发展专项基金，各县（市）区参照市里模式设立民办教育发展专项基金，支持民办幼儿园的发展，支持民办职业学校、民办高等院校开设服务型教育重点培育学科、专业和培养我市经济社会转型发展急需的各类人才。积极探索民办学校分类管理试点，完善产权制度，建立退出机制。

（二十二）鼓励民营企业投资发展文化产业

大力推行公共文化服务外包，推广鄞州“天天演”公共文化服务外包模式，鼓励有实力、有条件的民营企业投资组建公司制文化企业、经纪公司，积极承接公共文化服务外包项目。鼓励演艺娱乐、动漫游戏等文化类企业、经纪公司入驻宁波东部文化广场发展，在税收、场地租金等方面给予各种政策支持。研究制定民营企业进入文化产业的政策措施，鼓励民间资本以多种形式进入政策许可的文化产业领域。鼓励民间资本投资广告、印刷、演艺、娱乐、文化创意、文化会展、影视制作、网络文化、动漫游戏、出版物发行、文化产品数字制作与相关服务等文化行业，参与博物馆、图书馆、文化馆、电影院等文化设施的投资建设。

六　进一步加强对民间投资的服务，优化民间投资环境

（二十三）加强对民间投资的金融支持

引导金融机构加大对民间投资的信贷支持力度，拓宽可供融资担保财物范围，创新对民间投资项目的授信和审贷模式。鼓励民营企业利用金融市场平台，通过定向增发、并购重组、发行公司债、企业债、短期融资券、中期票据等实现再融资，探索推广中小企业集合债券、中小企业集合票据模式。探索建立有利于民间资本参与和退出的机制，推动创业风险投资基金、产业投资基金及股权投资的发展。支持民营企业发起设立融资性担保公司，多渠道筹集担保资金，为民间投资提供融资性担保和再担保业务。

（二十四）完善民间投资的审批服务

深化行政审批制度改革，推进投资创业便利化，全面清理并减少、合并行政审批事项，制定不同行业、不同区域的许可（准入）标准，建立一整套基于一级政府权限内的一体化的审批标准，推进行政审批标准一体化、环节整体化、进度同步化、过程透明化。

（二十五）优化民间投资的政策环境

研究制定有利于民间投资的财政政策，鼓励民间资本投资符合政府和市场导向的重点领域和重点产业，帮助符合条件的民间投资项目申请国家各项资金和政策支持。对民营企业开发投资战略性新兴产业、总部经济和城市综合体等项目用地，符合条件的，优先纳入年度土地供应计划。允许民营经济根据《关于调整工业用地结构促进土地节约集约利用的意见（试行）》有关规定，利用原工业用地自行改造升级发展总部经济。建立健全投资要素价格平等保障机制，民间资本投资建设用地、水、电、气等价格与外资、国有投资享受同等待遇，切实降低民间投资创业成本。

（二十六）加强民间投资的市场引导

进一步加强供需信息发布、产销洽谈对接等服务，为民间投资创业和拓展市场创造便利条件。完善政府采购政策，鼓励民间投资企业参与政府采购项目的公开竞争，支持民间投资企业通过价格、质量、安全、服务的竞争赢得市场。对于被认定为国家或地方的自主创新产品，在符合国家安全许可的条件下，给予相应的政府采购扶持政策。各地各部门要制订政府公共服务外包推进计划，落实资金和工作保障，力争通过5年努力使多数的符合条件的基本公共服务实现公开采购。

七　加强民间投资综合政策研究和评价，形成激励机制

（二十七）强化对各县（市）区民间投资工作的考核

创新投资考核模式，既要扩大厂房、设备等硬性投资，更要重视科技、人才、专利、标准、品牌等软性投资，形成软件与硬件投资合并考核的投资增长绩效考核评价机制。坚持科学发展、和谐发展导向，注重绩

效，把扩大民间投资与科技进步、资源节约、环境保护、扩大就业等指标结合起来进行综合考核评价。开展创新投资服务的评选活动，根据各县（市）区鼓励和引导民间投资工作创新情况进行年终评选，并给予一定奖励。

（二十八）营造民间投资的良好氛围

大力宣传中央、省、市关于鼓励和引导民间投资健康发展的方针、政策和措施。全面、客观公正地宣传民间投资在促进经济发展、调整产业结构、繁荣城乡市场和扩大社会就业等方面的积极作用，开展和谐企业的创建表彰活动，积极宣传和表彰依法经营、诚实守信、认真履行社会责任、积极参与社会公益事业的民营企业和民营企业家，营造有利于民间投资健康发展的良好氛围。

（二十九）抓好民间投资的组织推动

各地各部门要进一步提高思想认识，切实加强组织领导，落实扩大民间健康投资的工作举措。市里成立由市政府主要领导担任组长的鼓励引导民间投资健康发展领导小组，由市发改委牵头，市财政局、经委、国土资源局、工商局、金融办、工商联等部门共同参与。同时，开展扩大民间健康投资 11 个调研课题的试点工作，与开展试点的县（市）区相结合，成立由市政府分管领导担任组长的试点推进工作协调小组，根据分工负责做好相关课题调研的文件起草工作和试点组织协调工作。各县（市）区也要成立相应领导小组，建立健全工作机制。要进一步发挥 11 个扩大民间健康投资调研组的作用，实行市级调研组与各县（市）区联合调研，在调研试点的基础上制订出台支持民间健康投资创业的若干个专项政策文件，并不断改进投资创业服务，努力营造有利于民间健康投资发展的环境，再创宁波民营经济转型发展的新优势。

二〇一〇年八月二十八日